SEPTENTRIO
MERIDIES
ORIENS
HISTORIA
CIRCULI
BAVARICI
NEC NON FINITIMARUM
AC INSERTARUM
REGIONUM
In Mappa exhibita
et æri incisa
à
TOB. CONRADO LOTTER
GEOGRAPHO AUG. VIND.
PALATINAT.
BAVARIÆ
BOHMER WALD
Leichtenberg
Trausnitz
ARBERG
Dietfurt
BAVARIA
INFERIOR
AUST
RIÆ
Vilshoven
Scherding
BRAUNAU
MUNCHEN
SALTZBURG
KUEFSTAIN

HENRIC L. WUERMELING

1705

Der bayerische Volksaufstand

HENRIC L. WUERMELING

1705

Der bayerische Volksaufstand

Mit einem Prolog von
WINSTON S. CHURCHILL

Langen Müller

Überarbeitete und erweiterte Neuauflage von
VOLKSAUFSTAND –
Die Geschichte der Revolution von 1705
und der Sendlinger Mordweihnacht
1995

Schutzumschlag: Bernd und Christel Kaselow, München,
unter Verwendung einer Aufnahme
von Foto-Sessner, Dachau
Satz: Filmsatz Schröter GmbH, München
Aktualisierte Ausgabe gesetzt aus 12/14 Punkt Stempel Garamond
auf Apple Macintosh
Druck und Binden: Wiener Verlag, Himberg
Printed in Austria
ISBN 3-7844-2085-0

Inhalt

Einführung

In Bayern verschiebt sich die Achse der Welt.

13. August 1704 – der Sieg und die Niederlage bei Höchstädt. Oder: Wie Blindheim zu Blenheim wurde.

Der Autor des nachfolgenden Prologs kam im Blenheim-Palace in Woodstock, Oxfordshire, am 30. November 1874 zur Welt: Winston S. Churchill, Nachfahre jenes John Churchill, dem die englische Königin den Titel eines Herzogs von Marlborough verlieh und – zum Dank für den Sieg in Blindheim – Blenheim-Palace bauen ließ und dem großen Strategen schenkte.

Winston Spencer stand nach John Churchill in der 9. Generation – hineingeboren in eine von Bayern geprägte Welt: Deckengemälde, Gobelins, Silberarbeiten, eine Siegessäule, auch der Name des Palastes erinnern auf Schritt und Tritt an einen Ort in Bayern, an Blindheim bei Höchstädt an der Donau.

Bevor er Premierminister wurde, hatte er auf dem Speicher nach Dokumenten gekramt. Im Blenheim-Palace aufbewahrte Korrespondenz bildete die private Schatzkammer seiner Familiengeschichte, als er über seinen Vorfahren die Biographie *Marlborough, His Life and Times* verfaßte, die in den Jahren 1933 – 1938 im Verlag George G. Harrap & Co., Ltd., London erschien. Ein Meisterwerk politischer und militärischer Analyse des Spanischen Erbfolgekrieges und der Gründe, warum er ausbrach.

Deutlich zeigt hier der Autor die Spuren auf, die nach Bayern führen. Winston S. Churchill, selbst politischer und militärischer Gestalter des 20. Jahrhunderts, stellt in diesem zum Klassiker gewordenen Werk die weltpolitische Wende vor, die der Sieg in Blindheim an jenem historischen Datum, dem 13. August 1704, brachte.

Der britische Staatsmann und Schriftsteller erzählt von der Rolle, die sein Vorfahre dabei spielte, und führt uns zu einem entscheidenden

Schauplatz des damaligen »Kriegstheaters« in Europa – nach Bayern und präzis mitten hinein in die Geschichte des bayerischen Volksaufstandes. Beinahe hätte dieser Volksaufstand wiederum die politische Achse der Welt verändert...

Ich bedanke mich beim Manesse-Verlag in Zürich für die freundliche Erlaubnis, aus dieser brillanten Biographie *Marlborough. Der Weg zum Feldherrn 1650 – 1705* und *Marlborough. Der Feldherr und Staatsmann 1705 – 1720*, die von Eberhard Müller übersetzt wurde und 1990 im Manesse-Verlag erschienen ist, einige wichtige Schlaglichter auf die damaligen dramatischen Ereignisse original verwenden zu dürfen. Mit Churchills Augen, die eine weltpolitische Wende anvisieren, und mit Churchills Handschrift – eine Annäherung an den Kontinent, an Mitteleuropa, an Bayern und an das Schicksal, das dann hier seinen Lauf nahm. Beide Churchills kannten bis ins Detail die Stätten des Geschehens.

Im Herbst 1995
Henric L. Wuermeling

Prolog

von Winston S. Churchill

»Seit dem Kampf zwischen Rom und Karthago hatte es keinen derartigen Weltbrand mehr gegeben. Alle zivilisierten Völker wurden in ihn mit hineingerissen. Der Krieg breitete sich aus bis in jeden damals erreichbaren Winkel des Erdballs, und er bestimmte für einige Zeit oder sogar für immer Reichtum und Armut und auch die Grenzen fast jedes europäischen Staates.

Die Niederlage der Armada hatte England das Leben erhalten, der Angriff und Sieg von Blindheim ihm die Tore zur Welt geöffnet. Die damals für die ganze englische Nation sprechende Gesellschaft war sich einig, daß der Herzog eine gewaltige und bisher beispiellose Belohnung erhalten sollte. Die Schenkung umfaßte etwa 15 000 Acres und brachte, wie man sagte, etwa 6000 Pfund jährlich ein. Schließlich ging die Königin selbst daran, auf ihre Kosten in Woodstock einen prächtigen Palast, der im Angedenken an den Sieg ›Castle of Blenheim‹ heißen sollte, zu errichten.

Sechs Jahre lang war er der höchste Befehlshaber der Alliierten. Er war das Zentrum der Union von nahezu 20 konföderierten Staaten. Er hielt die Große Allianz genauso mit seiner Diplomatie wie mit seinen Siegen zusammen, und unter seinem Kommando standen die Verbände aus einem Dreiviertel Europas.

Seit drei Jahren war Krieg geführt worden, ohne daß eine einzige entscheidende Schlacht geschlagen worden war.

Tellard, Marzin und der Kurfürst trafen sich gegen neun Uhr in Blindheim, um ihre Verteidigungspläne abzustimmen. Die Befehlshaber bestiegen den Kirchturm, von wo aus sie den gesamten Schauplatz übersehen konnten.

Inzwischen griff Marlborough auf der Höhe einer von Blindheim nach Oberglauheim gezogenen Linie an. Marschall Tallard hatte versucht, nach Blindheim zu entkommen. Er wurde von einem hessischen Regiment gestellt und gefangengenommen. Er wurde zu Marlborough gebracht, der ihm unter Achtung gebietendem Gruß und mit aller Höflichkeit eine Kutsche zur Verfügung stellte. Jetzt war es an der Zeit für John, Sarah einen Brief zu schreiben. Er lieh sich ein Stück Papier – es war eine für einen seiner Offiziere ausgestellte Gasthausrechnung – und schrieb mit Bleistift seine berühmte Botschaft: ›Ich habe keine Zeit für weitere Worte, als Dich zu bitten, die Königin meiner Dienstbereitschaft zu versichern und sie wissen zu lassen, daß ihre Armee einen glorreichen Sieg errungen hat. Monsieur Tallard befinden sich in meiner Kutsche, während ich den Rest des Feindes verfolge ...‹

Insgesamt befehligten sie über 60 000 Mann kämpfender Truppen. Ihnen gegenüber standen auf der Seite der Alliierten 56 000 Mann. Der Sturm einer stark überlegenen, in engster Zusammenarbeit an einem entscheidenden Punkt wirkenden Streitmacht aller Waffengattungen brachte die Entscheidung. Von den Hängen aus konnte Prinz Eugen den Erfolg von Marlboroughs Hauptangriff beobachten. Er erkannte, wie der Mittelabschnitt der feindlichen Front zerbrach, und wußte nun, daß die Schlacht gewonnen war. Bald kündeten aus Oberglauheim und Lutzingen aufsteigender Rauch und Brand den Rückzug des Feindes an, der ihm so tapfer widerstanden hatte. Jetzt ging er daran, seine Truppen für die Verfolgung zu ordnen.

Blindheim ist als Schlacht unvergänglich. Der Grund hierfür liegt nicht nur in der außerordentlichen Härte des einen Tag andauernden Kampfes aller Truppen und im überwältigenden Charakter des Sieges, sondern auch in der Tatsache, *daß Blindheim die politische Achse der Welt veränderte.*

Als Marlborough zur Donau marschierte, hatte man ihm einen Vorschlag des Kaisers übermittelt, ihn in den Fürstenstand zu erheben. Er sollte ein Fürstentum und damit Sitz und Stimme im Deutschen Reichstag erhalten: einen Landbesitz von etwa 15 Quadratkilometern – das Fürstentum Mindelheim in Schwaben. Der Reichsfürstentitel blieb seinem Haus bis auf den heutigen Tag erhalten.

Bis zu jenem Augusttage mußten die Politiker aller Staaten die Möglichkeit ins Auge gefaßt haben, daß der Kurfürst von Bayern das Haus Habsburg als Träger der Kaiserkrone ablösen und München statt Wien die Rolle der Hauptstadt Mitteleuropas übernehmen würde.

Am Abend der Schlacht hatte er ausgerufen: ›Hol' mich der Teufel, ich weiß nicht, was ich jetzt tun soll.‹ In der Tat, Max Emanuel stand nun vor einer harten Entscheidung. Sollte er seinen Frieden mit dem Kaiser machen und gedemütigt in sein Land zurückkehren, sein Schicksal als Soldat in die Hände Frankreichs und als thronloser Fürst in die des Königs legen?

Das Schauspiel, das der Kurfürst nach der Ablehnung der angetragenen

Bedingung bot, war eindrucksvoll. Seine dem gebieterischen Ruf der Ehre folgende Weigerung trennte ihn von seinem Land, seiner Familie und von seinem Heim. Seine Lage war wahrlich nicht einfach. Als Generalstatthalter der Spanischen Niederlanden hatte Max Emanuel noch ein anderers Tätigkeitsfeld im Norden. Er konnte nur eine Handvoll Bayern mitbringen. Nach wie vor glaubte er an die Unbesiegbarkeit Frankreichs. Aber selbst wenn er sich irren sollte, gab es noch eine andere Möglichkeit. Er könnte mit den Alliierten, insbesondere mit den Holländern, denen die Unabhängigkeit des Pufferstaates als Idol erschien, zu einem Übereinkommen gelangen. Sich zu diesem Zeitpunkt mit dem Kaiser über Bayern zu einigen, hieße mit Sicherheit, die eigenen ihm so viel bedeutenden Interessen in Belgien aufgeben. Andererseits würde ein Vertrag mit den Holländern über Belgien natürlich die Wiederherstellung seiner eigenen Erblande im Gefolge haben. Die Bewegungen und das Verhalten des Kurfürsten wurden in den Niederlanden voller Wachsamkeit und in Versailles voller Mißtrauen verfolgt.

Kein großer Krieg wurde jemals mit größerem Widerstreben auf beiden Seiten begonnen als der *Spanische Erbfolgekrieg*.

Das schwache Lebenslicht des kinderlosen spanischen Königs Karl II. flackerte. Drei Bewerber um das spanische Erbe konnten Ansprüche erheben. An erster Stelle stand Frankreich. Als nächster Anwärter kam der Kaiser in Betracht. Als dritter trat Max Emanuel, der mit der Kaisertochter Maria Antonia vermählt war, als Vertreter der Ansprüche des noch kindlichen Kurprinzen auf.

Die Wahl Spaniens fiel auf den Kurprinzen. Am 14 November 1698 erklärte Karl als seinen letzten Willen, daß sämtliche spanischen Besitzungen an Joseph Ferdinand fallen sollten. Wenn Spanien, Westindien und der Großteil des spanischen Reiches dem bayerischen Kurprinzen zufallen sollte, so bedeutete dies, daß Max Emanuel nach Madrid gehen und dort als Statthalter seines Sohnes regieren würde.

Am 6. Februar 1699 starb der Kurprinz von Bayern völlig unerwartet. Der Erbe dieser ungeheuren Besitzungen, das Kind, in dessen Hände nach dem Beschluß der mächtigsten Staaten ein solch prächtiger Preis gelegt werden sollte, war nicht mehr. Sofort erhob sich die Frage nach dem Wie und Warum seines Todes, der finsteren Verdacht aufkommen lassen mußte. Die Tatsache selbst jedoch warf ein grelles Licht auf die Welt.

Wieder trat ein entscheidendes Ereignis ein: Karl II. lag auf dem Sterbebett. Der König wurde überredet, ein Testament zu unterschreiben,

demzufolge der Thron an den Herzog von Anjou übergehen sollte. Am 1. November 1700 verschied Karl II.
Philipp V. war mit Begeisterung in Madrid empfangen worden. Die Spanischen Niederlande begrüßten seine Thronbesteigung mit Jubel, und in den Straßen Brüssels brannten zu Ehren des neuen Souveräns Freudenfeuer. Aber überall waren die Sturmzeichen gesetzt worden.
Zu guter Letzt wurde mit dem Übertritt Bayerns an die Seite Frankreichs das Herz des Kaiserreichs für eine französische Invasion freigelegt. England und Holland, die vom Überseehandel lebten und von Kolonien und Reichtum jenseits der Ozeane träumten, konnten es nicht zulassen, daß die Herrschaft über Spanien, Westindien, Mexiko, Südamerika und das Mittelmeer in die leistungsfähigen Hände Frankreichs fielen. Die Neue Welt war ihnen fast völlig versperrt.
Kein feindlicher Fürst bekam Marlboroughs Hand schwerer zu spüren als Max Emanuel, Kurfürst von Bayern. Sein Land war verwüstet, seine Armeen in der Schlacht von Blindheim zerschlagen. Er hatte sein Land im Stich gelassen und diente fern der Heimat und Familie in den Niederlanden als französischer Marschall. Über seinem Haupte schwebte schwerstes Unheil.
Nach allen Seiten verbreitete die Armee der Großen Allianz Furcht und Schrecken, eine schwarze Spur hinter sich herziehend.
Von Bayern hing alles ab. Hier vermögen wir das Wesen Eugens und seine Wendigkeit zu erkennen: Befehlshaber bei einer höchst bedeutenden örtlichen Operation, Verteidiger der ›Linien‹, entscheidender, unbedingt verläßlicher Faktor in Marlboroughs Überlegungen und höchster Lenker der militärischen Anstrengungen eines gewaltigen, vom Zerfall bedrohten Reiches ...
Die Verbitterung in Bayern war mit der Auflösung der militärischen Formationen keineswegs zu Ende. Der bayerische Adel und das Volk hatten an der Schuld ihres Kurfürsten keinen Anteil. Durch die Verwüstung des Landes war ein grimmiger, tief sitzender Haß auf die Alliierten erregt worden.
Die Bemühungen Wiens, Bayerns Männer für den kaiserlichen Dienst auszuheben, stießen auf hartnäckigen und häufig wilden Widerstand aller Bervölkerungsschichten. Unordnung und Blutvergießen breiteten sich in dem ausgeplünderten Kurfürstentum aus. Die Drachensaat ging jetzt auf: Überall im Lande kam es zu Aufruhr und Mord. Bayern hatte sich gegen seine Eroberer des letzten Jahres erhoben ...«

1. Kapitel

Lebensdaten zweier Familien in der barocken Zeit des Oktober 1705 oder: Der Terror an der Zivilbevölkerung

In diesem Jahr holt Georg Ellgrasser das Holz früher herunter. Der Boden ist gefroren. Die Hänge sind vereist. Kein Monat, in dem es oben nicht geschneit hat. Vor ein paar Tagen schon bis ins Tal. »Es gibt einen harten Winter«, sagt Ellgrasser. Er weiß nicht, wie hart er noch werden wird.

Die Glocke der Pfarrkirche von Lenggries beginnt ihr Zwölfuhrläuten. Bauer Georg Ellgrasser hält das Pferd Asta an. Dabei verzurren sich die Ketten zwischen den Holzstämmen. Ellgrasser schiebt den Hut vom Kopf und betet.

In dieser Minute läuten wie an jedem Tag die Glocken in Lenggries, in Tölz, in München, in Wien, in Brüssel, in Venedig und Madrid. Zum Dank, daß die Hauptstadt des Heiligen Römischen Reiches Deutscher Nation von den Türken befreit ist. Das war vor über zwanzig Jahren. Damals, als Prinz Eugen und Kurfürst Max Emanuel das Abendland gerettet hatten. Das Draufgängertum des Kurfürsten hatte alle fasziniert. Auch Georg Ellgrasser war dabei. Auch Georg Ellgrasser aus der

Pfarrei Lenggries hat das Abendland gerettet. Auch er ist ein Held der Christenheit. Eine Kriegsverletzung brachte er mit nach Hause. Der Beinschuß hatte ihn zum Invaliden gemacht. Seitdem ging es mit dem Hof bergab. Die Holzdienste für seinen Grundherrn machen ihm Mühe. Sie müssen, Gott sei Dank, nur einmal im Jahr erledigt werden.

Als sein Sohn den Hof hätte übernehmen können, da wurde Krieg wieder zum persönlichen Schicksal der Ellgrassers: In einem Massengrab bei Höchstädt ist er verscharrt worden. Etwa um diese Zeit vor einem Jahr war ein Kriegskamerad seines Sohnes auf dem Hof aufgetaucht und hat es gesagt.

Seit geraumer Zeit schreit eine Frau unterhalb der Bergkuppe. Ihre Stimme mischt sich in den Ton der Glocke und in das Gemurmel des betenden Bauern. Es dauert einige Zeit, bis Ellgrasser aufhorcht. Erst spät erkennt er, daß seine Schwiegertochter Mirzl um Hilfe ruft. Statt in »Ewigkeit Amen« sagt er »Jessas Maria« und läuft so gut er kann seinem Hof zu, den Berg hinab. Pferd und Holz bleiben zurück.

Das Schreien wird lauter. Georg Ellgrasser sieht den Giebel seines Hauses. Der Lärm bricht ab. Ellgrasser erkennt, daß Soldaten seine Schwiegertochter in die Enge treiben. Der Bauer keucht dem Hof entgegen. Ein Soldat bemerkt ihn, schneidet ihm den Weg ab. Der Bauer und der Soldat schauen Gewalt zu.

»Du Bauernsau, gibt her, was ich haben will. Ich will dir's schon machen!« so treibt der andere Soldat Mirzl in den Scheuneneingang. Die alte Bäuerin steht stumm in der Haustür. Ein Kind krallt sich an ihrer Schürze fest. Beide sehen, wie ein Soldat auf ihren Mann einschlägt.

»Der Bauer ist wie ein Mehlsack«, lacht der Soldat und schlägt nochmal zu, »er staubt immer, wenn man draufklopft!«

Die Bäuerin hält dem Enkelkind Kaspar die Augen zu.

Abb. 1 Willkürakte gegenüber der Landbevölkerung gehörten zum Besatzungsalltag. Titelkupfer 1705: »Öffentliche Bayerische Beicht-Bekanntnuß vor den Füssen der Kayserlichen Soldatesca«

»Laß uns den Ernährer. Unseren Sohn habt ihr schon getötet. Was wollt ihr uns noch nehmen?«
Barbara Ellgrasser reißt ihre Bluse auf, bis sie nackt dasteht. »Tötet lieber uns, so hat das Leiden ein kurzes Ende«, schreit sie. Die beiden Soldaten sind abgelenkt. Der eine läßt vom Bauern, der andere von der Schwiegertochter ab. Die Bäuerin geht in die Knie und bettelt: »Hier nehmt mich. Wir wissen nicht mehr, wie wir über den Winter kommen sollen.«
Mirzl rennt in die Scheune. Kaspar rennt weg zum Stall. Die Soldaten schieben die Bäuerin zur Seite.

»Wo hast du Bauernkanaille dein Geld versteckt?«
Soldatenstiefel überschreiten die Türschwelle. Rechts in die Stube. Links das Kästchen. Ein Griff in das Geheimfach. Der Soldat reißt es heraus. Papiere flattern durch die Luft. Münzen rollen auf den Boden. Der andere nimmt das Beil von der Ofenbank und hackt den bemalten Bauernschrank im Gang auf, schiebt mit der Beilspitze das Leinen heraus. Dann bricht er noch den Holzboden auf.
»Du bayerischer Hund. Du Sau, gib das versteckte Geld her!«
Das Geld, das auf dem Boden liegt, ist alles. Die Wut darüber macht die Soldaten selber zu Opfern der Gewalt.
Jetzt klaubt der eine das Geld vom Boden auf. Der andere greift nach der Schüssel auf dem Stubentisch.
»Was Millisuppen?« Er spricht das Wort preußisch aus. Dann schüttet er die vorbereitete Mahlzeit auf den Boden, Spritzer davon erreichen den zweiten Soldaten. Voller Wut tritt der mit seinen Stiefeln hinein, stampft darin herum. Milch rinnt an seinen Stiefeln herunter. Die Bäuerin versucht, den Rest in einen Hafen zu wischen. Der Soldat tritt nach dem Hafen.
Georg Ellgrasser erscheint in der Tür.
»Komm Bauer, friß!« herrscht ihn der Soldat an.
Jetzt gehen sie hinaus. Der eine zieht den Leinenballen hinter sich her, der andere versucht, ein Huhn, das am Eingang vorbeiflattert, zu fangen und stolpert über die Stoffbahn.
Pferdehufe klappern über den Hof. Die Asta ist den gewohnten Weg weitergegangen, das Holz hinter sich herziehend. Die beiden Soldaten spannen aus und führen das Pferd johlend weg.
Die Bäuerin Barbara Ellgrasser ermißt den Schaden.
»Unser Hof, unser Hoamatl, unser Leben« sagt sie verzweifelt ohne Tränen.

Seitdem Bayern Besatzungszone geworden ist, hat sich im Leben der Ellgrassers viel geändert.
Bayern ist zum Durchmarschland der europäischen Armeen geworden. Die logistische Linie führt über Nürnberg, Ingolstadt und Tölz zu den oberitalienischen Sammelplätzen. Und da der Winter bevorsteht, werden die alliierten Truppen in Bayern ihr Winterquartier nehmen. Allein Rosenheim wird zwischen 1705 und 1714 200 Truppendurchzüge und Einquartierungen verzeichnen.
Einquartierung heißt Zwangseinquartierung. Das bedeutet für einen Bauern: ein Pfund Fleisch, ein Pfund Brot, eine Maß Bier für jeden Soldaten. Heu und Hafer für jedes Pferd. Wer dieses Naturalquartier nicht stellen kann, muß drei Gulden zahlen.
Adel und Geistichkeit müssen keine Verpflegung leisten. Ein Leben auf dem Lande im Jahre 1705. Lebensverhältnisse der Ellgrassers. Einer der 28 000 Höfe in Bayern.
Nur vier Prozent der Bauern sind Eigentümer ihres Hofes. 96 Prozent der Bauernhöfe gehören der Kirche, dem Adel oder dem Landesherrn. (Oder genauer: 56% sind im Besitz der Kirche oder von Klöstern, 24% im Besitz des Adels, 14% gehören dem Landesherrn und 2% gehören Stiftungen. 4% also sind Eigentum von freien Bauern.)
Das bedeutet für 96% der bäuerlichen Bevölkerung Abgaben an ihre Grundherren in Form von Naturalien oder Dienstleistungen. Adel und Kirche brauchen ebensowenig wie Naturalquartiere Steuern zu bezahlen. Die zahlen die Bürger und Bauern als direkte Steueraufschläge auf Fleisch, Bier und Salz oder als Zoll. Dazu kommt noch eine indirekte Steuer: die Landsteuer als achtprozentige Vermögensabgabe. Bürger und Bauern finanzieren den Staatshaushalt.
Abgaben an den Grundherrn, Zwangseinquartierung, Steuern

und Plünderungen machten der bäuerlichen Bevölkerung das Leben schwer. Politische Rechte hatten sie keine, da Bauern außerhalb jeder politischen Vertretung standen.
Nun sind die Steuern auch noch auf das Siebenfache angehoben worden. Die Steuerexekutionen sind gefürchtet. Höfe werden gepfändet. Verbitterung zeigt sich im Land. Die Existenz auch des Ellgrasser-Anwesens ist gefährdet. Der Ein-Zwölftel-Hof gehört zur Grafschaft Hohenburg. Wie lange Georg Ellgrasser diesen Hof noch wird bewirtschaften können, weiß er nicht. Es sind miserable Zeiten.
Drei Jahre dauert der Krieg schon. Er wird noch weitere zehn Jahre dauern.
Zwar verschob sich nach der Schlacht bei Höchstädt der Kriegsschauplatz von Bayern nach Norditalien. Aber für die Mehrheit der Bevölkerung wurde die Lage noch drückender; denn in diesem Besatzungsland kümmert sich die Besatzungsmacht wenig um die Willkür der Beamten. Die Mehrheit der Bevölkerung, die Kleinbauern, die Kleinhäusler, die Tagelöhner, die Gewerbetreibenden, die Handwerker waren die ersten Opfer des Umschwungs geworden. Der Warenaustausch zwischen Stadt und Land hatte aufgehört. Früher hatten sie auf dem Markt noch ihren Profit machen können. Jetzt sind die Straßen unsicher geworden: Truppendurchmärsche, Bettler, verwaiste Kinder. Bilder aus Kriegstagen, demoralisierter Alltag.

Früher war Ellgrasser nach Lenggries gegangen, um die Korbflechtarbeiten seiner Frauen zu verkaufen. Jetzt muß er bis Tölz, um etwas loswerden zu können.
Aber wie hatte sich dieser Markt verändert. Tölz war einst ein lebensfroher Ort. Die Bürgersfrauen herausgeputzt, die Bürger

eingebildet, und jede Familie dachte, nur Hausmusik wäre das Etikett eines Bürgers.

Ellgrasser geht auch im Weinhaus Höck neben dem Rathaus hausieren.

Doch Körbe will hier keiner kaufen. Die Wirtschaft ist auch nicht mehr das, was sie einmal war: Besatzungssoldaten neben betrunkenen ehemaligen bayerischen Soldaten, einige Bürgersleute. Die Zeiten sind härter geworden. Der Bürgermeister bedient hier selbst: Johannes Jäger hat in die Weinwirtschaft eingeheiratet.

Auch beim Höck wird nicht mehr musiziert. Auch nicht beim Kyrein, beim Hörmann und wie die feinen Leute hier alle heißen.

Jäger stellt Ellgrasser ein Achtel Tiroler Wein hin. Ellgrasser erzählt am Tisch seine Geschichte. Vom Überfall und daß sie sein Pferd mitgenommen hätten.

Dann erfährt Ellgrasser auch die Geschichten der anderen. Die Besatzungsmacht würde jetzt Rekruten ausheben und die Söhne einfach vom Hof nehmen.

Am letzten Sonntag seien in Greiling Soldaten während der Wandlung in die Kirche eingedrungen.

»Zuerst haben sie von außen die jungen Burschen herausgerufen. Dann jagten sie Hunde rein. Drei Bauernburschen haben sie mitgenommen«, sagt einer, und Ellgrasser denkt an seinen gefallenen Sohn: »Das muß er wenigstens nicht mehr erleben.«

Plötzlich wird es still im Weinhaus Höck. Von draußen dringen Trommelschläge herein. Der Wirt öffnet das Fenster. Ein Transport mit Rekruten fährt vorbei. Manche sind mit Stricken auf dem Heuwagen festgebunden, manche am Sattelzeug der Pferde.

»Da ist die Asta, das ist meine Asta«, Ellgrasser rennt zum

Fenster. Einer zeigt auf einen jungen Mann im Nachthemd. »Quirin!« ruft er.
Eine Frau rennt mit einem Bierkrug hinter dem Transport her. Sie wird abgewiesen.
Inzwischen sind alle Gäste an die Fenster getreten, bis auf die Besatzungssoldaten. Einer ruft »Schindersknechte!« auf die Straße, ein anderer: »Saukerl polakischer!«
Ellgrasser sagt: »Vivat Maximilian!« Er meint den Kurfürsten, der das Land verlassen hatte. Seine Hand formt sich zur Faust.
Einer sagt: »Im Hölzl.«
Andere sagen: »Ja, im Hölzl.«

Am 16. Juni hatte es begonnen. Damals verkündeten die Trommler: »12000 Landeskinder sollen innerhalb von sechs Wochen ausgehoben werden. Je vier Höfe müssen einen Mann stellen!«
Kein Rekrut hatte sich gemeldet.
Am 24. Juli hieß es dann nur noch: Je acht Höfe einen Mann. Auch diese Frist verstrich ergebnislos.
Am 9. September durchkämmten die Trommler wieder das Land. Die Frist lief bis zum 24. September. Am 28. September wurden sie wieder hinausgeschickt. Diesmal lief die Frist bis zum 8. Oktober. Jetzt mußten nur noch alle zwölf Höfe einen Mann stellen. Kein Hof stellte einen. Und die wenigen, die von Werbekommandos erwischt worden waren, desertierten und versteckten sich in den Wäldern.

Niedergeschlagen kehrt Ellgrasser an diesem Oktobertag auf seinen Hof zurück.
Er weiß nicht, was in den Kabinetten der Hauptstädte längst beschlossene Sache ist. In den geheimen Regierungsakten steht:

»Bayern soll die ganze Kriegsmaschine soutenieren. Bayern soll ganz dem Krieg gewidmet werden.« Unterschrift: Prinz Eugen.
Denn Prinz Eugen ist auf die Versorgung aus Bayern angewiesen. Die Zwangsrekrutierung gleicht einer Menschenjagd.
»Die flüchtigen bayerischen jungen Burschen und Bauernknechte oder Vagabunden sind handfest zu machen und auszuliefern«, heißt die Anweisung an die Pflegämter.
Zu Hause erzählt Georg Ellgrasser an diesem Abend, was er erlebt hat und was sie halb im Suff, halb im Ernst beim Höck gesungen haben: Das Bauernvaterunser haben sie es genannt.
An seine letzten Zeilen konnte er sich noch erinnern:
»Oh Kaiser, lindre diese Pein,
laß uns nicht so gequälet sein, ›sondern erlöse uns‹«, hätten alle dann gesungen.
»Führ doch hinweg die Kriegesleut,
so seind wir hier und dort befreit ›von allem Übel‹«, und Ellgrasser sagt, daß sie an dieser Stelle alle zusammen »von allem Übel« gesungen hätten.
»Gott helfe, daß dies werde wahr,
so wollen wir singen immerdar: ›Amen‹.«
Mehr erzählte Ellgrasser nicht.
Zu spüren bekommen sollten zuerst die niedersten Beamten, was die niedersten Bevölkerungsschichten dachten.

Brüssel. Für 42 Jahre sieht er alt und verlebt aus. Seine angestrengte Miene macht ihn häßlich.
Beim Pudern wird der bayerische Ex-Kurfürst Max Emanuel, derzeit Generalstatthalter der spanischen Niederlande mit Sitz in Brüssel, gern grundsätzlich. Es sind Minuten, in denen er sich ganz auf sich konzentrieren kann.

Abb. 2 Kurfürst Max Emanuel. Pastell von Joseph Vivien, 1706

»Ich wäre der Urheber des ungerechten Krieges, der den Garten Italiens, die blühenden Niederlande, die deutschen Gaue, der das herrliche Spanien in Strömen Bluts ersäuft?« –
Aber es wird nicht nur in Italien, den Niederlanden, in den »deutschen Gauen« oder in Spanien gekämpft, sondern auch in

Kanada und auf den Weltmeeren. In diesem Krieg, den Historiker als den eigentlichen Ersten Weltkrieg bezeichnen, geht es um die Aufteilung der Einflußzonen auf dem Erdball. Es geht darum, wer das derzeit reichste Land der Erde, Spanien mit seinen Kolonien, in seinen Interessenbereich herüberzieht, und es geht um die Sicherung der neuen Rohstoffmärkte.
In diesem Krieg kämpft Max Emanuel auf der Seite von Paris, anstatt – wie es sich für das mächtigste Mitglied des Kurfürstenkollegiums ziemen würde – auf der Seite Wiens.
Man hat Max Emanuel zuviel Puder aufgetragen. Ärgerlich wischt er über sein Gesicht.
»Ich soll die ungeheure Verantwortung vor den Jahrhunderten tragen? Was ist demnach die Würde der Fürsten. Was? Welches sind ihre Pflichten gegenüber ihrem Volk?«
In diesem Krieg hatte der Kurfürst sein Land ins Spiel gebracht – und verloren. Denn im vergangenen Jahr war Bayern zum europäischen Kriegsschauplatz geworden. Die internationale Glamour-Generalität stand sich am 13. August 1704 bei Höchstädt gegenüber. Sie spiegelte die europäischen Bündnisse: Max Emanuel und der französische Marschall Tallard auf der einen Seite. Auf der anderen: der englische Herzog Marlborough und Prinz Eugen.
Max Emanuel verlor die Schlacht und sein Land. Jetzt war das bayerische Volk allein mit der Besatzungsmacht, die das Land übernahm. Prinz Eugen wollte endlich aus den Bauernhöfen seine Rekruten für die Kriegsschauplätze außerhalb Bayerns haben.
Die Kabinettstür öffnet sich. Der Kopf des Ersten Staatsministers, Korbinian Freiherr von Prielmayr, schiebt sich durch den Türspalt.
»Meine Pflichten als Statthalter der Niederlande gehören einzig

Spanien. Was um des Himmels willen hätte ich dem Kaiser zu danken?« jammert der Kurfürst.
Ein diplomatisch geschickter Text, denkt Prielmayr; Schulbeispiel für die Deckungsgleichheit von privater Räson und Staatsräson. Denn schließlich ist Max Emanuel ja nur deshalb auf der Seite Frankreichs, weil die Bourbonen vom verstorbenen spanischen König als Universalerben eingesetzt wurden. Und die spanischen Niederlande hatte der französische König Ludwig XIV. jetzt dem Ex-Kurfürsten sogar erblich zugesagt. Also »was um Himmels willen hätte ich dem Kaiser zu danken?«
Von 1701 bis 1714 wird nur deshalb gekämpft, weil Wien dem französischen Hof das spanische Erbe streitig macht. So ist er entstanden, der Spanische Erbfolgekrieg.
Hofgeschichten mit ernsten Konsequenzen.
Max Emanuel holt sein Taschentuch aus dem Ärmel und betupft seine Augen. Aufmerksam gemacht durch das Lärmen streitsüchtiger Mohren und Kurtisanen im Nebenraum, verlagert sich der Blick des Generalstatthalters im Spiegelbild auf die halbgeöffnete Tür und den Kopf des Staatsministers. Max Emanuel winkt seinen Ersten Minister herbei. Das seidene Taschentuch unterstreicht den Wink mit der Hand. Der Kurfürst im Exil entwickelt die Grundsätze seiner Politik: »Was dankt dagegen Wien nicht alles dem Hause Wittelsbach?«
Der Erste Minister schürt den Monolog:
»Die Politik Wiens und des Kaisers ist, Bayern soweit zu genießen, daß es künftig dem Kurfürsten unnütz sein soll. Dem kaiserlichen Botschafter in London, Graf Wratislaw, ist es eben auf Anraten von Prinz Eugen gelungen, den englischen Oberbefehlshaber zu überzeugen, daß ohne die Beseitigung der von Bayern ausgehenden Drohung keine erfolgversprechenden

Unternehmungen gegen irgendeine Stellung der Franzosen möglich sein werden.«
Max Emanuel hat sich wieder dem Spiegel zugewandt, zupft jetzt seine Perücke zurecht und erinnert mangels jetziger Erfolge an seine früheren Triumphe.
»Als die osmanische Macht Wien bedrohte, bot ich alles auf, was Waffen tragen konnte. In den darauffolgenden fünf Feldzügen förderte ich jene Eroberungen, welche heute einen so wichtigen Teil der kaiserlichen Hausmacht bilden: die Erstürmung der Hauptstadt, den Übergang über die Save, die Einnahme Belgrads, dieser die alte Furchtbarkeit der Pforte in ihren Grundfesten erschütternde Schlag, das waren meine Werke!«
Das aber war schon zwei Jahrzehnte her.
1683, da hatte er, 20 Jahre alt und tolldreist, zusammen mit Prinz Eugen das von den Türken belagerte Wien befreit. Max Emanuel war der Held der Christenheit. Das Heilige Römische Reich deutscher Nation war gerettet, ja das ganze Abendland. »Blauer Kurfürst« hatte man ihn damals genannt.
Jetzt beugt sich der Blaue Ex-Kurfürst ganz nahe an das Spiegelglas und starrt in sein Gesicht.
»Der Kaiser prunkt mit der Frucht der Siege, die mich 32 Millionen und 30 000 Bayern gekostet haben. Und Bayern bekam nichts dafür . . .«
Aber doch, die Tochter des Kaisers, Maria Antonia, haben Sie doch damals dafür bekommen, will Korbinian von Prielmayr eigentlich sagen. Stattdessen empfiehlt er sich. Leise schließt er die Tür:
»Allein, ich besorge, der Kurfürst möchte statt eine Krone zu finden gar seinen Kurhut verlieren«, murmelt er.
Die Zänkereien in den Nebenräumen sind lauter geworden.

Gekreische im einfachsten bayerischen Dialekt vermischt mit französischen Schimpfworten.
Alleingelassen denkt Max Emanuel an das Jahr, das in seinem Leben die größte Zerreißprobe bedeutete: 1699.
Sein Sohn Joseph Ferdinand war damals sieben. Diesen bayerischen Kurprinzen wollte der spanische König, dessen Ehe kinderlos geblieben war, ursprünglich zum Universalerben der spanischen Monarchie einsetzen.
Es war wie ein Märchen.
»Die Wittelsbacher erben ein Weltreich«, ging es durch die internationalen Gazetten.
Bayern hätte eine Weltmacht werden können. Mailand, Neapel, Sizilien, Spanien, Kuba, Mexiko, Kalifornien, Kolonien in Südamerika und in Ostasien für seinen Sohn.
Die ganze Welt hatte ihm offengestanden. Doch der Traum zerrann. Der Kurprinz starb an einer eitrigen Mandelentzündung. Es gab Gerüchte, er sei vergiftet worden. Max Emanuel wurde am Totenbett des Kindes ohnmächtig. Die junge Mutter starb am Heiligen Abend des Jahres 1692.
Max Emanuel war ein gebrochener Mann.
Daß er, der bayerische Kurfürst, im selben Jahr die spanischen Niederlande (etwa das heutige Belgien) als Statthalter auf Lebenszeit zugesprochen bekommen hatte, war kein Ersatz für seine europäischen Träume.
Als Max Emanuel vor einem Jahr Bayern verlassen hatte, änderte sich viel in Bayern, aber kaum etwas in seinem Leben. Denn seitdem er Generalstatthalter der Niederlande war – und das war er ja inzwischen schon 13 Jahre lang – hielt er sich sowieso die meiste Zeit nicht in Bayern, sondern in den Niederlanden auf.
Familienmitglied Kurfürst Clemens zu Köln: »Mein Bruder

hat allzu große Aversion, wieder in Bayern zu wohnen, daher um eine Scheune aus Niederlanden er eine Stadt in Bayern cedieren würde, um nur außer Landes bleiben zu können.«
Lebensdaten aus einer barocken Zeit. Lebensgeschichten im Oktober 1705 vom Hof der Wittelsbacher und der Ellgrasser.

2. Kapitel

Ein Überfall

Es dämmert. Es ist jene Minute, in der es still wird. Die im Land gebliebenen Vögel verstummen, wenn die Sonne sinkt. Geräusche im Laub. Das Zertreten von kleinen Ästen wirkt jetzt um so lauter. Über hundert Einheimische aus Tölz, Lenggries und Wackersberg sind im Unterholz. Durch die Bäume schimmert die helle Mauer der Hohenburg.
Ellgrasser kennt sich hier aus. Er weiß, Graf von Herwarth ist nicht im Schloß. Und er weiß, wo die Waffen lagern, die ihnen in den letzten Wochen abgenommen worden sind.
Es hat sich auch herumgesprochen, daß hier im Schloß Hohenburg die Rekruten vorläufig untergebracht sind, bevor sie auf den Sammelplatz Schongau und von dort nach Oberitalien transportiert werden. Schloß Hohenburg – für die Rekruten schon nicht mehr die Heimat, sondern bereits ein Teil Italien und ein Stück Tod.
Der Haufen erreicht jetzt die Waldlichtung vor dem Schloß. Manche ziehen Halstücher über ihr Gesicht. Auch Ellgrasser. Er ist der älteste von ihnen.
Es ist inzwischen dunkel geworden. Ein Stein wird geworfen.

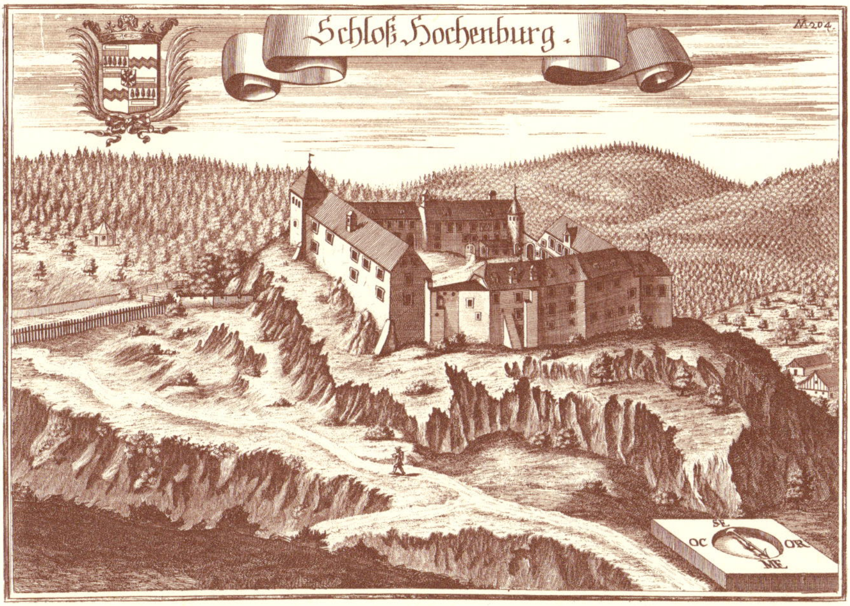

Michael Wening, um 1700

Abb. 3 Hier begann Mitte Oktober 1705 mit einem Überfall auf das Schloß Hohenburg über Lenggries der Volksaufstand in Bayern. Schloß Hohenburg, Michael Wening, um 1700

Es klirrt. Eine Tür knarrt. Ein Mann im Nachthemd füllt den Türrahmen aus und schreit in die Dunkelheit: »Unsinnige, von Gott verlassene Leut!« Ellgrasser verstellt seine Stimme, das Halstuch vor dem Mund verändert sie ohnehin. Er fällt ihm ins Wort: »Wo sind unsere Burschen?« Ein Handwerker aus Wakkersberg: »Auf welchen Befehl stellt ihr die Musterung aus?« Der Mann in der Tür zieht jetzt die Uniformjacke eines Wachtmeisters über sein Nachthemd: »Auf allergnädigsten kaiserlichen Befehl!« Ellgrasser: »Wir wissen nichts von einem Kaiser!«
Einige Bauernburschen schieben ihn beiseite und dringen in das Schloß ein, während Ellgrasser Schritt für Schritt auf den

Wachtmeister zugeht: »Wir lassen uns von keinem Pfleger und keinem Amtmann mustern!«
Ein Zimmerer aus Arzbach sagt: »Wir schlagen dich tot, wenn du es noch einmal wagst, unsere Burschen einzufangen!«
Der Wachtmeister begriff den Ernst der Lage. Ellgrasser hält seine Leute mit dem Arm zurück.
»Du kaiserlicher Hund!«
»Nicht einmal auf unsere Beschwerden habt ihr reagiert!« Ein Trommelfeuer von Beschimpfungen wütet dem Wachtmeister entgegen. »Unsere Steuern habt ihr selbst eingesteckt. Ihr arbeitet doch nur in eure eigene Tasche!«
»Wo habt ihr euer Vermögen versteckt – in der Sakristei?«
»Wir müssen so viel Schulden aufnehmen, daß wir unseres Leids und Jammers kein Ende wissen. Wir sind bis aufs Blut ausgemergelte Untertanen. Unsere Frauen und Kinder habt ihr geschlagen, bis alle blau waren!« brüllt Ellgrasser auf ihn ein.
Die Wut des Haufens hat sich gesteigert. Während einer schreit: »Wir haben selber nichts zum Nagen und zum Beißen!« dringt Lärmen und Hurra-Schreien aus den Schloßgängen.
»Wir sind befreit! Wir sind befreit!«
Fünf Rekruten kommen herausgerannt. Sie werden von ihren Befreiern auf die Schultern gehoben. Ein Rekrut beugt sich zum Wachtmeister hinunter, reißt ihm die Perücke vom Kopf und setzt ihm einen Trachtenhut auf. »Paruckenhansel, du! Mich habt ihr nachts aus dem Bett geholt, auf mich eingeschlagen und hier eingesperrt!«
Ein anderer Rekrut johlt von oben herunter: »Und als die zu mir kamen, bin ich schnell aus der Schneiderstube abgehaut. Hab mich im Schweinestall versteckt, und da haben sie mich erwischt!«

Während die jungen Männer von der Pforte weggetragen werden, schlagen einige der nächtlichen Besucher auf den Wachtmeister ein. »Da habt ihr euer Konfekt«, dazu ein Hieb, »euer Zuckerwerk«, wieder ein Schlag, »und andere Spezialitäten, die wir Bauern nicht besitzen und die wir aus Angst vor euch Gästen kaufen müssen!«

Ein Rekrut sagt: »Ich war schon losgekauft, und trotzdem haben sie mich ›überredet‹!«

Ellgrasser nimmt den Wachtmeister beim Kragen: »Du Schelm! Gib uns das Geld wieder, mit dem wir unsere Söhne losgekauft haben.« Inzwischen ist die laute Menge am Rand der Jauchegrube angekommen. Der Wachtmeister wehrt sich. Nachthemd und Uniformrock lassen ihn nur langsam in der Jauche untertauchen. »Damit du auch mal riechst wie wir!«

Jetzt laufen die Leute ins Schloß. Sie werden die Waffenkammern ausplündern. Sein Pferd Asta aber kann Ellgrasser im ganzen Areal nicht finden.

München.

Zum Landesadministrator für das besiegte Bayern wurde vom kaiserlichen Hof in Wien Maximilian Karl Graf von Löwenstein-Wertheim bestellt. Sein monatliches Gehalt beträgt 1000 Gulden plus 500 Gulden Aufwandsentschädigung. Die Amtsräume wurden in der Herzog-Max-Burg eingerichtet, die Dienststelle wurde in ein Kriegskommissariat für Besatzungsfragen und in ein Kameralkommissariat für Verwaltungsfragen eingeteilt. Diese Besatzungsbehörde wurde zum Kommunikationszentrum des Landes. Die Stadt München nannten sie jetzt offiziell »kaiserliche Hauptstadt in Bayern«.

Graf Löwenstein hat ein schweres Amt angetreten. Seine Besatzungspolitik muß er gegenüber dem Wiener Hof verantworten.

Seinen ersten Auftritt hatten ihm die Münchner übelgenommen: Auf einem Thron, fünf Meter hoch, saß er unter einem Baldachin und ließ sich auf einem silbernen Tablett die Münchner Stadtschlüssel überreichen. Er konnte nicht wissen, daß die Münchner Bürger, die ihm jetzt huldigten, am selben Tag eine silberne Votivtafel nach Altötting schickten.

Nur wenigen Münchnern fiel in der Nacht vom 14. auf den 15. Oktober 1705 auf, daß Kavallerietruppen ausrückten. Die Administration in der Herzog-Max-Burg schickte Oberst de Wendt in Richtung Tölz.

Gespannt las Graf Löwenstein den um 16 Uhr in Tölz abgeschickten ersten Bericht:

»Nachdem nun die Bauern gestern auseinander gewesen und sich wieder in ihre Häuser begeben haben, haben sich die Schelmen auf Vernehmen, daß einige Truppen hierher gekommen sind, in der Nacht wieder gesammelt und sich bei Hohenburg zusammengezogen.«

Doch diesmal waren es nicht nur hundert. Diesmal plünderten 300 Mann die Waffenkammern des Schlosses Hohenburg.

Löwenstein las weiter: »Heute früh, bevor ich angekommen, hat der Obristleutnant einen Wachtmeister mit 20 Mann gegen Hohenburg zum Rekognoszieren ausgeschickt. Nachdem er an ein langes Dorf unter dem Schloß Hohenburg liegend gekommen sei, haben ihn die Bauern gefragt, was er wolle, worauf er geantwortet, er sei hierher geschickt, um zu sehen, was ihre Intention sei, worüber ihm die Bauern geantwortet, sie wollten Ihro Kaiserlichen Majestät treu dienen und treu bleiben, auch nach ihren Häusern gehen, wenn man sie nur nicht außer Landes führen wolle. Kurze Zeit darauf waren die Bauern etliche hundert Mann stark geworden; sie sprangen von allen Seiten von dem Gebirg herunter und gaben auf den Wachtmei-

Abb. 4 Maximilian Karl Graf von Löwenstein-Wertheim war während der Besatzungszeit Administrator. Kupferstich Franz Xaver Späth, 1710

ster und seinen Trupp Feuer, so daß er gezwungen war, sich zu retirieren.«
Graf Löwenstein konnte den letzten Satz des Rapports nur belobigen: »Sollten sie sich wider Verhoffen zu keiner Räson geben wollen, so hoffe ich sie mit Gewalt zur Räson zu bringen ...« Die Unruhe im Oberland wird aktenkundig. Die Strafexpedition nach Hohenburg beobachtet weiterhin vor Ort.

An diesem 15. Oktober stehen sich in der Herzog-Max-Burg der Geheime Kanzleidirektor Franz Joseph von Unertl und der Abt vom Kloster Benediktbeuern gegenüber. Es sind peinliche Minuten. Abt Eliland weilt schon den sechsten Tag in der Hauptstadt – in Stadtarrest. Obwohl die Sache geheimgehalten werden sollte, ist der Abt zum Stadtgespräch geworden. Unertl: »Auf was für eine gefährliche, höchst strafbare Sache habt Ihr Euch da eingelassen? Zu einer Zeit, wo man allerorten von verborgenen Aufstandskonzepten spricht!«

Von den Ereignissen in Tölz weiß Unertl in diesen Stunden des Verhörs noch nichts. Ein Stockwerk höher wird noch über den Bericht de Wendts beraten. Unertl will heute die Akte Benediktbeuern erledigen. »Die Sache wird entweder auf die Schleifung des Klosters oder auf 80 000 Gulden hinauslaufen!«

Was aber regt den Geheimen Kanzleidirektor so auf? Was war geschehen?

Es sind Briefe zwischen dem Kloster Benediktbeuern und einem gewissen Wolfgang Schmidt, ehemals Gerichtsschreiber in Abensberg, geschnappt worden. Eine ziemlich normale Sache, wenn nicht dieser Wolfgang Schmidt . . .

Unertl sagt es selbst: » . . . inzwischen in Brüssel gewesen und nunmehr von Rorschach aus sich bemüht, die unruhigen Gemüter in Bayern in einer fortwährenden Agitation zu erhalten und zu einem Aufstand zu animieren, sowie den Feind zu bewegen, zur Ausführung der von ihm konzipierten Unternehmungen einen Succurs an Geld und Gewehr zu schicken.«

Auch hat man herausgefunden, daß dieser Wolfgang Schmidt im Kloster Scheyern von einem Pater eine Kutte bekam und dieser »ihn in das Kloster Benediktbeuern begleitete, wo er sich an den Pater Prior wandte, der ihn nach St. Gallen brachte.«

Unertl liest es aus der Anklageschrift der Administrationskanzlei vor. Dann sieht er den Abt scharf an:

»Frater Eliland! Dieser Schmidt ist einer der ärgsten Erzschelme, Landaufwiegler und Bösewichte. Dies ist ein Verbrechen, das in das crimen laesae majestatis et perduellionis einläuft. Dabei werden alle Helfer und Helfershelfer aufs härteste bestraft. Sie können ahnen, wie die Protektion eines solchen Gesellen aufgenommen wird!«

Der Abt wirft ein: »Der Pater Prior hat sich doch des Menschen Schmidt angenommen! Ich habe ihn gar nicht vorgelassen. Ich bin ohne Schuld. Wenn der Prior zuviel tut, kann doch nicht das ganze Kloster darunter leiden!«

»Dann müssen die Superiores eben ihre Untergebenen besser in Zaum und Disziplin halten. In den jetzigen gefährlichen Zeiten lassen sich die apices juris nicht so genau in acht nehmen. So kann denn nichts mehr so Loses, Verdammliches und Böses wider Seine Kaiserliche Majestät geschehen als durch unsere katholischen Geistlichen!«

Unertl greift in die abgefangenen Briefe und hält den Packen dem Abt entgegen.

Abb. 5 Die Herzog-Max-Burg in München wurde zum Sitz der kaiserlichen Besatzungsmacht in Bayern. Steingravur von J. A. Mayer

»Mein letztes Wort! 20 000 Gulden bezahlt das Kloster. Ihr könnt jetzt nach Hause fahren.«

In der Herzog-Max-Burg ist man am 15. Oktober nervös. Die

Informationen, die eintreffen, werden sofort an die Reichskanzlei nach Wien weitergegeben.

»Um zu sehen, ob die Kanaillen mit der Güte zur Räson zu bringen, hat man de Wendt zu Graf von Herwarth geschickt, dem Besitzer des Schlosses Hohenburg, um bei dem Landvolk alle bewegliche Vorstellung zu tun. Gleichzeitig soll de Wendt sehen, wenn die Bauern nicht gleich die kaiserliche Gnade amplectieren, ihnen einen Streich versetzen, da sonst das Feuer vergrößert und um sich greifen wird« ...

Die Administration gibt sich scharf, um von ihren bisherigen Fehlleistungen abzulenken. Im selben Bericht muß die Besatzungsbehörde auch noch von der mißglückten Rekrutierung berichten: aus den Rentämtern Landshut und Burghausen kein einziger Rekrut. Nur das Rentamt Straubing meldet 19 Männer.

Alle jungen Burschen hätten sich »in die Wälder und Gebüsch verlaufen«, lautet die Begründung aus München.

Die Blamage ist groß. Wien droht mit der Heranziehung von bewaffneter Gewalt, um die Rekrutierung voranzutreiben.

Die Fahnenflüchtigen nennt man in Wien »loses Gesindel«, den Ellgrasser und andere »Kanaillen«.

»Aus dem gegenwärtigen Casus ist anzunehmen, daß in der Güte wenig oder gar nichts zu hoffen, de forza aber nicht vorhanden ist, so daß man, wenn dergleichen Aufstand noch an mehreren Orten ausbrechen sollte, man dem Übel nicht, wie es die Not erfordert, abhelfen könnte.«

Das heißt: München muß allein mit diesen Problemen fertig werden. Nicht Güte, sondern hartes Durchgreifen wird jetzt von Wien aus verlangt, ohne jedoch die Mittel dafür zur Verfügung stellen zu können.

Daß ausgerechnet am 15. Oktober auch noch aus einem Lenggries entferntest liegenden Ort der Besatzungszone, nämlich aus Roding/Oberpfalz, ein Hilferuf kommt, beunruhigt die Herren in der Herzog-Max-Burg an diesem Tag doch sehr. Kommissar Rumpel sehe sein »Pflegamt Roding von allen Seiten angegriffen«.

Keiner wagt in diesem Augenblick zu formulieren, was in diesen Räumen jeder denkt. Ist bald ganz Bayern ein Roding? Kommissar Rumpel spricht Dinge an, die die heutigen Nachrichten aus Tölz in den Schatten stellen:

»Was ich am meisten besorge, so mutmaße ich, es sei eine feindliche finesse etwa mit diesem zusammenrottierten Volk ein Versuch in Böhmen zu tun und sämtliche Landsbewohner zum Aufstand zu bringen; denn diese Rebellen haben allweilen Neunburg, Waldmünchen, Röz, Cham und alle die Gerichte und Ämter von der böhmischen Grenze an bis gegen die Donau dahin zu vermögen, welches sodann, wenn es gelingen würde, vor die in Mähren stehenden Rebellen eine wohlgeratene, vor das kaiserliche Interesse aber eine höchst gefährliche Sache wäre.«

Eine ernste Warnung ist formuliert.

Auch aus Roding die bange Frage: wie sich dagegen wehren? Aber Roding ist nicht Tölz, wo man einfach Obrist de Wendt für eine Strafexpedition hinschickt. Roding liegt zu weit ab.

»Es ist noch übler, daß die Regierung in Amberg in Militaria ganz und gar keine Autorität hat.« Und Rumpels P. S. weist auf noch viel gefährlichere Entwicklungen hin: Er berichtet von »verschiedenen wohlgemachten Leuten unter diesen Haufen, die alle französisch reden« …

Es war schon dunkel, als Unertl den Abt entlassen hatte. Der wollte die Nacht doch noch hier bleiben und erst morgen früh

zum Kloster Benediktbeuern zurückkehren. Jetzt war er zudem zu aufgewühlt, um einschlafen zu können.
Plötzlich klopft es an seine Zimmertür.
»Wer ist da?« fragt der Abt aus seinem Kopfkissen.
»Unertl«, flüstert es.
Der Abt steht auf, öffnet und sieht einen ziemlich veränderten Kanzleidirektor vor sich: »Geht schnell nach Hause. Im Gebirg ist ein Aufstand ausgebrochen«, redet er aufgeregt auf den Abt ein, »versucht den Aufstand zu stillen!«
Jetzt wollte die Administration etwas von dem Kirchenmann. Aber der Abt war über das Verhör und diese Nachricht jetzt allzu durcheinandergeraten. Ironisch bemerken dazu die Akten des Klosters Benediktbeuern aus dem Jahre 1705: »Reverendissimo fiel nicht ein, deshalb einen Nachlaß zu erbitten, der ihm doch unfehlbar zugesagt worden wäre.«
Mitte November senkte dann die Administration die Strafgelder um die Hälfte auf 10 000 Gulden. Sie hatte mit Genugtuung erfahren, daß »die aufrührerischen Burschen bei Lenggries es für ratsamer gefunden, das von dem Schloß Hohenburg weggenommene Gewehr wieder zurückzugeben.«
Die Bauernburschen waren wieder auseinandergegangen. Der Abt brauchte sich nicht zu bemühen. Graf von Herwarth hatte ihnen gut zugeredet. Die Gefahr in der Tölzer Gegend war vorerst gebannt. In München atmete man auf.
An Prinz Eugen ging diese Post ab:
»Obrist de Wendt und Graf Herwarth haben durch erteiltes offenes Patent die Schwierigkeiten in der Gegend Tölz zwar noch mit Güte beiseite gesetzt, allein in der oberen Pfalz und in der Gegend Traunstein nächst Burghausen haben dergleichen Aufrührigkeiten sich wiederum geäußert, das ganze Land murrt und lehnt sich wegen der Stellung der Rekruten, also ist

das intendierte Quantum dieser Rekruten nicht zu hoffen. Man erwartet die weitere Verordnung vom kaiserlichen Hof.«

Die Sache mit der Strafexpedition nach Lenggries hatte aber noch ein Nachspiel. Korrekterweise hatte de Wendt in seinem Bericht vom 15. Oktober hinzugefügt: »Sind auch einige von diesen Reitern und Husaren in die Häuser gegangen und haben, wie die Bauern vermeint, angefangen, aufzuklauben« . . .

Prompt ging die Reichskanzlei darauf ein. Sie ordnete eine Untersuchungskommission über diese Vorfälle an. »Sollte sich zeigen, daß die Beamten, deren Treu und Glauben die Aufbringung der Rekruten aufgetragen worden, sich übel aufgeführt, einige Untreu verübt oder mit gesuchter Schärfe oder widriger Ausdeutung der Befehle den Haß auf Uns, folglich das ganze Wesen in Verwirrung zu bringen getrachtet haben, so ist gegen diese mit all äußerstem Rigor zu verfahren!«

Nichts wurde unternommen. Wien war weit. An Ort und Stelle sah alles ganz anders aus. Die Administration in München, die für Ruhe und Ordnung zu sorgen hatte, wußte davon dem Hofkriegsrat in Wien ein Lied zu singen:

»Auf die Klagen über die Exzesse und Gelderpressungen ist weder eine Abstellung noch eine Bestrafung erfolgt; es sollte daher in den Patenten eine Vollmacht für die Administration vorgesehen werden, wonach sie die Täter ohne Rücksicht auf die Person oder auf die Privilegien der Regimenter gleich beim Kopf nehmen, Kriegsrecht halten und ein Exempel statuieren könne. Bei den marschierenden Truppen befindet sich oft nur ein Hauptmann oder ein anderer Offizier, der sich, wenn man ihn wegen der Exzesse in Arrest setzen will, darauf steift, daß alsdann der Marsch nicht fortgesetzt werden könne« . . .

Aussichtslose Tage.

3. Kapitel

Wie es in der Residenz aussieht. Die Auswirkungen eines großen Krieges auf eines der europäischen Herrscherhäuser.

Ein Mann schreibt an seine Frau: »Von solcher Tyrannei hat man noch nie gehört oder in der Geschichte gelesen. Nicht einmal bei den Wilden könnte solches vorkommen!«

Er regt sich darüber auf, daß seine Unterhaltszahlungen nicht angekommen sind.

Er wohnt in einem Schloß in Brüssel. Und sie in Venedig. Dieses Ehepaar lebt getrennt.

Er ist Max Emanuel. Sie ist Therese Kunigunde, die zweite Frau des Generalstatthalters der spanischen Niederlande. Sie hätten ja in Brüssel zusammenleben können. Aber seine Untreue und ihre Eifersucht führten zu dieser Trennung auf Zeit. Therese Kunigunde erkannte, daß sie daran nichts würde ändern können. Sie hatte ihren Beichtvater Theodor Smacker, SJ, nach Brüssel geschickt. Aber der berichtete ihr nur Deprimierendes: von Mätressen, von den Reichskleinodien, die der Ex-Kurfürst Amsterdamer Kaufleuten verpfändet hatte, von Hofknaben aus Paris und von Tänzerinnen.

Max Emanuel brauchte keine Befürchtungen zu haben, daß seine Frau sein Hofleben stört. Wenn er ihr schreibt, sie solle nach Brüssel kommen, so schreibt er dies in dem sicheren Gefühl, daß sie nicht kommen würde. Ihre Ehe dauert jetzt elf Jahre. Sie war sozusagen zerrüttet.
»Möge der Kurprinz keine Unterwürfigkeit gegen den Tyrannen und seinen grausamen treuelosen Rat lernen und sich nicht an die Ketten gewöhnen«, schreibt Max Emanuel an seine Frau. Dann weinerliche Sätze: »Ich mußte meine lieben Hunde in München lassen. Zweifelsohne werden sie in den Lustpartien des Herrn von Löwenstein und seines sauberen Anhangs dienen, die jetzt unsere Rebhühner in Nymphenburg schießen und nach Schleißheim, Menzing und Dachau auf die Jagd gehen.«

Es ist klamm in der Residenz. Seidentapeten hängen von den Wänden. Vorhänge blasen sich auf und streifen einen Tisch, auf dem Tassen, Teller und Terrinen stehen. Gemälde und Spiegel lehnen an der Wand. Dort, wo sie aufgehängt waren, wölben sich Gipsstücke. Löcher und dunkle Ränder markieren ihr Ausmaß.
Die Zugluft kommt vom Kaiserhof durch die Steinzimmer in den langen Theatinergang.
Kameralrat Graf Mollard reibt sich die Hände. Dann greift er nach einer Liste.
»Geschirr . . . Besteck . . . «, zählt er auf und vergleicht die Punkte auf seiner Inventarliste mit den einzelnen Stapeln auf dem Tisch. Die Liste ist vollständig. Graf Mollard wendet sich jetzt den hintereinander geschichteten Gemälden zu.
Das erste nimmt er am oberen Rand, kippt es auf die rechte untere Ecke und dreht es in sich zur Fensternische hin, bis das

beste Licht darauf fällt. Dann lehnt er das Bild an die Nischenwand, streift seine staubigen Hände aneinander ab, geht zum Tisch und hakt auf seiner Liste »Rubens – Jüngstes Gericht« ab.

Kippen, Drehen, Staub, Liste. Die Residenz wird ausgeräumt. »Amazonenschlacht«. Wieder ein Haken. Zurück zum Stapel. Die Wunschliste des Wiener Hofes ist lang. Ein Kunstraub großen Ausmaßes findet seinen administrativen Abschluß.

Als Graf Mollard wieder eine Gemäldetafel zum Fenster dreht, sieht er im Gegenlicht die Konturen des achtjährigen Kurprinzen Karl Albrecht. Der Junge hält eine Fleischterrine aus Porzellan.

»Nein, die gehört nicht Euch, die ist für Wien bestimmt«, fährt ihn der Graf an. Der Kurprinz drückt die Terrine an sich.

»Es schadet Eurer Gesundheit gar nicht, wenn Ihr Euch der Fleischspeisen enthaltet«, fügt er ironisch hinzu.

»Warum, wenn mir die Sauce so schmeckt?« antwortet der Kurprinz schnippisch. Graf Mollard ist an einer schnellen Abwicklung seines Auftrags, aber nicht an einem Disput mit dem Kurprinzen interessiert. Unwirsch sagt er: »Weil Euch ein Fasttag guttut.« »Aber wir brauchen doch keinen Fasttag zu halten«, trotzt Karl Albrecht und nimmt den Deckel von der Terrine.

»Warum nicht?«

»Weil das Haus Wittelsbach eine päpstliche Bulle besitzt. Und die befreit uns von einem Fasttag.«

Graf Mollard wendet sich wieder den Gemälden zu.

Klirrend setzt Karl Albrecht den Deckel auf die Terrine. Er starrt auf die Hand des Grafen.

»Sie tragen ja den Diamantring meiner Mutter!«

»Unverschämtheit«, zischt Graf Mollard. Jetzt muß er seine

Rolle in diesem Gang der Residenz einem achtjährigen Jungen gegenüber sogar noch rechtfertigen. Er ist außer sich. »Ich wüßte nicht, wie in diesem Besatzungsland noch etwas der Kurfürstin gehören könnte!«
In diesem Augenblick wird dem Grafen bewußt, daß er nicht so reagieren sollte. Denn schließlich hat ja nicht er dem Kurprinzen die verzwickte Situation zu erklären. Er hat lediglich den Auftrag, möglichst schnell die Kunsttransaktion von einer Residenz in eine andere zu besorgen. Was sollte er sich da erklären müssen.
Für einige Wochen war er von Wien nach München gereist, um die leidige Sache mit den kurfürstlichen Mobilien in Ordnung zu bringen. Die kaiserliche Administration war ohnehin schon verärgert über den Verbleib der Aufmerksamkeiten, die der Kaiser dem Herzog von Marlborough zuschustern wollte: einen van Dyck, drei Rubens und einen Tintoretto.
Graf Mollard wendet sich wieder dem Bilderstapel zu. Das Reiterbildnis von van Dyck ist an der Reihe. Gerade das sollte ja die eigentliche Überraschung für den englischen Verbündeten sein. Mit einem Seitenblick beobachtet er den Kurprinzen, der zu dem Tisch zurückgeht und noch zögert, die Terrine wieder an ihren Platz zu stellen. Dieses Zögern empfindet er wie das Angebot zu einem Tauschgeschäft. Tatsächlich: »Bitte, lassen Sie unserer Mutter einen Paß geben, damit sie wieder zurückkehren darf«, sagt der Kurprinz.
Er erhält keine Antwort.
»Vielleicht an Weihnacht«, fügt das Kind noch hinzu. Dann stellt es die Terrine auf dem Tisch ab.

Max Emanuel wird man später einmal einen großen Europäer nennen. Eine wahrhaft europäische Familie. Der Vater in Brüs-

sel, die Mutter in Venedig und die sieben Kinder allein in der Münchner Residenz.
»Retten Sie sich und unsere Kinder. Das ist das einzige, was wir noch haben. Wir haben heute alles verloren. Gott sei bei Ihnen«, hatte der Kurfürst nach der Schlacht bei Höchstädt an seine Frau als Nachricht der Niederlage auf eine Trommel geschrieben. »Mit mir gehts dem Rheine zu.« Er meinte damit sein geliebtes Domizil Brüssel.
Indes wird die Residenz in München von Tag zu Tag leerer und ungemütlicher. So wird es wohl auch an Weihnachten sein. Schließlich sind die kurfürstlichen Kinder schon neun Monate lang mutterseelenallein.
Und wie die Mutter damals, im Februar, abgereist war! Die Zofen kicherten, die Köche tuschelten, und die Wachen machten Witze darüber. Die Kurfürstin hatte damals eine Truhe voller Liebesbriefe gefunden. Liebesbriefe an ihren Mann. Aber nicht von ihr.
Die Hofschauspielerin Christine oder die Gräfin Arco – das hörte ja nicht mehr auf. Voller Wut packte die Kurfürstin die Koffer, verließ die Residenz von München und reiste am 16. Februar nach Venedig, um sich bei ihrer Mutter auszuweinen, die dort die Ferien verbrachte.
Als Therese Kunigunde wieder nach München in die Residenz zu ihren Kindern zurückreisen wollte, kam sie nur bis Pontera. Dort verweigerten ihr die Grenzposten die weitere Rückreise. Dies war nun kein Gesprächsstoff mehr für Zofen, Köche und Wachen, sondern für die Geheimen Hofräte in den Kabinetten der europäischen Residenzen.
Immerhin hatte ja die Kurfürstin im Ilbesheimer Vertrag vom 7. November 1704 die Regentschaft über das Rentamt München zugebilligt bekommen – ein staatsrechtliches Kuriosum,

das der Wiener Hof bald bereute. Denn dieses Rumpfbayern blieb zunächst frei von den Besatzungstruppen: die Stadt München und die Landkreise (damals »Pflegämter«) Schrobenhausen, Dachau, Landsberg, Weilheim, Wolfratshausen, Tölz und Aibling. Besetzt wurden zunächst nur die Regierungsbezirke (damals »Rentämter«) Burghausen, Landshut, Straubing und Amberg.

Als Regentin aber war die Kurfürstin überfordert. Die Tochter des polnischen Königs konnte nicht einmal richtig deutsch. Sie brauchte einen Dolmetscher. Und dann zusätzlich zu den politischen Sorgen die privaten. Die Regentschaft übte sie nur von Mitte November 1704 bis Mitte Februar 1705 aus.

Schon am 20. März berieten in Wien Hofkriegspräsidenten, Geheimräte und hohe Kanzleibeamte über eine zentrale Administration für ganz Bayern. Den Vorsitz in dieser streng geheimen Sitzung führte Prinz Eugen. Mit Argwohn beobachtete man von dort die rege Korrespondenz zwischen Brüssel und München. Tatsächlich: Das Geheimarchiv des Kurfürsten verschwand aus der Residenz, Waffen aus dem Zeughaus wurden vergraben, und Geheimsekretär Johann Sebald Neusönner vermittelte die Korrespondenz zwischen Brüssel und Aufständischen in Böhmen und Ungarn, ja von einem Aufstand vor Pfingsten war da die Rede – bis er verhaftet wurde.

Als dann die Kurfürstin München verlassen hatte, sah man den Zeitpunkt als günstig, die Münchner einzuschüchtern. 8000 Soldaten marschierten am 15. Mai 1705 um 7 Uhr auf und drohten, die Stadt zu bombardieren. Die Münchner kapitulierten. 2816 Soldaten zogen in München ein. Nun war ganz Bayern besetzt. Seine Selbständigkeit hatte aufgehört. Bayern damals – das sind die Regierungsbezirke Oberbayern, Niederbayern und Oberpfalz, fast zwei Drittel des heutigen Staates.

»Oh wärst Du doch in München geblieben«, schreibt Max Emanuel an seine Frau.
Damit war ganz Bayern Besatzungsland geworden. Die neuen Herren zogen zwar nicht in die Residenz ein, räumten sie jedoch nach und nach aus. Und da nur noch die kurfürstlichen Kinder in diesen Räumen wohnten, wurde der Hofstaat drastisch gekürzt und umorganisiert. Mit Argwohn beobachtete die Besatzungsmacht die unmittelbare Umgebung der neunjährigen Maria Anna Carolina, des achtjährigen Kurprinzen Karl Albrecht, des siebenjährigen Philipp Moritz, des sechsjährigen Ferdinand Maria, des fünfjährigen Clemens August, des zweijährigen Johann Theodor und des einjährigen Max Emanuel jr.
Diese aber verstehen nicht die Zusammenhänge der europäischen Kabinettspolitik. Sie spüren nur die Veränderungen um sie herum. Über ihre Zukunft befinden nicht Vater und Mutter, sondern Regierungsakten.

Lot mit seiner Tochter. Mars und Venus. Adonis. Diana. Dann der Kindermord. Die Bilder stehen zum Abtransport bereit. Graf Mollard faltet das Inventarpapier zusammen. Der Kurprinz geht den Gang hinunter und streift mit seiner rechten Hand an den leeren Wänden entlang.
Von der Hofkapelle her nähern sich der Erzieher des Prinzen, Graf Joseph Philipp von Törring-Seefeld, und der mecklenburgische Gesandte beim Regensburger Reichstag, Baron Eichholz.
Als der Baron den Grafen Mollard und den Kurprinzen sieht, zieht er Törring am Ärmel:
»Nicht daß man mich hier erkennt!«
Graf Törring drängt ihn in einen Mauervorsprung: »Sie haben recht, Besucher sind unerwünscht.«

Baron Eichholz beugt sich vor: »Das ist ja ein richtig schöner Prinz.«
»Man sieht es nicht gern, wenn der einheimische Adel, vor allem die Damen des Adels, bei den Kindern aus- und eingehen«, flüstert Graf Törring seinem Besucher zu.
»Warum sollen sie nicht? Die Kinder lernen doch nur gute Manieren, adelige Sitten«, antwortet der mecklenburgische Gesandte. »Schon, aber es geht ja um ihre Charakterbildung. Der Kurprinz ist da schon weiter, aber Prinz Philipp hat zu den Damen eine größere Inclination. Nichts Unmanierliches. Und Prinz Theodor ist noch sehr kindisch. Seine Unmanier in Gesellschaft muß noch korrigiert werden.«
Der Kurprinz kommt näher. Graf Törring und Baron Eichholz treten zurück und lehnen sich jetzt ganz an die Wand. Der Kurprinz wendet sich der Mitte des Ganges zu und biegt auf der Höhe seiner Beobachter in den Treppenaufgang ab.
»Der Kurprinz gleicht seinem Vater am meisten. Er hat auch seinen Gang«, sagt Graf Törring.
»Sonst sehen doch Prinzen ganz anders aus. Mein Gott, wenn ich an den dänischen Hof denke. Der eine ist bucklig, der andere krumm und mit allerlei Defekten behaftet«, sagt der Baron.
»Die Prinzen sind auch extra neu eingekleidet worden«, sagt der Prinzenerzieher.
»Ich bedaure sie«, sagt der Baron.
»Kurprinz Karl Albrecht lernt wie besessen Verse aus der Tragödie ›Arminius‹ auswendig. Er sagt, weil dies am besten für die Gegenwart passe. Man hat ihm das jetzt verboten.«
»Denken Sie daran, daß die Prinzen noch Freunde beim Reich haben«, versichert Baron Eichholz und faßt den Arm des Grafen, »sagen Sie, führen Sie die Spesen über die Prinzen?«

»Ja, die Kammer hat mir zuerst Schwierigkeiten gemacht. Aber gerade heute hat der Administrator angeordnet, ohne langes Anfragen machen zu lassen, was die Prinzen bedürfen.«
»Und wie hoch ist das Budget?«
»Jährlich zunächst einmal 37200 Gulden.«
»Und die Kurfürstin in Venedig, lebt sie von den Landeseinkünften?«
»Ihr sind einmal 5000 Gulden überwiesen worden, von mehr weiß ich nicht.«
Nachdem der Kurprinz außer Sicht war, versuchten die beiden, auch dem Graf Mollard aus dem Weg zu gehen und eilten die Treppen hinunter.
»Wissen Sie«, nimmt Graf Törring das Gespräch wieder auf, jetzt etwas lauter, »den ganzen Hofstaat organisiert man um;

Abb. 6 Portal an der Westfront der Residenz. Stich Matthias Disel

Kammerdiener, Hofdamen, ja sogar den Beichtvater will man entlassen. Nur, weil der Kurprinz die Besatzungsbehörden gebeten hat, daß ich bleiben darf, bin ich vorläufig noch hier. Es sei denn, Wien entscheidet anders.«
Als an diesem Oktobertag 1705 Graf Törring dem heimlichen Besucher der Residenz noch sagt: »Aus Gründen der Sicherheit und Ruhe schlug das Regime dem Kaiser vor, die Prinzen aus Bayern zu entfernen. Am besten im kommenden Winter« – da weiß Baron Eichholz über die Situation hinter den Mauern der Münchner Residenz Bescheid.

Das Leben in der Residenz wurde von Tag zu Tag trister. Köche, Zofen, Hofmeister, Musikanten, Ballettmeister und die 400 Mann starke Leibgarde unter Matthias Mayer wurde entlassen.
Keine Schlittenfahrten, keine Serenaden im Brunnenhof, kein Donnerstagempfang in der Orangerie, keine jours d'appartements, keine soupers particuliers avec les dames, keine carousseIs, keine Turniere mehr und auch kein Lärmen im Aufenthaltsraum der Schloßwache beim Schwabinger Tor. Der Herkulessaal leerstehend, eingestellte Bauarbeiten in Nymphenburg und Schleißheim, ein ausgeplündertes Zeughaus, eine versiegelte Schatzkammer, der Zugang zum Antiquarium versperrt. Das Leben ist aus einer der »plus illustre« europäischen Residenzen gewichen. Sieben minderjährige Kinder warten auf den ersten Schnee.
»Es wäre für des Kaisers Dienst vorteilhaft, wenn die Prinzen außer Landes und in Ihre kaiserlichen Majestätischen Erblande geführt und durch ihre Apanage honest verpflegt würden«, schreibt Graf Löwenstein an den Kaiser und schlägt als geeigneten Zeitpunkt den Winter vor.

Ein Netz von Spitzeln überzieht die Stadt und die Dörfer. Nur in den städtischen Kaffeehäusern und den Wein- und Bierwirtschaften fühlt man sich unter sich. Die Kinder in der Residenz sind wie eine Erinnerung an bessere Zeiten.

An diesem naßkalten Oktobertag kniet ein Bauer aus dem Dachauer Moos auf der Heiligen Stiege der St. Kajetanskirche, der heutigen Theatinerkirche, in München und rutscht die Treppen hinauf, Stufe für Stufe. Er betet für seinen Heimatort, wo das Schloß zerstört wurde und zwei Kirchen, fünf Pfarrhöfe, 488 Häuser, 165 Stadel, 57 Ställe, 32 Kasten, fünf Schmieden, zwei Mühlen, sechs Bräuhäuser. Allein in Dachau 877 Firste, die nicht mehr stehen.

Von den Nachbarorten hatte er ähnliches gehört. Aber der Krieg fängt erst an. Und dieser Krieg wird etwas völlig Neues bringen.

In der Kirche, die zur Geburt des Kurfürsten Max Emanuel gebaut wurde, gelobt der Bauer aus Dachau, sich nicht mehr zu rasieren, bis der Kurfürst wieder bayerischen Boden betreten hat.

An diesem Oktobertag geht der Münchner Weinwirt Johannes Jäger, der Sohn des Tölzer Höck-Wirts, an der Residenz vorbei. Am Eingang des Apothekenhofes streicht er kurz über die Tatze des bronzenen bayerischen Löwen. Er achtet darauf, daß ihn dabei niemand beobachtet. Die Aufmerksamkeit wäre auch abgelenkt durch das Lärmen der Kavallerie, die von Tölz in die »kaiserliche Hauptstadt in Bayern« zurückkehrt.

Kameralrat von Mollard wird in den nächsten Tagen nach Wien zurückkehren. Er hat seinen Auftrag erledigt. Er liebte derlei Aufräumarbeiten in der Besatzungszone. Durch Bilder- und Geldtransaktionen hat er auf einer Bank in Venedig sein Privatvermögen auf 1½ Millionen Gulden aufgestockt.

4. Kapitel

Augenzeugen berichten von Rebellion

Nachrichten aus der Provinz. Da erfährt man, daß inzwischen 300 Rekruten auf dem Sammelplatz Schongau und 200 auf dem Sammelplatz Wasserburg zusammengetrommelt worden sind. Also 500 Rekruten aus dem Rentamt München.

Wie es in einem Bericht heißt: »Mehrerenteils mit Gewalt.«

Aus der Oberpfalz sind es 250 Rekruten. Der Pfleger in Uttendorf, Graf von Aham, am 30. Oktober an die übergeordnete Dienstbehörde Braunau: Seine Amtsleute hätten »möglichsten Fleiß angewendet und von Haus zu Haus die ledigen Burschen gesucht, aber wo sie hingekommen, niemand mehr zu Haus gefunden.«

Wie das Schloß Hohenburg in Oberbayern werden auch anderswo adelige Landsitze überfallen und nach Gewehren durchsucht. Kanzleidirektor Franz Joseph von Unertl gibt jetzt die Anweisung, daß Adelige »ihr Gewehr in das Zeughaus bringen sollen, wo man ihnen einen gesonderten Ort anweisen« wird.

Ein früher Augenzeuge der Ereignisse ist Graf von Königsfeld, Pfleger in Eggenfelden: »Diese zusammengerotteten Leute bedrohen den hiesigen Markt und die Hofmarken Schönau und Gern sehr stark. Die Ob- und Amtleute sagen aus, daß die Burschen, als sie ihnen zum Erscheinen einsagten, durchgehend die Antwort gaben, daß sie sich lieber im Land massakrieren lassen und sterben wollten, als daß sie sich außer Landes brauchen ließen.«

Diese Parole wird zum Losungswort des um sich greifenden Volksaufstandes. An anderen Orten heißt es bündiger: »Lieber bayrisch sterben, als kaiserlich verderben.«

Graf von Königsfeld berichtet weiter aus seiner Sicht: »Die ganze Bauernschaft ist derart verwildert und in Konfusion, daß niemand mehr etwas anbauen und arbeiten oder das mindeste an Steuern leisten will.«

Die Leute sagen ihm sogar ins Gesicht, »daß sie jede Zahlung verweigern, da ihnen die Knechte und Söhne davongelaufen seien und niemand mehr zur Arbeit vorhanden wäre. Sie seien ganz verarmt und ausgesaugt, sie könnten und möchten nichts mehr geben.« Kein Getreidegeld, keine Steuern, kein Gehorsam, keine Ordnung mehr.

»Aus Furcht traut sich fast niemand mehr vor den Markt hinauszugehen.« Und das war nicht nur so in Eggenfelden. Überfälle auf Amtsleute, auf Pflegbeamte; »Rebellion« auch im Amt Eggstätt:

»Sie kamen nun gliederweise angestellt, mit Büchsen, Seitengewehren, Hellebarden, Ländlerkolben, Schweinsspießen, Hakken und großen Stecken bewaffnet zu mir«, berichtet der dortige Augenzeuge, der Pfleger in Eggstätt. »Gleich beim Einmarsch in den Markt fiel der Eisenamtmann in ihre Hände; sie versetzten ihm einen Stockstreich und dann einen Schuß in das Genick, daß er nach kurzer Zeit starb. Auch die Bürgerschaft hat mich ohne Hilfe gelassen, sie hat nicht einmal, wie ich verlangt, die Tore des Marktes geschlossen; ich mußte vielmehr von ihnen noch die empfindlichsten Reden hören.«

Die Bürger solidarisieren sich mit der Landbevölkerung.

Nachrichten aus Rottalmünster, 9. November: »Wir hatten kaum die Quartierbillette für die Husaren verteilt, als gegen 1000 Burschen aus den Gerichten Reichenberg und Griesbach in den Markt einrückten und drohten, alle, die nicht ihren Willen tun würden, totzuschlagen; sie plünderten den Marktschreiber, raubten das Amtshaus aus, zerschlugen alles und nahmen aus dem Rathaus die Monturen der gemusterten Bürger weg.«

Dasselbe in Mauerkirchen. Oder in Neumarkt a. d. R.; ebenso am 9. November: Die zusammengerotteten Bauern seien »hernach haufenweise in die Bräuhäuser eingezogen und darinnen allegro gewesen, wie ihnen dann die Bürgerschaft lachend zugesehen, folgends ohne daß sie jemand anderm ein Leid zugefügt, wieder abgezogen.«

Aus Oberviechtach und Umgebung zwei Tage später, am 11. November: »In Kulz, wo die Burschen sich tags vorher eingefunden, haben wir erfahren, daß sie 30 bis 60 Mann stark und nur mit Stangen oder Wolfsspießen bewaffnet waren; nur 6 bis 8 von ihnen, die blaue Röcke mit gelben Aufschlägen trugen und vermutlich abgedankte Soldaten waren, hatten Seitengewehre.«

Aus Vilsbiburg, 12. November: »Sie haben nur die am Haus angebrachte Mauttafel heruntergerissen und sind mit den Füßen darauf gesprungen. Dann gingen sie in das Amtshaus und haben dort alles verwüstet, zerschlagen, zerrissen, die Betten und Kleider zerhaut und zwei Pferde mitgenommen. Einen Schweinedieb und einen wegen böser Taten Verhafteten ließen sie frei.«

Plünderungen als Antwort auf Plünderungen durch die Soldateska. Gerichtsschreiber Tobias Pader versucht, das völlig Neue zu begreifen: »Ungefähr 20 Kerle haben mich in meiner Behausung überfallen und die Amtsgelder verlangt. Als ich ihnen der Wahrheit gemäß sagte, daß ich keinen Kreuzer in Händen hätte, durchsuchten sie das ganze Haus und nahmen eine Flinte mit.«
Der Pflegkommissar von Griesbach mahnt dann: »Diese Rebellion wird sich nicht leicht dämpfen lassen, da sich schon über 1600 Mann zusammengerottet haben, die durch Ausraubung der Schlösser und der Geistlichen schon ziemlich mit Gewehr versehen sind. Sie zwingen alle ledigen Burschen, ja sogar die Handwerks- und Bürgersleute in den Märkten und wo sie sonst hinkommen, mit Ausnahme der Wirte, Bäcker, Metzger und Müller, mitzugehen.«
Diese sollten nämlich den Aufständischen die Verpflegung besorgen. Tobias Pader hatte sich die Leute genau angesehen: »Ich habe selbst gesehen, daß die Burschen ebenso meisterlos als an anderen Orten gewesen sind.«

Die Administration ist über diese Nachrichten aus der Provinz beunruhigt. Gegenaktionen werden vorbereitet. Militär wird planmäßig eingesetzt. Oberst de Wendt – »der röm. Kais. Maj. bestellter Obrister über ein Regiment zu Fuß und Commandant in München« (wie er sich offiziell schreibt) – muß wieder losmarschieren: von München über Haag Richtung Neuötting. De Wendt hofft, »einige Rädelsführer zu ertappen und sie aufhängen zu lassen«.
Nach seinen Informationen sind die Aufständischen schon 2000 Mann stark. »Ich werde mich aus der Gegend Pfarrkirchen, Eggenfelden, Griesbach und Biburg nicht entfernen, bis

alles gestillt ist«, schreibt er optimistisch um 23 Uhr des 11. November nach München.
23 Stunden später muß er schon berichten: »Als ich nach Eggenfelden kam, waren die Rebellanten schon weg; da sie aber noch nicht weit waren, so folgte ich so stark als möglich nach und ließ sie durch die Husaren angreifen. Mit dem göttlichen Beistand wurden die Schelmen völlig über den Haufen geworfen, so daß über 50 auf dem Platz blieben und elf gefangen wurden; die übrigen wurden in die Wälder versprengt. Die Bösewichte haben alle das französische Feldzeichen, ein weißes Papier auf dem Hut gehabt. Sie sind in großer Zahl im Land. Weil es heute schon zu spät, werde ich morgen vor dem Abmarsch einige aufhängen lassen.«
Militärjargon und die ersten Opfer des Aufstands.
Überfälle auf Amtshäuser, Gefangenenbefreiung, Bewaffnung, Vernichtung von Registraturen und Dokumenten, Solidarisierung mit Bürgern, Einzelaktionen wie Überfälle auf die Post von München nach Wien oder Nachschub-Transporte, Solidarisierungsversuche ausgerechnet mit dem Reiterregiment, das de Wendt zu Hilfe kommen sollte, Überfälle aus den Wäldern auf Märkte, plötzliches Zerstreuen über Land. Mit derlei Aktionen kann ein de Wendt wenig anfangen.
Er hatte gelernt, auf Armeen, nicht aber auf Volk zu stoßen. Von Guerilla-Technik und -Taktik verstand er nichts. Kein klar erkennbarer Feind, keine Front, nur »loses Gesindel«, »Schelmen«. Er will aber ein für alle Mal verhindern, »daß das Land durch dieses Gesindel verderbt werden soll«, daß die Aufständischen »das ganze Land aufeinmal aufheben.«

Auch in die Traunsteiner Amtsstube des Pflegverwalters Franz Ignaz Loichinger waren »Untertanen« eingedrungen. Sie »nahmen Karten her, spielten damit öffentlich in der Amtsstube, ließen sich zu mehrerer Erzeigung ihres Mutwillens Bier zutragen und tranken ihren Gefährten, die auf dem Platz vor dem Haus standen, vom Fenster aus zu seinem nit geringen Amts Despekt zu.«

Was in diesen Tagen oft noch eine private Abrechnung mancher »Untertanen« ist, wird mehr und mehr zu einem überregionalen Ereignis. Die Zahl der Aufständischen wächst. Was zunächst »meisterlos«, also ohne Führung war, formiert sich. Abgedankte Offiziere ordnen die spontanen Zusammenrottungen zu paramilitärischen Organisationen. Einzelaktionen werden vorher abgesprochen, Führungsleute kristallisieren sich heraus, Namen tauchen auf, Forderungen werden formuliert, ein erstes Ziel des Aufstands wird genannt: die politische Führung in einem Regierungsbezirk.

Das Muster dafür soll Burghausen werden.

»Burghausen wurde seit einigen Tagen von etlichen Tausend ledigen und verheirateten Bauern belagert«, berichtet die dortige Regierung über diesen ersten konzentrierten Versuch einer Machtergreifung.

Die Bauern »sind am 13. November nachts 8 Uhr unvermutet mehrere hundert Mann stark bei dem Griestörl in die Stadt gedrungen, nachdem sie von der Wache zwei Mann massakriert, die übrigen mit einem Fähnrich gefangen genommen. Mit größter Wut und unter großem Geschrei eilten sie die Grieben hinauf dem Platz zu, wo gerade die Garnison vor der Wohnung des Hauptmanns und Kommandanten Kirchstetter aufgestellt war. Diese setzte sich sogleich zur Wehr und nach einem langen, starken Feuer wurden die Bauern, von denen die meisten mit Gabeln und Spießen und nur wenige mit Feuergewehren versehen waren, zum Teil aus der Stadt getrieben, etwa vierthalbhundert von ihnen zogen sich in die Klöster und in die Pfarrkirche zurück. Beiderseits waren einige, jedoch mehr Bauern als Soldaten, totgeblieben oder verwundet worden; unter den Toten befand sich Hauptmann Kirchstetter, der dem Vernehmen nach von seinen eigenen Leuten in der Verwirrung durch den Kopf geschossen wurde«: das erste Opfer eines Repräsentanten der Besatzungsbehörde.

Die Bevölkerung von Burghausen ist alarmiert. Ihr Magistrat nennt die Sorgen angesichts der drohenden Blockade der Stadt.

Punkt 1: »Die drei Müller bei St. Johannes haben von den Bauern Befehl bekommen, sich zur Verteidigung der Stadt bei Vermeidung des Brandes nicht gebrauchen zu lassen. Wenn diese, wie zu erwarten ist, folgen, so ist die Stadt ohne Mehl und ohne Malz, hat also kein Brot und kein Bier.«

Punkt 2: »Die Bauern drohen, der Stadt das Wasser zu nehmen, die Städel jenseits der Salzach anzuzünden; sie wollen nur den günstigen Wind abwarten, damit die Stadt und das Schloß in Brand gerate.«

Unter Punkt 3: »Das Gewehr, das man an die Bürgerschaft verteilt hat, ist unbrauchbar; man kann fast keinen Schuß damit abgeben.«

Stimmungsbericht aus einer blockierten Stadt.

Und dann Punkt 6: »Die Soldaten haben sich vernehmen lassen, sie wollten die Stadt anzünden, wenn sie sie nicht mehr halten könnten und sich in das Schloß zurückziehen.« Und Punkt 9: »Viele Bürger verlangen die Entlassung der hier in Gefangenschaft sitzenden Bauern.«

Branddrohungen von beiden Seiten, Versorgungsschwierigkeiten und die Führungslosigkeit durch den Tod des Kommandanten erschweren die Lage in der Stadt.

Wird hier ein Bündnis zwischen Bürgern und der Landbevöl-

kerung zustandekommen? Burghausen soll der Test für diese Solidarisierung werden. Dann erlaubt dieses Szenarium auch den Griff in andere Städte. Aber Burghausen ist mehr als eine Stadt. Es ist der Sitz der Rentamts-Regierung. Wenn Burghausen fällt, fällt auch das Rentamt, und wenn das Rentamt Burghausen fällt, fällt auch bald ganz Bayern, sagen sich die Aufständischen. Eben dies befürchten die hiesigen Amtsinhaber.
Am Nachmittag des 16. November treffen sich die Burghausener Räte in der Wohnung des Kastners Franz Bernhard von Prielmayr, dem 30jährigen Sohn des Staatsministers Korbinian von Prielmayr am Hof Max Emanuels in Brüssel. Jeder weitere Widerstand ist unmöglich, stellt man fest, »da die Bauern alle Wege besetzt halten, so daß man um keinen Succurs bitten konnte; im Einverständnis mit der ganzen Garnison begab sich demnach am 16. ein Feldwebel in Begleitung des Kastners von Prielmayr, des Kirchherrn Dr. Mayr, eines Bürgermeisters und einiger Ratsverwandten in das Bauernlager, um die Kapitulation abzuschließen, wobei sich die Mitglieder der Regierung nicht einmischten. Am 17. nachmittags zog die Garnison aus der Stadt, die den Bauern eingeräumt wurde; die Bauern und die Bürgerschaft besetzten gemeinsam die Posten und Tore.« So das Stadt-Protokoll. Die erste Stadt ist gefallen.
Bei der Kapitulation tauchen jetzt politische Forderungen auf, der überregionale Anspruch wird deutlich:
»Es wird verlangt, daß der Landmann bei seinen alten Privilegien verbleibe, daß man von ihm nicht mehr fordere als unter dem Kurfürsten geschehen, damit die Bauern bei häuslichen Ehren verbleiben und ihre schuldigen Abgaben entrichten können; alle Bauernsöhne und Knechte sollen zu Hause verbleiben und allein zur Verteidigung des Landes dienen; sie versprechen dann, sich im Land wider jede auswärtige Gewalt bis auf den

letzten Blutstropfen zu verteidigen und sie verlangen, daß jeder nach Belieben das zur Verteidigung nötige Gewehr haben möge.«

Burghausen ist als erste Stadt in der Besatzungszone Bayern in die Hände der Aufständischen gefallen. Die planmäßige Befreiungsaktion ganzer Regionen beginnt. Kastner von Prielmayr erkennt, worum es geht: »Es ist der erste Schritt, um die Regierung zur Teilnahme an diesem Feuer zu bringen.«
An diesem 16. November, an dem Burghausen kapituliert, sieht es in einer anderen bayerischen Stadt, nämlich Braunau, ähnlich aus: Unter dem Vorwand drohenden Brands und Hungersnot beschwört die Bürgerschaft den Magistrat, »weil sich Burghausen auch beizeiten ergeben«. Außerdem seien die Sol-

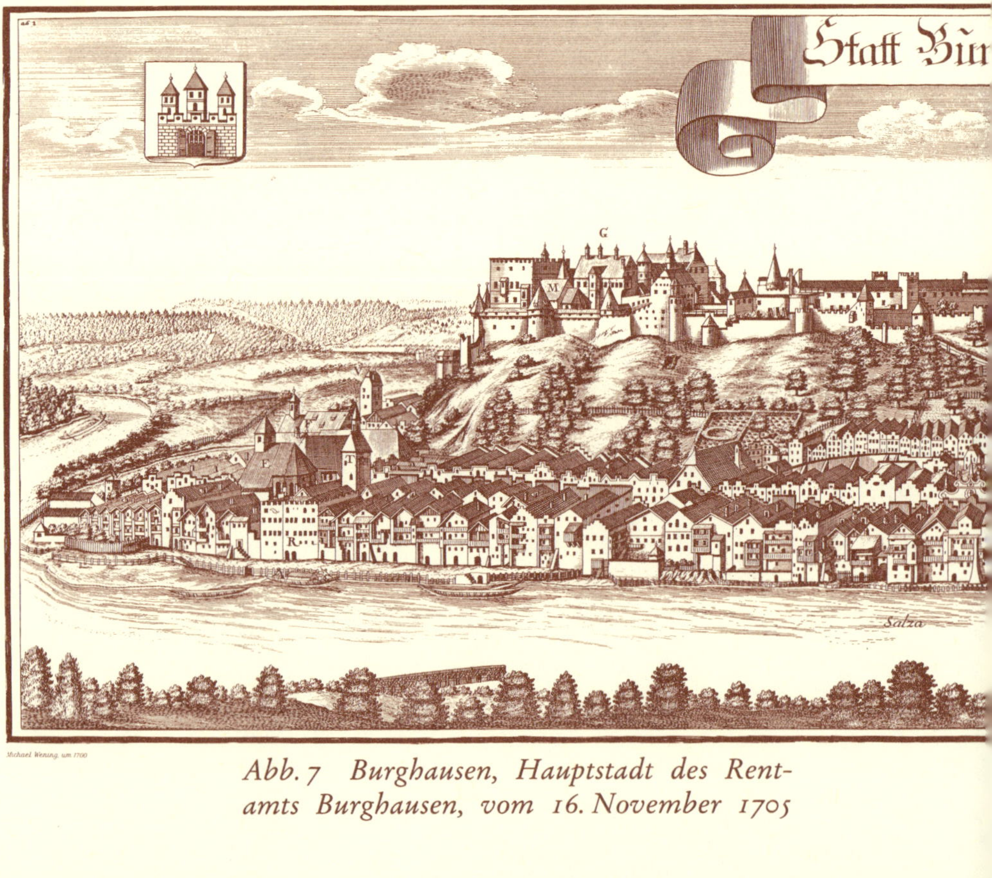

Michael Wening, um 1700

Abb. 7 Burghausen, Hauptstadt des Rentamts Burghausen, vom 16. November 1705

daten »marode«, ihr weiterer Verbleib sei eher ein medizinisches Problem, da sich die Bürger vor den ansteckenden Krankheiten der Offiziersweiber und ihrer »Bagage« fürchten. Pflegverwalter Wolfgang Stöckl: »Wie stark die bayerischen Burschen bei Braunau sind, kann man nicht sagen, da täglich Leute weggehen und andere ankommen. Es sind wenig Bauern zu Haus, weil alles fort muß, wer nur zu gebrauchen ist. Wie die meisten sagen, sollen nächst Ranshofen bei 3000 und bei Simbach 6000 Mann stehen; sie halten bis Ering scharfe Wachen und nehmen um Braunau zu ihrem Unterhalt Vieh und andere Sachen ihren eigenen Leuten weg; sie machen viele Leitern und sollen vorhaben, die Stadt mit Sturm anzulaufen; andere sagen, sie wollen sie mit Hunger zwingen, weil sie wenig versehen wäre; in den letzten Tagen hat man starkes

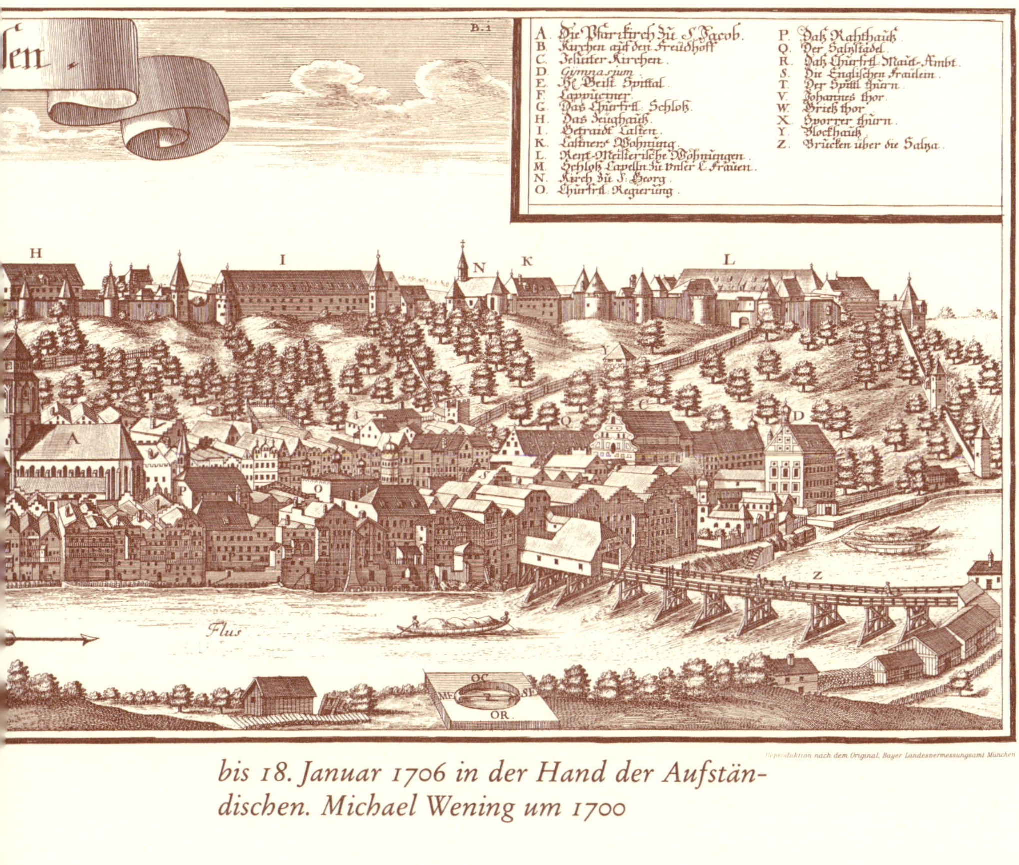

bis 18. Januar 1706 in der Hand der Aufständischen. Michael Wening um 1700

Feuer mit Stücken aus der Stadt gehört, gestern und heute aber nicht mehr; wie man vernimmt, wären die Burschen zurückgewichen, so daß die Stücke sie nicht mehr erreichen könnten; man weiß also noch nicht, wie diese Belagerung ablaufen wird oder wohin ihr Vorhaben abzielt.«

Einem Beobachter gelingt es, in eines der beiden Hauptquartiere der Aufständischen vorzudringen, und er berichtet, »daß sie zu Haselbach ihre Feldkanzlei in einem Weberhaus haben, wo neben einem Webstuhl ein Tisch gestanden, an dem vier von ihnen continuierlich schrieben«.

Die Zahl der Bauern vor Braunau zu beiden Seiten des Inns schätzt er sogar auf 10–12 000 Mann.

Was auf dem Tisch im Weberhaus geschrieben wird, sind Aufrufe, wie zum Beispiel dieser vom 23. November 1705:

»Patent der sämmtlichen commandirenden Offiziere. Es beschieht hiemit unser ernstliches Begehren, daß alle zu Hause befindlichen Untertanen, absonderlich die Schützen, unverzüglich in dem Hauptlager Haselbach erscheinen, auf daß unser angefangenes Dessin zu dem erwünschten Ende gebracht werden könne« . . .

Ein Patent vom selben Datum geht vom zweiten Hauptquartier, Simbach, heraus:

»Nachdem durch die Gnade Gottes die Waffen dergestalt glücklich ergriffen worden sind, daß die im Land einquartierten kaiserlichen Truppen meist vertrieben, Burghausen eingenommen und Braunau mit solchem Erfolg belagert wird, daß es noch in dieser Woche übergehen wird, hat man im Sinn, die jetzt schon 16 000 Mann starken Landesdefensoren noch mit großer Zahl zu verstärken.«

Abb. 8 Porträt eines Aufständischen, Matthias Kraus, Metzger. Er hielt Kelheim besetzt

Warhafftige Abbildung des Bayeris. Rebellen Matthäus Krausen / Burgers und Metzgers zu Kehlheim / welcher sich mit seinen gemachten Anhang den 12. Decembris An. 1705. des Nachts / der Stadt Kehlheim zwar durch List / bemächtiget / und in selbiger 8. Tage als Commendant regieret; Bey Wieder-Einnehmung gemeldter Stadt aber / von denen Kayserl. den 19. hujus gefangen / und nach Ingolstadt geführet worden.

Ihr / die ihr eurem Land zerstöret Feld und Hauß /
Und Pflicht und Treu versenckt in der Rebellen Leim /
Steht auf den jähen Sturtz. Machts imer bund und Krauß /
Doch wist: Ihr komt nicht mehr / mit gantzer Kehle heim

Unterzeichnet ist dieser Aufruf: »Kurbair. Landsdefensions-Kriegscommissär G. S. P.«
Und das heißt: Georg Sebastian Plinganser. Der 25jährige Beamte führt die sogenannten Taschnerbauern aus dem Rottal und nennt sich Kommandant der Reichenberger Fahne. Der Wirtssohn aus Pfarrkirchen hatte es nach seinem Jura-Studium in Ingolstadt zum Mitterschreiber des Gerichts Reichenberg gebracht. Seinem Hauptquartier bei Simbach ist das zweite Hauptquartier der Aufständischen bei Haselbach zugeordnet. Dort hat ein Johann Georg Meindl, 23, Student der Philosophie in Salzburg, das Sagen. Er dirigiert die Weilharter Leute und nennt sich Oberst. Er ist wie Plinganser ein Wirtssohn. Beide kennen sich seit ihrer Schulzeit in Burghausen. Von beiden stammt der Plan zur Befreiung von Burghausen und Braunau. Plinganser wird die Kapitulationsverhandlung in Braunau führen.
Von Meindls Hauptquartier geht ein Patent an den Kelheimer Matthias Kraus, »damit selbiger sowohl mit Montur, Gewehr und Munition die Mannschaft alarmiere und zusammenziehe und die in Baiern stehenden feindlichen Truppen austreibe.« Metzgermeister Matthias Kraus, 34, ist der dritte bedeutende Führer der Aufstandsbewegung. In den Papieren seiner Heimatstadt Kelheim ist er aktenkundig. Schon seit Tagen beobachtet dort die Stadtverwaltung seine Gesinnungsgenossen: Schreiner, Tabakhändler, Zimmermeister, Metzger, Schuhmacher, Wirtsleute – ein Querschnitt durch die bürgerlichen Schichten eines städtischen Lebensraums.
Mit Kelheim soll auch der Griff ins Rentamt Straubing versucht werden.
Ziele formieren sich. Männer gehen in ihre Positionen und entwickeln sich zu Schlüsselfiguren einer Bewegung, die Bay-

ern und – für Augenblicke – Mitteleuropa in Atem halten werden.

Der Reichstag des Heiligen Römischen Reiches deutscher Nation mit Sitz im benachbarten Regensburg macht sich über »das rebellische Volk« in Bayern am 29. November 1705 Sorgen.
»All dies wurde bei dem Reichskonvent zur Beratung vorgestellt und überlegt, was gegen diese höchst verpönte Rebellion und Landfriedensbruch zu des gemeinen Wesens Besten für Mittel zu ergreifen wären. Man hat nun dafür gehalten, daß diese friedbrüchige Frechheit keineswegs nachzusehen wäre, sondern daß man sich der Sache mit allem Ernst annehmen müsse, damit nicht die bisher glückliche Operation am Oberrhein und in Italien gehemmt, ein Bündnis mit den ungarischen Rebellen gemacht und die benachbarten Fürsten und Stände überfallen und gezwungen würden, ihre Truppen vom Rhein abzurufen, wodurch dem Feind Tür und Tor in das Innere des Reiches geöffnet wäre« . . .
Der Tagesordnungspunkt auf dieser Reichstagssitzung wird zur gelungenen Kurzanalyse einer politisch prekären Situation.

Die Administration in München ist in Alarmstimmung. Sie wartet ungeduldig auf Erfolgsnachrichten ihres Obersten de Wendt. In München befürchtet man jetzt, daß die Aufständischen ihre Befreiungsaktion bis Wasserburg ausdehnen. »Man fürchtet sogar, daß sie vor hiesige Stadt kommen« und meint damit München.
Oberst de Wendt gibt, bevor er wie eine Feuerwehr von Mühldorf nach Wasserburg aufbricht, einen Situationsbericht: »Allein die Verhältnisse sind hier ganz anders, als man sich in

München vorstellt. Ich kann die Umstände der Sachen nicht weitläufig schreiben aus Mangel an Zeit; es bleibt mir kaum so viel übrig, daß ich einen Bissen essen kann. Ich tue, so viel mir möglich und menschlich ist.«

Tatsächlich hatten die Aufständischen inzwischen Wasserburg blockiert. Aber sie hatten nicht damit gerechnet, daß de Wendt von Kraiburg aus nach Wasserburg marschiert und ihnen in den Rücken fällt. Das Ergebnis ist schlimm: 200 tote und 350 gefangene Aufständische.

Johann Veit Kornreuther, Gerichtsschreiber von Wasserburg, hat sich unmittelbar darauf am Ort des Geschehens umgesehen und schildert an diesem 24. November »unter Tränen« von den »massacrirten Tropfen recht wie das wilde Vieh zerfetzt und zerhaut«.

Weiter: »Bald lag einer da ohne Hand oder Arm, dem anderen war der Kopf zerspalten, wieder einem anderen der Hals oder Bauch dermaßen entzwei gehaut, daß die Gedärme klafterweise heraushingen; einigen war die Hirnschale zerschossen, während das Gehirn neben dem Kopf ellenweit davon lag, mit einem Wort, die abscheuliche Tötung und Zerschmetterung dieser toten Körper ist leider dem ganzen Land ein Spectakel zu nennen ... O Jammer und Elend des armen Vaterlands!«

Auch 14jährige Kinder sind unter den Toten.

Visionen dessen, was noch passieren wird.

Wasserburg fällt nicht in die Hände der Aufständischen. Sonst hätte »das Gesindel den oberen Teil Baierns längs des Gebirges« auf seiner Seite, schreibt die Administration in München an den Kaiser und wiederholt dabei ihre Mahnungen:

Wir haben den gegenwärtigen Zustand als unvermeidliche Folge der Rekrutenaufstellung vorhergesagt und bitten den Aufstand für kein leichtes Ding zu nehmen; die Verbitterung der Bauern ist so groß, daß auch nach Aufhebung der Rekrutenstellung, wenn der Bauer keine Linderung in den Contributionen und keinen Schutz gegen die Excesse der Soldaten wahrnimmt, das Winterquartier nur mit dem Degen in der Hand behauptet werden kann.«

Die Administration sucht einen Ausweg. Am 25. November schickt sie Hofkammerrat Frhr. von Gemmel zu de Wendt. Ein politischer Schachzug, um den militärisch überforderten de Wendt zu entlasten? Oder will die Administration einlenken? Dieser Freiherr von Gemmel, Mitglied der Landstände, wird Zeuge der kommenden Ereignisse sein.

Wolf Heinrich von Gemmel bleibt gar nichts anderes übrig, als diesen Auftrag anzunehmen, sonst hätte man einfach seine Güter konfisziert. Gemmel soll in die Höhle des Löwen: in das Hauptquartier der Aufständischen »und Gelegenheit suchen, mit den rebellischen Burschen zu reden«.

Zunächst begibt sich der zur »Dehortierung der Landrevoltanten abgeschickte Commissarius« freilich in das kaiserliche Hauptquartier Badhöring, 5 km nördlich von Burghausen. Dort erfährt er, daß am 27. November auch Braunau in die Hände der Aufständischen gefallen ist.

5. Kapitel

Die Falken und die Tauben

Es ist noch dunkel. Vor der Regierungskanzlei des Rentamts Burghausen haben sich Bürger und Bauern versammelt. Einige von ihnen tragen Waffen bei sich. Sie versuchen, in das Gebäude einzudringen. Auf die Frage eines niederen Amtmanns, worum es denn ginge, reagieren sie nicht. Die Leute drängen an ihm vorbei. Es wird laut in der Regierungskanzlei.

Sieben Tage ist Burghausen jetzt schon befreit. Sieben Tage alt ist »die Gemein der Bürger und Bauern« – ein politisch völlig neuer Begriff; denn bisher kannte das Staatsrecht nur drei Stände: den Adel, die Geistlichen und die Bürger (und diese auch nur als Vertreter der Städte und Märkte). Aber ausgerechnet im Regierungsbezirk Burghausen wird die bisherige staatsrechtliche Lehre plötzlich bereichert: »Gemein der Bürger und Bauern.« Hält das Bündnis zwischen dem dritten und dem vierten Stand? Wird es sich bewähren?

Zuerst mußte in diesen ersten Tagen das Lebensnotwendige organisiert werden: die Versorgung mit Brot und Bier. Die Wachen mußten Holz und Licht haben; aus Sicherheitsgründen mußte die Post kontrolliert werden; Geld mußte wieder in

Umlauf kommen. – Früher oder später taucht die Frage auf, wie es weitergehen soll.
Diese Frage wird am 23. November um 7 Uhr früh gestellt. Einige aus der Menge dieser Bürger und Bauern rufen im Sprechchor: »Wir wollen einen Administrator oder Kommandanten!«
Andere fügen dem hinzu: »Einen, der im Rentamt Burghausen stellvertretend für ganz Bayern den Kurfürsten vertritt!«
Ein abgedankter Soldat sagt dazwischen: »Wenn die Regierung den verweigert, so gebrauchen wir Gewalt!«
»30 000 Mann werden hierher ziehen!« unterstützt ihn ein Bauer, und ein anderer schreit:
»Wir werden die Paruckenhanseln von Regierungsräten aus der Regierung und aus den Ratsstuben werfen!«
Einer der Regierungsräte, die im Nebenzimmer an der Türe horchen, fühlt sich angesprochen und tritt jetzt vor die »spontane« Versammlung: »Ihr braucht doch keinen Kommandanten. Wie ihr selber wißt, werden doch die militärischen Angelegenheiten nicht hier, sondern vom Kriegsrat in München entschieden. Da hat die Regierung in Burghausen gar nichts anzuschaffen. Was soll dann ein Kommandant?«
Nun schiebt sich ein Mann durch die Menge nach vorne. Es ist Josef Sallinger. Der Gerichtsprokurator war so etwas wie ein Vertrauensmann der Bürger und Bauern geworden. Sallinger sagt: »Die Gemein verspürt gar wohl, daß von der Regierung aus kein rechter Zug geschieht. Die Gemein dringt darauf, daß die Herren Räte sich mehr um die Sache der Bürger und Bauern kümmern, den Bauern vorgehen und deren Führer sind!«
Neben ihm ruft einer: »Wenn Ihr nicht wollt, dann geben wir Euch eine Muskete auf die Achsel!« und richtete seine Muskete gegen den Regierungsrat.

»Bei dem, was auf uns zukommt, geht es einfach nicht, daß sich die Regierung aushalftert oder den Kopf aus der Schlinge zieht«, sagt Sallinger weiter.
Wieder wird er mit Johlen unterstützt. »Wenn Ihr Euch nicht fügt, hauen wir Euch die Köpfe entzwei!«
Der Mann von der Regierungskanzlei sagt: »Wir haben kein Ratsmitglied, das diese Funktion übernehmen könnte.«
Er merkt aber sofort, daß jede weitere Hartnäckigkeit sinnlos wird; dann fragt er:
»Wen schlagt ihr denn als Kommandanten vor?«
Er ist erstaunt über die Einhelligkeit: »Den Prielmayr! Den Prielmayr!« Sie meinen Franz Bernhard von Prielmayr, den Regierungsrat und Kastner des Rentamts.
»Wir werden dafür sorgen, daß immer auch zwei Bürger und zwei Bauern neben euch in der Regierung sitzen, damit ab jetzt nichts mehr in favorem der Kaiserlichen gehandelt wird«, fordert Sallinger.
Franz Bernhard von Prielmayr, 30, wird jetzt »Kriegskommissar« der Gemein der Bürger und Bauern. Den Titel eines Kommandanten lehnt er ab. »Die Regierung soll die Oberinspektion haben und Prielmayr soll in allem nur an die Hand gehen«, mildert die offizielle Amtssprache diese revolutionäre Praxis ab.
Die »Gemein der Bürger und Bauern« nennt sich inzwischen »ganze Gemein der Kurlande Baiern und besonders des Rentamts Burghausen« und betrachtet sich als rechtmäßiger Vertreter des Landes.
Als Kastner des Rentamts, das heißt als Finanzchef des Regierungsbezirks, hatte der junge Prielmayr eine wichtige Funktion inne, und er hatte die Absicht, seine neue Vertrauensposition auch ins Spiel zu bringen.

Seiner überregionalen Aufgabe entsprechend fährt er in den nächsten Tagen auch nach Braunau, »um der in Braunau entstandenen Unordnung zu steuern und sich zu bemühen, den erhitzten Untertanen mildere Gedanken ins Gemüt zu bringen«.

Kriegskommissar Freiherr von Prielmayr ist genau der richtige Gesprächspartner für Freiherr von Gemmel, der für die Administration Kontakt mit den Aufständischen aufnehmen soll.

Zwei Franziskanerpatres besorgen diese Tuchfühlung. Und von Prielmayr verspricht, sich mit den anderen Gerichten zu unterreden, ob man nicht »durch Accord erhalten möge, was die aufgestandenen Untertanen durch die Waffen zu erreichen suchen«.

Beide Seiten verabreden und treffen sich sozusagen auf neutralem Gebiet zwischen dem kaiserlichen Hauptquartier und Burghausen: auf dem Sommersitz eines Baron Imhof. Weitere Gespräche scheinen beiden Seiten nur mit Rückendeckung de Wendts sinnvoll, und so sucht man ihn auf. »Mondieu!« schreit der. »So soll mein Kaiser und ich dem verfluchten rebellischen Bauerngesindel nachgeben und tun, was sie wollen? Wenn dieser Pöbel nicht gleich das Gewehr ablegt, dann mach ich alles dem Erdboden gleich und werde auch das Kind im Mutterleib nicht verschonen!«

Aber schließlich willigt er doch ein, daß Gemmel mit den Leuten in Burghausen im Gespräch bleibt.

Gegen 21 Uhr fährt Gemmel in einem vierspännigen Wagen, voran ein Trompeter, eskortiert von drei Fackelträgern und hinterher ein Sekretär, in Burghausen ein.

Noch in derselben Nacht versucht Gemmel auftragsgemäß, auf seine Gesprächspartner einzuwirken, Burghausen und Braunau abzutreten und die Gewehre abzugeben. Prielmayr hatte Stafetten nach Braunau geschickt, um die dortige Meinung zu einem Waffenstillstand einzuholen. Aber es kam keine Antwort.

Stattdessen brachte eine Stafette die Nachricht mit, daß jetzt auch Schärding in die Hand der Aufständischen gefallen sei und »nach solcher Eroberung niemand mehr erscheinen wolle«.

Dann fährt Josef Sallinger nach Braunau; Gemmel muß warten. Zeigen die Aufständischen in Braunau Verhandlungsbereitschaft? Wird Prielmayr tatsächlich für das ganze Rentamt sprechen und mit der Besatzungsmacht über eine Waffenruhe verhandeln können – er als Repräsentant einer neuen politischen Ordnung?

Die Nachrichten, die dann Sallinger aus Braunau mitbringt, deprimieren Prielmayr und Gemmel. Die Braunauer halten von Verhandlungen mit der Besatzungsmacht nichts. Und Georg Sebastian Plinganser läßt ausrichten: »Wir wollen von einem Vergleich nichts wissen.«

Prielmayr sieht jetzt die Chance bedroht, daß die Besatzungsmacht die Aufständischen als Gesprächspartner akzeptiert. Nachdem die Mehrheit auch der Gemein in Burghausen dem Vorgehen Prielmayrs skeptisch, ja sogar mißmutig gegenübersteht, ist er in seinem Bemühen um eine friedliche Verständigung isoliert.

Damit scheint auch ein gemeinsames Vorgehen der Aufständischen gefährdet und die Politik des Kriegskommissars der »Gemein der Bürger und Bauern« im Rentamt Burghausen unterlaufen.

Plingansers Schulfreund Johann Georg Meindl unterstützt wider Erwarten Prielmayr und argumentiert:

»Ich habe lauter Bauern und Bauernsöhne unter meinem Kommando; ihnen allen steht Haus und Hof zu Verlust, wenn wir keinen Waffenstillstand machen. Die Verhandlungen mit Gemmel müssen ungeachtet des Widerspruchs der Braunauer fortgeführt werden.«

Auf diese Weise kommt in Burghausen ein einstimmiger Beschluß zustande: Aufnahme von Verhandlungen über einen Waffenstillstand. Prielmayr hat sich in Burghausen wenigstens durchgesetzt. Gemmel muß lange auf diesen Bescheid in Burghausen warten. Noch in der Nacht des 5. auf den 6. Dezember verläßt er die Stadt in Richtung des Lagers de Wendt. Dieser aber beginnt wieder zu toben, als er von den separaten Friedensbemühungen der Burghausener Aufständischen hört. Er war ohnehin über das lange Ausbleiben Gemmels beunruhigt: »Wenn die Bauern so stark und mächtig sind, wie ihr Prokurator Sallinger tut, warum kommen sie dann nicht und treiben mich aus dem Land? Sollen sie es doch probieren und etliche hundert Bewaffnete der allerstreitbarsten Bauern hinausschicken!

Ich werde nicht mehr als 50 Husaren gegen sie loslassen, um zu sehen, wer die Besseren sind!«

Gemmel besänftigt ihn: »Durch den Waffenstillstand wird doch verhindert, daß die Rebellen auch in die Rentämter Landshut und Straubing eindringen. Außerdem gewinnen Sie Zeit, daß mehr regulierte Truppen anrücken.«

De Wendt wirft ein: »Einen Waffenstillstand zu machen, steht nicht in meiner Macht allein.« Und dann einlenkend:

»Ich will ihnen erlauben, in München bei der Administration und dem kommandierenden General darum zu bitten.«

Am 8. Dezember reisen neun Delegierte der Bürger und Bauerngemein Burghausen nach München. Unter ihnen »Kriegskommissar« Prielmayr und Sallinger.

Freiherr von Gemmel schließt sich dieser Delegation an. Zwei Offiziere geben der Reisegruppe durch die winterliche Landschaft das Geleit. Unterwegs verblüfft Gemmel die anderen mit der Nachricht:
»Sie werden sich bis auf weiteren Befehl in dem Höger-Schloß in Anzing aufhalten!«
»In Anzing?« fragt Prielmayr erstaunt zurück.
»Ja, Anzing.«
»Aber unsere Creditivs sind doch für München ausgestellt!«
»Die Landschaftsverordnung wird Sie dort erwarten«, antwortet Gemmel.
»Die Landschaftsverordnung?« fragt Sallinger und muß innerlich lachen über diesen absurden Vorschlag.
»Wir dachten, den Administrator in München zu treffen«, sagt Prielmayr. Die Delegierten fühlen sich hereingelegt.
»Der Administrator will es so«, sagt Gemmel abschließend.

Im Palais des Grafen Joseph Philipp von Törring in der Münchner Prannergasse brennt noch Licht. Wenn es um vertrauliche Dinge geht, bittet Graf Törring um den Besuch des Hofkanzlisten Ignaz Hayd, der schon bei seinem Vater Dienst tat. Graf Töring macht sich Sorgen wegen der Zukunft der Prinzen.
Vieles hat sich geändert im Alltag der Residenz. Dauernd werden Hofangestellte entlassen. So auch der Deutschböhme Ignaz Hayd in seiner Funktion als Registraturadjunkt.
Graf Törring, 25, und Hayd, 50, unterhalten sich über die Entwicklung in Burghausen und Braunau.
»Die Kurfürstin klagt sowieso über das ›Bauernunwesen‹, so nennt sie es. Sie kann deshalb nicht zu ihren Kindern zurück«, sagt Graf Törring. Er geht zum Fenster, öffnet den Vorhang einen Spalt und schaut auf die dunkle Prannerasse. Dann läßt

er den Vorhang wieder fallen. Hayd unterbricht die Stille im nächtlichen Palais:
»Solche Briefe sind doch fingiert. Denen darf man nicht trauen. Ich weiß aus eigener Erfahrung, daß man bei der Administration alles nachmachen kann.«
Törring hört gar nicht hin. Er sagt: »Wir können jetzt nur versuchen, in Anzing darauf hinzuwirken, daß auch die Kurfürstin mit in den Vertrag aufgenommen wird . . . Damit sie wieder zu ihren Kindern und Habseligkeiten kommt.«
Hayd dagegen hört genau zu: »Ist der Friede in Anzing bald gemacht?« »Das weiß ich nicht genau«, antwortet Törring, »wir müssen die Deputierten davon benachrichtigen, daß sie die Kurfürstin in die Traktate einschließen. Wir müssen die Deputierten verständigen . . .«
Nun weiß Hayd, warum ihn der Graf gerufen hat.
»Schreiben Sie ein Billet an Prielmayr oder an andere Abgeordnete von der Bauernschaft. Oder geben Sie es dem Posthalter in Anzing.« Hayd: »Aber ich habe kein Geld, jemanden dorthin zu schicken.«
Törring kramt in seiner Tasche und drückt Hayd zwei Golddukaten in die Hand.
»Sagen Sie, die Kurfürstin sehe den Aufstand nicht gern, man müsse es aber nicht glauben.«
Hayd verabschiedet sich; schleicht sich aus dem Palais nach Hause, setzt dort das gewünschte Billet auf.
Hayd wird die Nachricht nicht selbst nach Anzing bringen. Er schickt Max Daiser, den Sohn des Aumeister-Wirts, und steckt ihm einen Gulden und 15 Kreuzer zu. Den Rest behält er.
»Wenn du ertappt wirst«, schärft er ihm ein, »dann sag, du kennst den Herrn nicht, der dir den Zettel gegeben hat.«

Vor dem Wirtshaus »Zur Post« des Posthalters Franz Kaspar Hierner fahren zehn sechsspännige Kutschen vor. Leute von Anzing bleiben stehen und bestaunen die Auffahrt. Aus München und aus Burghausen kommen sie, flüstert man; und andere wußten schon: Die Aufständischen zwingen die Besatzungsmacht in die Knie.
Die Reisegruppe wird im Högerschloß und, weil dort die Gästezimmer nicht alle aufnehmen können, auch beim Posthalter Hierner untergebracht.
»Auf drei bis vier Tage«, wie Hierner ihnen versichert.
Seine Posthalterei war an der wichtigen Kreuzung der Straße von München nach Braunau und von Ebersberg nach Markt Schwaben.
Am nächsten Morgen um 10 Uhr beginnt die Sitzung. Es ist der 10. Dezember.
Die Delegation aus Burghausen lernt ihre Gesprächspartner kennen: Freiherr zu Hegnenberg, Freiherr von Wämpel, Bürgermeister Ossinger aus München und ein vertrautes Gesicht, Freiherr von Gemmel.
Sie alle sind Vertreter der »Landschaftsverordnung«, einem 16köpfigen Ausschuß, der nach dem damaligen Staatsverständnis das ganze Volk vertrat: den Adel, die Kirche und die Städte. Doch diese »Landschaftsverordnung« war wiederum nur ein Rumpfgremium der »Landstände« (der Volksvertretung dieser drei Stände), bestehend aus 567 Mitgliedern.
Seit 1669 war dieses Plenum nicht mehr zusammengetreten. Sein Ausschuß führte ein jämmerliches Schattendasein; gut genug, um wenigstens seine prominentesten Leute zu aktivieren.
Delegierte einer nicht mehr funktionierenden politischen Ordnung, abgedrängt durch die absolutistische Macht der Herr-

scher, kommen mit einer noch nicht funktionierenden, neuen politischen Ordnung zusammen, die den Absolutheitsanspruch des Herrschers auf den des Staates übertragen wird.
25 : 75 Prozent, so lautet der Vertretungsanspruch der Verhandlungspartner in Anzing.
Denn in den Landständen sind nur Adel, Kirche und Vertreter von Städten und Märkten vertreten, sozusagen Gebietskörperschaften als juristische Personen.
Eine unrepräsentative Vertretung, wo doch Adel nur 1% (insgesamt 320 Familien), Kirche ebenso 1% (insgesamt 83 Klöster und Kirchensitze) und die Bewohner von Städten und Märkten 23% (insgesamt 33 Städte und 77 Märkte) der damaligen Bevölkerung ausmachen.

Abb. 9 Im Höger-Schloß in Anzing fanden vom 10. bis 12. Dezember 1705 die Waffenstillstandsverhandlungen zwischen der Besatzungsmacht und den Aufständischen statt. Michael Wening um 1700

Der Rest, also 75% – das sind etwa 750 000 Bayern, ist von jeder politischen Einflußnahme ausgeschlossen.
Der Landschaftskanzler Freiherr von Wämpel eröffnet die Sitzung. »Wir sind zusammengekommen, um die Beschwerden der Bauernschaft anzuhören. Wir werden diese den zuständigen Gremien weiterleiten. Wir haben ja schon früher Verständnis für die Lage der Bauern gezeigt.« Spätestens hier merkt von Prielmayr, daß dies die falschen Gesprächspartner sind.
Aber er sagt nichts. Josef Sallinger ergreift das Wort. Er bedankt sich zunächst für das Angebot, sich der »gegenwärtigen, leidigen Beschwernisfälle auch ferner anzunehmen« und fügt dann noch sarkastisch hinzu: »Aber wenn ich mir das Creditiv genauer anschaue, dann haben wir hier wirklich nur eines zu schaffen: einen Waffenstillstand! Dann erst können wir in aller Ruhe unsere Hauptbeschwerden formulieren. Und während dieses Waffenstillstandes muß sich de Wendt aus dem Rentamt zurückziehen!«
Jetzt meldet sich von Wämpel wieder zu Wort: Umständlich versucht er, die direkte Art des Bauernsprechers zu unterlaufen:
»Dies ist ja wohl nicht das geeignete Mittel, um zu einer von uns allen so erwünschten Waffenruhe zu kommen. Denn wie stellen Sie sich das eigentlich vor? Da soll die Administration einfach darin einwilligen, die Truppen zurückzuziehen?« Von Wämpel macht sich in diesem Augenblick nicht klar, wie sehr er zum Sprecher der Besatzungsbehörden wird.
»Und den Vorteil, den sie zur Zeit hat, einfach aufgeben«, fährt er fort. »Da kann doch nur der Gedanke dahinter stecken, die ganze Sache weiter hinauszuzögern. Aber die Administration wünscht ein Ende der Unruhen! Dazu müssen wir um so mehr beitragen, als sichere Informationen vorliegen, daß Reichstrup-

pen zur Dämpfung der bayerischen Unruhe schon an der Grenze stehen und nur auf den Befehl warten, hereinzumarschieren! Aber dies würde den entsetzlichen Untergang unseres ganzen Vaterlandes bedeuten!«

Wämpel schaut in die Runde. Es ist unter den Delegierten im Saal des Högerschlößchens in Anzing still geworden. Der Landschaftskanzler versteht es, die Leute aus Burghausen in die großen Zusammenhänge einzuweihen.

Nach dieser künstlichen Pause setzt er noch hinzu: »Wir müssen um der Liebe Gottes willen uns bemühen, andere Resolutionen zu fassen, das heißt, euch zur Ergebung bequemen, die etwaigen Beschwerden jetzt uns gleich zu übergeben. Wir werden uns dann für euch einsetzen und – wie wir es bisher schon getan haben – Abhilfe und Strafminderung zu erlangen versuchen, so daß Stände und Untertanen wieder bei Haus und Hof bleiben, sich erholen und das erbärmliche Blutvergießen, die Zerstörung der Güter ein Ende hat.«

Aber Sallinger hat keine Güter. Wieder spricht er für die Gemein der Bürger und Bauern.

»Alle, die wir hier anwesend sind, wünschen uns Ruhe und Ordnung im Land. Wir wollen dazu beitragen. Dafür sind wir ja hier. Wir müssen aber daran erinnern, daß der größere Teil der Aufständischen in einer schrecklichen Wut steht. Und nicht lange mit sich reden läßt.

Denn die verbitterte Gemein hat uns außer Glückwünschen das Wort mit auf diese Reise gegeben, daß, wenn wir nicht den Waffenstillstand *und* den Rückzug de Wendts mit nach Hause bringen, die Gemein uns totschlagen und unser Hab und Gut plündern wird!

So sieht es aus, wenn ihr euch an eure Instruktionen haltet und nicht an die, die unser Creditiv zeigt.«

Dann wird Sallinger von Satz zu Satz lauter:
»Das Anrücken de Wendts vor Burghausen hat nicht allein im Rentamt Burghausen, sondern nach unseren Informationen auch im Rentamt Landshut und Straubing das Feuer von Tag zu Tag angeblasen. Vor allem deshalb, weil dessen Soldaten unbeschreibliche, unchristliche, ja mehr als barbarische Exzesse, Plünderungen und Untaten begehen, daß ein ehrliches Gemüt sich fast scheut, dies einer ehrbaren Welt vorzutragen.«
Die Delegierten der Landschaft senken die Köpfe.
»So haben sie die nächst dem kaiserlichen Lager stehende Pfarrkirche von Mehring nicht nur ausgeplündert, sondern auch die Heiligkeit verunehrt, die silbernen Kapseln, in denen das Heilige Öl und die Taufe aufbewahrt sind, weggenommen, die Heiligen Unguenta ausgeschüttet und die Altäre entblößt! Sie haben die Bauerntöchter vom Arztengut völlig zu Schanden gerichtet.«
Jetzt erst macht Sallinger eine Pause und sieht sich den verlegenen Wämpel auf der einen Seite des Tisches und den schweigsamen »Kriegskommissar« Prielmayr auf der anderen Seite an.
»Das ist der Grund für die Unruhen im Land! Und dieses Feuer wird, das weiß ich genau, weiter um sich greifen. Das Land wird in vollen Flammen stehen, wenn wir nicht das, worüber wir hier verhandeln sollen, von der Administration bekommen!«
Wämpel möchte etwas sagen, aber Sallinger holt zum entscheidenden Schlag aus, der auf die Tischrunde elektrisierend wirkt:
»Die in Waffen stehenden Aufständischen haben halbstundenweise ihre Korrespondenz bis an das Gebirge nach Tölz ausgebaut, und wenn sie glauben, es ist nötig und an der Zeit, dann werden sie losschlagen und von diesen Orten Hilfe bekommen. Dann wird an allen Orten das Elend erst recht losgehen.«

Sallinger wollte dies eigentlich nicht sagen, was er bei seinem Besuch in Braunau erfahren hatte. Aber er konnte nicht anders. Landschaftskanzler Wämpel schaut betroffen. Erst nach einer langen Minute des Schweigens ergreift er das Wort:
»Was wir zu Beginn verweigert haben . . . schließlich geht es ja über unsere Instruktionen hinaus . . . gebt uns das schriftlich. Bürgermeister Ossinger soll nach München zur Administration, um dies Papier dann der Administration zu überreichen . . .«
Die Delegation aus Burghausen zieht sich zurück und geht ans Formulieren. Zwei Stunden später hat der Münchner Bürgermeister Ossinger das Papier in Händen. Am frühen Morgen des 11. Dezember reist er in die kaiserliche Hauptstadt in Bayern. Um 10 Uhr wird er beim Administrator vorgelassen. Vier Stunden dauert das Gespräch in der Herzog-Max-Burg. Ossinger macht Graf Löwenstein klar, daß die Bauern in Burghausen den Beamten öffentlich gedroht hätten, daß sie – wenn man ihren Willen nicht befolge – Burghausen plündern und niederbrennen wollten und daß die Unterländer mit den Oberländern Kontakt hätten.
Ossinger blickt wieder auf seinen Notizzettel. Einen Punkt hat er bisher aufgeschoben: Die ganze Administration sei verhaßt, vor allem der Kameralkommissar der Administration, Graf Johann Friedrich von Seeau.
Löwenstein befindet sich in einer schwierigen Situation:
»Ich kann doch nicht einfach das de Wendtsche Corps aus dem Rentamt Burghausen abziehen. Wo kommen wir hin, wenn wir uns vorschreiben lassen, wo wir zu stehen haben? Wir können uns doch dann nur in die Rentämter zurückziehen, wo es bisher ruhig geblieben ist. Das ist doch gegen jede Vernunft! Und was die Exzesse betrifft, die Bauern sind doch selber

schuld, wenn sie ihre Häuser leerstehen lassen und der Soldateska überlassen.« Graf Löwenstein geht auf und ab. Dann wendet er sich an Ossinger: »Gut – lassen wir uns auf einen zehntägigen Waffenstillstand ein. Um zu zeigen, daß wir auf Burghausen während des Stillstands keine Tätlichkeiten zu üben gedenken, ordne ich an, daß de Wendt sich in die Gegend von Ötting zurückzieht, wo er mit guter Ordnung und Mannszucht stehen wird. Allerdings sollen sich dafür die Aufständischen von der Stadt Vilshofen zurückziehen, und die Aufmahnungspatente in die anderen Rentämter sollen unterbleiben oder auch die heimlichen Kuriere, die zur Unruhe aufhetzen.« Löwenstein meint die Kontakte mit dem Oberland.

Die Audienz ist beendet. Beim Verlassen der Herzog-Max-Burg paßt der Kanzleidirektor von Unertl den Münchner Bürgermeister ab und steckt ihm eine Notiz an den Verhandlungsführer in Anzing, Wämpel, zu. Um 17 Uhr trifft Ossinger dort ein. Wämpel bekommt den Zettel zu lesen: »Bürgermeister Ossinger wird mitteilen, was über das Anbringen der Bauernschaft beschlossen worden ist. Ich füge im Namen des Administrators nur so viel an, daß, wenn die Abtretung Vilshofens das Werk difficil machen würde, man in Gottes Namen hierin auch durch die Finger sehen solle . . .«

Aber auch ein anderer Herr bekommt eine Nachricht zugesteckt. Hierner gibt sie Prielmayr in einem unbeobachteten Augenblick.

Prielmayr breitet das klein zusammengefaltete Papier aus und liest: »Sapienti pauca. Es gibt viele Spargimenten; man muß aber nicht alle glauben. Dem sei, wie ihm wolle; wenn es zum Accord kommen sollte, wäre miteinzuverleiben, daß die Kurfürstin wieder in das Land komme und ihr der Schatz restituirt werde.«

Prielmayr steckt das Papier schnell wieder ein.
Am 12. Dezember versammelt man sich im Posthaus Hierner in den Gasträumen. Landschaftskanzler Wämpel schärft noch einmal die Bedingungen des Waffenstillstands ein. Die Vertreter der Bauernschaft verweisen darauf, daß Vilshofen ja im Rentamt Landshut liegt. Da seien sie gar nicht zuständig ... Im übrigen seien sie über den Waffenstillstand glücklich.
Aber der Optimismus ist gedämpft. Die Delegation aus Burghausen weiß um den Preis des Rückzugs: der Waffenstillstand, den die Braunauer nicht wollen. Werden sie vielleicht jetzt akzeptieren? Denn schließlich glaubt ja die Administration, mit dem ganzen Rentamt Burghausen und nicht nur mit einer städtischen Delegation abzuschließen.
Das Mittagessen wird aufgetischt. Herr und Frau Hierner servieren das bessere Geschirr und Besteck. Die Delegierten aus Burghausen sind Gäste der Landschaftsverordnung.
Man spricht noch einmal darüber, welche Folgen dieser Aufruhr für das Land, seine Bewohner, für die Eltern, die Freunde haben wird. Nicht einmal Kinder und Kindeskinder könnten es reparieren oder vielleicht gar nicht erleben.
Die Bedeutung dieser Sätze wird die Tafelrunde erst später ermessen können.
Der Tischnachbar Prielmayrs ist Freiherr von Hegnenberg. Dieser lehnt sich vertraulich zu ihm hin, kramt aus der Tasche einen Brief:
»Von der Kurfürstin«, sagt er leise.
»Von der Kurfürstin?« Prielmayr denkt an den Zettel, den er hier auch schon zugesteckt bekam.
»Ja. Darin bedauert sie den Bauernaufstand. ›Durch den Aufstand geschieht dem Kurfürsten kein guter Dienst‹, schreibt sie, ›weil dadurch der Kaiser und das Reich derart irritiert

werden, dem Land mit aller Macht zuzusetzen und es so zu ruinieren, daß er nichts mehr davon haben wird!«
Prielmayr kann nicht wissen, daß der Administrator ausdrücklich darum gebeten hatte, dieses Schriftstück der Delegation in Anzing zuzuspielen.
Prielmayr versteht jetzt die Bedeutung des zusammengefalteten Zettels, den ihm der Posthalter zugesteckt hatte. Prielmayr weiß jetzt auch, woher er stammt: von Graf Törring.
Um 16 Uhr machen sich die Leute von Burghausen auf die Heimfahrt. Die Reisespesen nach Anzing und zurück betragen 238 Gulden und 48 Kreuzer.

Während die Delegierten in ihre Stadt zurückreisen, wird die »Gemein der Bürger und Bauern« zusammengerufen. Oberkommandant Hoffmann von der Landesdefension will die hiesige Gemein auf den Braunauer Kurs einschwören: Wie diese Deputierten überhaupt dazu kämen, in Anzing zu verhandeln, dazu mit einem Partner, der nicht einmal zu Kurfürstens Zeiten, geschweige denn in Besatzungszeiten, etwas zu sagen hätte. Dieser Waffenstillstand bedrohe die ganze Befreiungsaktion in Bayern, und Hoffmann ruft dazu auf: »Der Waffenstillstand muß sofort gebrochen werden, de Wendt muß aus dem ganzen Land getrieben und der Prielmayr, der das alles inszeniert hat, muß abgesetzt werden!«
Dieselbe Gemeinde, die kurz zuvor noch Prielmayr zu den Verhandlungen bevollmächtigt hatte, schwenkt auf den Braunauer Kurs um. Hoffmann fordert in seiner Rede den Eid auf den Kurfürsten und auf die Landesdefension. Die Räte sind ratlos. Die vorgehaltenen Gewehre der in die Regierungskanzlei eindringenden Männer nehmen ihnen die Gewissensfrage ab. Sie schwören, »sich von der Landesdefension auf erforder-

lichen Fall gebrauchen zu lassen in dem, was der Regierungsfunktion obliegt«.
Nach der Rückkehr findet Prielmayr ein verändertes Burghausen vor. Seine Taktik scheint gefährdet. Er läßt Hoffmann bestechen. 1000 Gulden als »Realverehrung«, wie es in den Regierungsbüchern heißt, wenn er sich in Sachen Waffenstillstand ruhig verhalte. Hoffmann geht aber nicht darauf ein, auch wenn Prielmayr (oder weil Prielmayr) in vertraulichen Unterhaltungen die Revolutionäre in Braunau so einschätzt: »Die commandierenden Offiziere suchen nichts anderes als Beute zu machen, was die Gemeinleute und die gescheiteren Bauern wohl begreifen.« Er glaubt, angesichts dieser Radikalisierung würden sie »andere und mildere Gedanken schöpfen«.
In der Nacht dieses 12. Dezember rückt der Kelheimer Metzgermeister Matthias Kraus mit 60 Mann vor Kelheim, schleicht sich in Richtung Bräuhaus, schlüpft dort durch ein Abwasserloch. Seine Leute verteilen sich gegen vier Uhr früh in den Gassen der Stadt, überrumpeln die Wachen und verteilen die erbeuteten Waffen unter sich.
Kraus stolziert in der Uniform des abgesetzten Pflegers angetrunken in der Stadt herum und läßt sich bewundern. Burghausen, Braunau, Schärding und jetzt Kelheim. 20 000 Aufständische gegenüber 2000 Mann des de Wendtschen Corps.

An diesem 12. Dezember verhört der Verwalter Wolfgang Stöckl in Aign den Wirt aus Safferstetten. Er sagt aus, »daß in diesen Tagen mehrmals bayerische Schützen und Buben gegen Obersten de Wendt hinaufgereist« sind. Sie wären bei ihm eingekehrt. »Sie sagten, sie wollten keine Obrigkeit mehr dulden, sondern alle Beamten erschlagen, so daß sie selbst die Herren wären.«

An diesem 12. Dezember schreibt die Administration an die Reichskanzlei in Wien: »Man kann aber nicht glauben, daß die Sachen durch einen gütlichen Vergleich gestillt werden können, da nur zu gut bekannt ist, was für impertinente conditiones dieses Gesindel auf die Bahn bringen wird.«

An diesem 12. Dezember 1705 berichtet der französische Gesandte in Venedig, Abbé de Pomponne, an den französischen Kriegsminister Michel de Chamillart in Paris: »Dieser Waffenstillstand ist sehr nützlich, weil er alle Truppen, die Prinz Eugen unterstützen sollen, aufhalten wird.«

6. Kapitel

Ein genialer Plan entsteht

Die Anwohner an der Pollinger und Eringer Landstraße jammern in diesen Tagen besonders. Fünf Jahre Durchmärsche und jetzt das de Wendtsche Corps, das sie »mit Bier, Brot und Fourage versehen mußten«.

Die Einwohner fürchten, bald »an den leidigen Bettelstab getrieben zu werden«.

In Neuötting rechnet der Bürgermeister die Kosten aus, die zwei Nachtquartiere und Rasttage de Wendts für seine Bürger bedeuten: 12214 Gulden. Zwar sind sie wieder aus dem Ort, aber vom Osnabrückischen Leibregiment bleiben »gegen 70 Weiber und über 100 Kinder zurück«. Der Bürgermeister ist verzweifelt:

»Bierbrauer, Metzger, Bäcker können ihr Handwerk nicht mehr fortsetzen, weil ihnen die Mittel, etwas zu kaufen, genommen sind; die Handwerker und Tagwerker wissen nicht mehr, woher sie für Weib und Kinder den ersten Brocken Brot nehmen sollen; man hört nichts als Ach und Wehe, Heulen, Weinen und Notklagen, so daß es in Wahrheit einen Stein erbarmen sollte. Derzeit wird mancher Hund mehr als ein Mensch in Ehren gehalten.«

Der einzelne weiß über die Zusammenhänge nicht Bescheid. Er sieht seine eigene Not, wie Ellgrasser. Vielleicht sieht er noch die Not seines Nachbarn. In Wirtschaften sickert einiges durch. Man versucht zu begreifen, was in Bayern vor sich geht und was die große Politik für den kleinen Mann bedeutet. Die freilich spürt er am eigenen Leib. Vom Nachbartisch schnappt man das eine oder andere Wort auf: wie sich der Meindl und der Plinganser in Burghausen eingeschlichen haben; der Handschuhmacher, bei dem sie noch als Lateinschüler gewohnt hatten, hätte ihnen dabei geholfen. Oder wie der Kraus mir nichts, dir nichts mit 60 Mann Kelheim einnimmt und ihm Regimentskasse und Waffen zufallen. Das macht auf dem Land Eindruck und gibt in diesen Zeiten verlorenes Selbstbewußtsein zurück. Leute, eben noch am Bettelstab, sind jetzt Kommandanten und haben das Sagen, vor allem, wenn das Bier mitredet:
»Seht, wie bald in kurzer Zeit aus einem Bettler ein Herr werden kann! Denn ich bin jetzt ein General und habe alles anzuschaffen!« brüstet sich einer am Nachbartisch. Die mit am Tisch sitzen, ziehen ihn wieder zu sich herunter und deuten auf einen Gast in der Wirtsstube, den sie nicht kennen. Sie fangen an zu singen:

»Der Kurfürst ist blind,
der Sepperl ist gschwind,
der Sepperl ist ein braver Mann,
der alle Städt' einnehmen kann.
Er ist so gschwind als wie ein Tauben,
er kann dem Kurfürst die Städt' abklauben« . . .

Die angetrunkene Tischrunde meint mit »Sepperl« den Kaiser Josef I., der nach dem Tod seines Vaters, des Kaisers Leopold I., am 5. Mai 1705 im Alter von 27 Jahren den Kaiserthron

bestiegen hatte. In jenem Monat, in dem München besetzt worden war.
Der Gast steht auf, zahlt und fragt im Hinausgehen den Wirt: »Wie weit ist es nach München?«
»Auf München?« zögert der Wirt schlitzohrig: »Die Frage ist einfacher als die Antwort: Hinauf drei Tage, herunter nur einen!« und macht hinter dem Rücken des Gastes eine Rauswurfgeste. Der Gast dreht sich um: »Gott gebe bald bessere Zeiten, sonst ist das ganze Land totaliter ruiniert! Wir Beamte haben den Trost, bald lebendige Märtyrer zu sein!« Schallendes Gelächter in der Wirtsstube. Einer steht auf und ruft dem Gast nach: »Euch Kaiserliche werden wir aus den Quartieren stauben, Adelige und Geistliche umbringen und das Land wieder in souveränen Stand setzen!«
Ein anderer: »Die Beamten können sich nicht mehr vorstellen, wie das Leben ohne Herrschaft und Obrigkeit weitergehen kann«, er macht mit seinen Fingern ein Schmiergeldzeichen. »Bald werden wir selbst Herr sein und keinen Regenten anerkennen!« Und zum Wirt: »Das nächste Mal stellst uns keine Waldlergläser mehr her, sondern Herrengläser!«
Jetzt fangen sie wieder an zu singen und drehen das Lied um, nachdem sie unter sich sind.

»Der Sepperl ist blind,
der Kurfürst ist gschwind,
der Sepperl ist liederli,
hat das Land verderbt dahi« . . . –

Mörtlmayr, Schändl und mehrere Zeugen werden deshalb von dem Probsteigericht vernommen.
In den Akten von Altötting heißt es: »Die Administration verurteilte jeden zu einer Strafe von 150 Gulden, von denen ihnen auf ihre Bitte je 50 Gulden nachgelassen wurden.«

Da es vermögende Bauern waren, wurden sie nicht »am Leib abgestraft.«

Die Zahl der Spitzel ist groß. Die Post wird überprüft. Dossiers von Aussagen laufen in die Zentrale nach München. Posthalter und Postillione fürchten um ihre Posten. Viele von ihnen sind schon amtsenthoben.
Vor allem in diesen Tagen bis zum 22. Dezember – solange sollte der Waffenstillstand dauern – beobachtet die Administration das Land genauer.
Die Verzögerung durch den Waffenstillstand stoppt die Entwicklung auf Zeitlupentempo herunter.
Eine »kurfürstliche Regierung« in Burghausen – auf den Kurfürsten eingeschworen – verkörpert das andere, bessere Bayern. Seit fast vier Wochen versucht sie, einer spontanen Bewegung ein staatliches Gesicht zu geben. Die Aufstandsbewegung leiht sich die Vorteile bestehender kommunaler und überregionaler Organisationseinheiten für ihre Zwecke aus, indem sie zu integrieren versucht. Leute wie Prielmayr sind die bürgerlichen (oder adeligen) Aushängeschilder einer eher revolutionären Bewegung. Gegebene politische Verhältnisse werden übernommen, ihre Kommunikationssysteme für die eigenen Zwecke benutzt. Plinganser wußte als Beamter deren Wert zu schätzen. Prielmayrs Motive sind dagegen andere. Gewiß sympathisiert er mit der Aufstandsbewegung, wenigstens in ihrer ersten Phase: solange sie noch eine Protestbewegung gegenüber dem Terror an der Zivilbevölkerung war. Auch er erkennt die Chance, diese Bewegung wieder »in Ordnung zu bringen«, zu beeinflussen, indem er sich an ihre Spitze stellt; vielleicht nicht einmal, um sie zu unterlaufen, sondern um sie aus Gründen der Staatsräson zu lenken.

Plinganser spürt diese Räson. Deshalb schickte er auch Hoffmann nach Burghausen, als Prielmayr auf dem Rückweg von Anzing war.

Immerhin, ob Prielmayr oder Plinganser: Die Erfolge der aufständischen Bewegung sind eindeutig. Sie hat die Regierung des Rentamts im Griff, die Zahl der Aufständischen wächst weiter, ihr Einfluß greift auf die Städte über, ja sogar in andere Rentämter; es gelingt ihr, die Besatzungsmacht indirekt an den Verhandlungstisch zu zwingen.

Es wäre der Delegation aus Burghausen sicher nicht gelungen, die Administration zu diesem spektakulären Waffenstillstand zu zwingen, wäre nicht auch indirekt – allein durch die Androhung eines Generalaufstandes im Unter- und Oberland – Braunau am Verhandlungstisch gesessen. Und – das Chaos vor Augen – war ja auch indirekt über den Kontaktmann Ossinger die Administration in Anzing vertreten.

Als Plinganser Braunau »befreite«, kam es zu einem bezeichnenden Wortwechsel, zwischen dem neuen Machthaber und dem alten Kommandanten des Ortes, Graf Tattenbach. »Der Arm des Kaisers ist länger als der Plingansers«, sagte Tattenbach. Und Plinganser antwortete:

»Den Arm des Kaisers werd' ich schon noch stutzen.«

Das Wort von einem General- oder Universalaufstand taucht jetzt öfters auf. Die Zeit der Protestaktionen im kleinen Raum scheint vorbei. Eine neue Phase beginnt.

Was sich in den nächsten Tagen anbahnt, übersteigt die Befürchtungen in München, Wien, Paris und Brüssel. Die europäischen Residenzen werden mit einer Idee konfrontiert, die in Braunau geboren wird.

Am 4. Dezember ist in Braunau ein Mann aufgetaucht, der die Positionen auf dem bayerischen Rautenschachbrett verändern

wird: Matthias Ägidius Fuchs, 45. Berufsbezeichnung: Kriegskommissar. Ein Mann, der für Truppentransporte, Versorgung, Nachschub, Einquartierung und Marschpläne zuständig ist: ein Logistikfachmann.
Schon zweimal hatte er in diesem Jahr Reichstruppen durch Bayern geführt. Er kannte die militärische Situation im Besatzungsland Bayern. Er kannte die Truppen in diesem Spanischen Erbfolgekrieg, ihre Stärke, ihre Schwäche, ihre Führer. Er war ein Haudegen, seit den Türkenkriegen im Einsatz.
Eigentlich wollte er den kaiserlichen Dienst quittieren und sich zum Kurfürsten nach Brüssel absetzen. Er war schon auf dem Weg in die Schweiz, weil man von dort aus besser in die Niederlande kam. Fuchs war in Begleitung des abgedankten Chefs der Residenzwache, Matthias Mayer. In Pfronten/Allgäu wurden beide festgenommen. Dort hörten sie von den Ereignissen in Burghausen und beschlossen, im Land zu bleiben. Nachdem ihnen die Flucht gelungen war, tauchte Mayer in Klöstern unter, und Fuchs kehrte in seine Heimat Oberpfalz zurück. Dort traf er sich mit Pfarrer Florian Sigmund Maximilian Müller, mit dem Fuchs entweder befreundet oder verwandt war. Dieser Pfarrer war drauf und dran, seine Stola mit der Pistole zu vertauschen. Fuchs beriet sich viele Stunden mit ihm.
Müller wollte die Aufstandsbewegung in der Oberpfalz schüren, um die kaiserlichen Reichstruppen dort zu binden und im Bayerischen Wald in einen Stellungskrieg zu verwickeln. Dadurch sollten dann die Bewegungsmöglichkeiten der Landesdefension vergrößert werden.
Am 4. Dezember taucht also Fuchs in Braunau auf. Er trifft dort den Führer der erfolgreichen Aufstandsbewegung, Plinganser, der sich inzwischen »Oberkriegsratskommissarius«

nennt, und prüft mit ihm zusammen die Chancen seiner Bauernmiliz: der militarisierten Kleinbauern, Häusler, Taglöhner, Handwerker und Gewerbetreibenden.

Beide entwickeln einen phantastischen Plan: einen Marsch nach München, mit dem Ziel, die Hauptstadt der Besatzungszone zu befreien.

Und so sollte dieser Befreiungscoup ablaufen: Die Reichstruppen sollen im Norden abgelenkt werden durch Kontakte der Oberpfälzer Aufständischen mit böhmischen Aufständischen. Im Südosten sollen die Reichstruppen umgangen werden. Gleichzeitig soll im Oberland der Aufstand losbrechen, dadurch würden die Alpenverbindungen blockiert: einmal, weil kein Nachschub mehr käme und zweitens, weil Prinz Eugen vom Land Bayern abgeschnitten wäre. Dann sollte der Marsch nach München beginnen: gleichzeitig von Norden, Osten und Süden – ein Sternmarsch, eine Umfassungsschlacht auf ein Codewort hin.

Das ist der geniale Plan, der hier entworfen wird und der auf einen Schlag die Situation in Bayern verändern könnte.

Fuchs bietet sich an, die Situation im Oberland, vor allem in Tölz, zu sondieren und verspricht, bis zum 15. Dezember Plinganser zu signalisieren, ob der Plan eines Generalaufstands durchführbar ist oder nicht.

Im Wissen dieses Plans und in der Hoffnung auf positive Nachrichten aus Tölz blockiert Plinganser von diesem 4. Dezember an strikt jeden »accord« mit dem Reich. Die Chance der Befreiung ist zum Greifen nahe. Wenigstens für Plinganser und Fuchs.

Die Vorbereitungen zu diesem strategisch durchkoordinierten Coup sind angelaufen. Der erste, alle Schichten der Bevölkerung erfassende Volksaufstand Mitteleuropas, wird organisiert.

Abb. 10 Schrannenplatz (heute: Marienplatz) München. Hier werden fünf Führer der Aufstandsbewegung hingerichtet werden. Gemälde von Joseph Stephan

15. Dezember 1705.

Vor dem Haus Nr. 30 im Tal in München hält die Kutsche des Posthalters Franz Kaspar Hierner. Drei Pferde sind hinten an der Kutsche angebunden. Weinwirt Johann Georg Kittler bleibt am Türpfosten angelehnt, obwohl Hierners Kutsche die Sicht zu seinem Gesprächspartner Georg Hallmayr versperrt.

»Ja, der Hierner! Was führt dich denn nach München?«

Hierner steigt für sein Gewicht erstaunlich behend von der Kutsche herunter:

»Ich bring Pferde – sie sind für den Administrator.«

»So, für den Administrator«, antwortete Kittler, der sich zu den Pferden hinter der Postkutsche bequemt hat.

»Du könntest mir auch mal ein neues Roß verschaffen«, sagt er noch dazu, als sie beide in seine Weinstube gehen. Es dauert nicht lange, steht schon der Hallmayr-Brauwirt von gegenüber in der Tür:
»Schorsch, setz dich her.« Kittler schiebt ihm den Stuhl hin.
»Was gibt's Neues? Ich mein: in Burghausen?« fragt Hallmayr den Posthalter, dessen Strecke oft dorthin geht. Und Kittler: »Was machen die Aufständischen dort?«
»Nur alles der Reihe nach. Deswegen bin ich ja da.« Hierner kramt in seiner Hosentasche, zieht ein Papier heraus und entfaltet es. »Es gäb da eine wichtige Sache zu besprechen. Lest mal.« Hierner hat dies mit einem bedeutungsvollen Ton gesagt, der Kittler veranlaßt, zum Fenster zu gehen, kontrollierend hinauszuschauen.
Dann führt er seine beiden Gäste durch einen langen Haus-

gang, in dem Fässer gestapelt sind, in den Stall. Hierner hält ihnen den Zettel hin. Kittler und Hallmayr beugen sich links und rechts über Hierners Schulter, starren auf die Schrift und versuchen, die Zeilen zu lesen: »Die kaiserliche Intention ist darauf gerichtet, den erschöpften Untertanen das Mark auszusaugen, ja mit Wegnehmung der für Haus- und Feldarbeit nötigen Knechte zur Musterung sie des letzten Trostes zu berauben. Dieses unerträgliche Joch abzuwerfen, gibt es kein anderes Auskunftsmittel, als die . . .«
Kittler und Hallmayr schauen sich betroffen an . . . »als die Waffen zu ergreifen und mit vereinten Kräften den Feind aus dem Land zu vertreiben und den erwünschten Ruhestand herzustellen. Demnach ergeht an alle Städte, Märkte und Hofmarken außerhalb des Adels und derer so mit Weib und Kind versehen, der geschärfte Befehl, samt Gewehr sich zu dem landschützenden Heere zu verfügen, anders sich durch statuierende Exempel vor Schaden zu hüten haben.
Kurbair. Landsdefension.«
»Und wer schreibt so was?« fragt Kittler.
»Der Plinganser.«
»So, der Plinganser«, sagt Hallmayr.
»Und wie steht's mit euch?« fragt Hierner direkt.
»Mit uns?« sagen die beiden Münchner gleichzeitig.
»Ja, mit den Münchnern!« Beide sind erleichtert, daß Hierner nur so allgemein nach der Stimmung in der Stadt fragt.
»In den letzten Tagen bin ich viel herumgereist. Auf Haag, Erding und Schwaben . . . Ist der Schwager da?« unterbricht sich Hierner und schaut Kittler an.
»Ich laß ihn holen.«
»Sag ihm, er soll zum Brix kommen. Da reden wir dann weiter!«

Um 20 Uhr betritt Johannes Jäger, 38, Weinwirt in der Löwengrube, die Wirtschaft des Postmeisters Christoph Brix, das Nachbarhaus vom Schwager Kittler. Brix, Hierner, Kittler und Hallmayr sind schon beim dritten Glas Wein. Jäger setzt sich dazu.
»Ja endlich – der Jägerwirt!«
Dieser Jägerwirt war eine stadtbekannte Person. Noch zur Zeit des Kurfürsten wurde er Mitglied des Äußeren Rats, saß in Stadtausschüssen und hatte als Bürgerleutnant bis zur Besetzung der Stadt die 1560 Mann starke Bürgerwehr der Hauptstadt unter sich. Es waren nicht irgendwelche Münchner, die hier zusammenkamen. Der 31jährige Kittler zum Beispiel ist ebenso Stadtrat, und Georg Hallmayr war auch wie der Jägerwirt in der Bürgerkompanie.
Hierner erzählt dieser Tischrunde von Burghausen und Braunau, von der Gemein, von den Projekten der Aufständischen, von ihren wichtigsten Leuten, vom Waffenstillstand in seinem Anzing, von dem Brief, der ihn aus München erreichte und den er Prielmayr zusteckte und von seinen Gesprächen mit Sallinger und anderen Deputierten aus Burghausen. Die Münchner verstehen nicht ganz, was Hierner eigentlich will; denn schließlich hat man sich doch in Anzing »arrangiert«.
Hierner: »Aber der Plinganser hält sich nicht dran. Jetzt erst geht es richtig los! Die wollen vom Unterland auf München losziehen, und gleichzeitig sollen die Oberländer aufstehen und München befreien!« München befreien? Das München, in dem sie jetzt an einem Wirtshaustisch sitzen, »fressend, saufend und Karten spielend«, wie Brix als Wirt bestätigt.
Hierner mußte sich, auch wenn er seine Tischgenossen von früher her als vertrauenswürdig kannte, erst einmal in dieser gefährlichen Sache vortasten. Er konnte auch nicht erzählen,

daß er und Fuchs die beiden wichtigen Kommunikatoren des geplanten Aufstands waren: Hierner war auf München angesetzt, und Fuchs sollte das Oberland organisieren.
Hierner zeichnet jetzt auf den Tisch die Linien des Operationsplans. Der Tisch reicht kaum aus, um mit den Bier- und Weingläsern die Oberpfalz, Böhmen, Braunau, Oberitalien und mittendrin München und Tölz zu markieren. Fasziniert hören die Münchner der Schilderung dieser Umfassungsschlacht um ihre Stadt zu.
»Und wie steht's jetzt mit den Münchnern?« fragt dann Hierner plötzlich noch einmal in die Runde. Die wägen indes die Schwierigkeiten ab, die ein Aufstand in der Stadt, am Sitz der Administration, bedeutet, wie stark die Besatzung hier ist, wer an Bekannten und Freunden mitmachen und wie man so etwas hier vorbereiten könnte.
»Bei uns jedenfalls neigen die Leute zum Mitmachen. Die Gerichte Haag, Erding, Schwaben und Grafing wollen sich auch erheben und sagen 4000 Mann zu. Die versorgen sich schon mit Gewehren.«
Der Runde scheinen allmählich die Bedeutung und die Folgen des Planes bewußt zu werden.
Hierner fängt wieder an: »München und das Oberland müssen also jetzt noch in den Kreis der Erhebung mit einbezogen werden.«
Hallmayr: »Im Oberland war ja auch schon einiges los«, und Kittler sagt: »Die Tölzer haben wegen ihres vorigen Aufstands einiges auszustehen.«
Hallmayr: »Man müßte nur wissen, wie es mit den Isarwinklern steht. Und ob und wie wir uns auf ihre Unterstützung verlassen können.«
»Und wenn die Tölzer aufstehen, will man dann in der Stadt

gar nichts tun?« insistiert Hierner weiter. Er wendet sich an den Jägerwirt: »Das könntest du doch besorgen. Du reitest nach Tölz rauf und tust das auskundschaften.«
Der Jägerwirt war im bisherigen Gespräch der Schweigsamste gewesen. Er, der sonst als großsprecherisch geschildert wurde, wog die Rolle ab, die er bei dem Vorhaben spielen könnte.
»Als Tölzer würde ich mich verdächtig machen. Mein Vater«, sagt der Jägerwirt bedeutungsvoll in die Runde, »ist doch dort Bürgermeister. Da kennt mich jeder.«
Hallmayr muntert ihn auf: »Du könntest ja Tiroler Wein holen oder so tun ...«
An diesem 15. Dezember 1705 beginnt der zehntägige Countdown einer in der Geschichte selten erlebten Tragik. Diese nächsten zehn Tage werden Schicksale von Menschen aneinanderknüpfen, die sich sonst nie begegnet wären.
An diesem 15. Dezember schickt Matthias Fuchs die Nachricht nach Braunau: Das Oberland macht mit.

7. Kapitel

Die Agitationszentren Tölz und Braunau

16. Dezember 1705.

Will man sich in einem Kloster Kredit verschaffen, so überlegen die beiden, muß man sich wenigstens einmal in einer Messe an diesem Mittwoch in der Klosterkirche Benediktbeuern sehenlassen.

Peter alias Jean Philippe Gauthier und Johann Clanze werden gesehen. Sie verstehen, den Abt abzupassen, der sie prompt zum Mittagessen einlädt. Clanze stellt seinen Begleiter Gauthier umständlich vor: »Generalkapitän Seiner Majestät, des Königs von Frankreich.«

Gauthier und Clanze haben ihre Rollen untereinander abgesprochen: Gauthier soll so tun, als ob er ein Agent Ludwigs XIV. sei, der kaum deutsch spricht. Clanze spielt seinen Dolmetscher. In Wirklichkeit sind beide abgedankte kurbayerische Offiziere.

Abt Eliland ist glücklich, in seinem Kloster so illustre Gäste zu wissen. Er hört Gauthier zu, während Clanze bedeutungsvoll übersetzt: »Frankreich ist fest entschlossen, diese Rebellion zu nähren, damit die Armee des Prinzen Eugen in Italien keine

Verstärkung beziehen kann.« Gauthier erhebt sein Glas und sagt:
»Beträchtliche Hilfsgelder zur Ermutigung sind unterwegs.«
Der Abt strahlt.
Er denkt an die Schulden, die sein Kloster machen mußte.
Auf die Frage des Abts Eliland, wie sie denn zusammengekommen wären und was sie jetzt vorhätten, antwortet Gauthier, den Abt und diese Anlaufstelle testend:
»Clanze begleitet mich seit München. Ich sagte ihm, es ginge nach Braunau.«
Gauthier vermeidet es, den Namen Fuchs zu nennen.
»Ja«, antwortet der Abt ebenso vorsichtig, »von Tölz war vor ein paar Tagen der Pfleger Dänkel hier und hat an diesem Tisch mit mir gespeist. Er sagte mir auch, die Landesverteidiger wollten bald auch Wasserburg angreifen.«
Gauthier fragte zurück: »Ist dem Pfleger von Tölz auch zu trauen?«
»In seiner Begleitung war Leutnant Houys. Sie waren übrigens schon öfter hier«, versichert der Abt.
Das Informationssystem, das Matthias Ägidius Fuchs auf dem Weg nach Tölz aufgebaut hatte, funktioniert. Und auch seine Anlaufstellen.
Clanze ist erfreut: »Der Houys! Der Houys hat mit mir in der kurfürstlichen Garde gestanden.«
Gauthier fragt: »Ist auf ihn Verlaß?«
»Auf ihn ist absolut Verlaß«, sagt Clanze und meint damit auch den Abt, der das zu spüren scheint:
»Ich lasse euch nachher durch einen Vertrauensmann, meinen Klosterrichter Wendenschlegel, nach Tölz begleiten.«
Dieser Klosterrichter Josef Bernhard Wendenschlegel ist der Schwager des gesuchten Spions Wolfgang Schmidt, der von

hier aus in die Schweiz gegangen war und dessen Briefe in die Hände der Administration gefallen waren. Seinetwegen war am 15. Oktober der Abt in München verhört worden. Seinetwegen mußte das Kloster 10 000 Gulden Schulden abzahlen. »Oh, da gab es saure Gesichter!« erzählt Klosterrichter Wendenschlegel in der Kutsche nach Tölz den beiden Offizieren. »Man beschloß, das Silber aus der Kirche und aus dem Silberkasten herauszugeben. Ich selbst wurde auch nach München zitiert. Zuerst leugnete ich alles, mußte dann in Stadtarrest. Die Sache war schon nach Wien gelangt. Oh, da war ein Feuer im Dach!«
Die drei in der Kutsche lachen. Der Mönch berichtet weiter: »Unser Abt hat sich über die ganze Sache so aufgeregt, daß man sein Herz durch die Kutte hindurch hat schlagen hören, ja man konnte sehen, wie sich die Kutte unglaublich hin und her bewegte.«
Die drei in der Kutsche lachen jetzt noch lauter.
Wendenschlegel weiß, wo Fuchs in Tölz zu finden ist. Er wohnt zwar beim Krinnerbräu, ist aber tagsüber meistens beim Höck schräg gegenüber anzutreffen, der Weinwirtschaft des Vaters vom Münchner Jägerwirt. Dort stoßen Gauthier und Clanze auch auf die, mit denen sie zusammen das militärische Kommando des Aufstands bilden werden: neben Fuchs den gebürtigen Tölzer Franz Pott, Johann Georg Aberle, einen Schwaben aus Esslingen, und Johann Houys, einen Rheinländer aus Koblenz. Clanze, Aberle und Houys waren in der kurfürstlichen Leibgarde gewesen und tragen noch ihre alte, wenn auch etwas mitgenommene kurbayerische Uniform.
Der hiesige Pflegkommissär Josef Ferdinand Dänkel ist auch anwesend. Gauthier zeigt Fuchs seine Ausweise, wenigstens pro forma vor den anderen: »Und wann geht's nach Braunau?« spricht Gauthier, jetzt in fließendem Deutsch.

»Auf Braunau brauchts nicht zu gehen. Die Braunauer kommen hierher. Das heißt, wir werden mit ihnen zusammenstoßen. Ihr bleibt jetzt erst mal hier. Und wenn es so weit ist, brechen wir von hier aus nach München auf«, sagt Fuchs.
»Und wieviel sollen vom Unterland dazustoßen?« fragt Gauthier.
»5000 Mann.«
»Und wo?«
»Vor München.«
»Seid ihr deren auch sicher?«
»Ja.«
»Wie ist die Korrespondenz eingerichtet?«
»Direkte Korrespondenz mit den Unterländern haben wir nicht. Diese wird über München dirigiert. Also die Münchner bringen unsere Nachrichten an die Unterländer weiter«, antwortet Fuchs.
»Wie funktioniert das?«
»Über den Posthalter Hierner!«
»Habt ihr genügend Munition?«
»Pulver kommt von München. Ich schätze vier Tonnen. Dann ist noch Pulver von Lenggries gekommen. Und auch von Benediktbeuern.«
»Und wo liegt das Pulver?«
»Ich zeigs euch, unten an der Isar«, mischt sich jetzt Dänkel ein.
In diesem Gasthaus Höck tagten im holzgetäfelten Zimmer im ersten Stock schon seit einiger Zeit die Offiziere, die die Möglichkeiten eines Aufstands und die Ausrüstungsfrage besprachen. Es war ihnen klar, daß ein Aufstand hier nicht abgewartet werden kann, bis er sich wie vor zwei Monaten in Hohenburg spontan entwickelt, sondern daß er organisiert werden

muß, wenn der Plan eines Generalaufstands in ganz Bayern funktionieren soll.
Im Gegensatz zum Rentamt Burghausen waren hier in Tölz, das zum Rentamt München gehört, keine Städte befreit worden und hatte man keine permanente revolutionäre Erfahrung. Was dort seit sechs Wochen mehr oder weniger funktioniert, soll hier innerhalb weniger Tage vorbereitet werden.
Erst nachdem Fuchs überzeugt war, daß ein Aufstand auch hier organisiert werden kann, gab er das Codewort an Plinganser in Braunau. Das war gestern. Und was Hierner gestern in München eingefädelt hatte, mußte jetzt weiter ausgebaut werden: Ein Kontakt mit den Münchnern mußte jetzt hergestellt werden. Die Vertrauenspersonen waren vorher sorgfältig ausgewählt worden, nach Einfluß und Loyalität. In diesem Fall erfüllt der gebürtige Tölzer Johannes Jäger, der Sohn des Tölzer Bürgermeisters, die Voraussetzungen.
Als Kellner hatte er in München angefangen und hatte es – ehrgeizig wie er war – in der Hauptstadt zu etwas gebracht: zu einer Weinwirtschaft (wenn auch noch verschuldet) und zum Stadtratsmitglied.
Während die Offiziere in der Höck-Stube oben sitzen, trifft unten eine Nachricht für den Bruder des Jägerwirts, Franz Jäger, ein. Daraufhin geht dieser über die Straße zum Schandlwirt. Hans Michael Schandl ist gerade beim Bierbrauen:
»Du, der Hans fragt dich, ob du nicht auch nach Königsdorf kommen kannst, mein Bruder wartet dort auf uns.«
Dem Schandl scheint dieser Augenblick dafür schlecht gewählt:
»Das geht jetzt nicht. Das siehst doch. Ich muß alles selber machen. Mein Oberknecht ist krank.«
»Der Hans sagt aber, es ist dringend«, sagt Franz Jäger.

Schandl ruft über den Hof nach Anton Fiechtner:
»Du, Anton, könnt ich dein Roß haben?«
Über die Hofmauer antwortet die Stimme des Oberkerschbräu. Auch er scheint mitten in der Arbeit zu stecken: »Wozu?«
»Ich müßt mit dem Franz auf Königsdorf. Kommst mit?«
Drei Tölzer Wirtsleute machen sich an diesem 16. Dezember 1705 auf den Weg nach Königsdorf, wo im Gasthaus »Post« ungeduldig drei Münchner Wirte auf sie warten. Eigentlich sollte nur der Jägerwirt nach Königsdorf reiten, aber in der Früh waren Hallmayr und Kittler in Jägers Haus in der Löwengrube gekommen, weckten ihn und sagten, sie kämen mit nach Königsdorf. Der Jägerwirt mußte aber erst noch auf eine Sitzung ins Rathaus. »Dann warten wir so lange«, hatten sie gesagt. Hätte man sie unterwegs gefragt, was sie zu dieser Reise veranlaßt, dann hätte Hallmayr geantwortet: »Um ein Schwein zu kaufen.« Und der Jägerwirt: »Um in Baierbrunn zu einem Weinhändler zu gehen.«
So hatten sie es ausgemacht.
Die drei Münchner warten in Königsdorf noch auf einen anderen wichtigen Mann: auf Adam Schöttl, den 47jährigen Jäger von Iffeldorf, genannt »Jägeradam«.
Er trifft als erster der Kontaktleute aus dem Isarwinkel in der »Post« ein. Der Jägerwirt geht mit ihm gleich in die obere Stube. Draußen satteln die drei Tölzer im Hof ab. Kittler und Hallmayr haben vor dem Stallgebäude auf sie gewartet. Die drei Tölzer und die beiden Münchner gehen durch die Wirtsstube. Der Wirt Thomas Riesch komplimentiert sie ebenfalls nach oben. Die Gäste in der Wirtschaft stecken die Köpfe zusammen: »Was reden die so heimlich miteinander?« fragen sie.

Das wichtige Treffen an diesem Mittwoch, dem 16. Dezember, kann beginnen. Es soll die Kommunikation zwischen den Tölzern und den Münchnern sichern.
Solange der Wirt das Essen auftischt, schweigen die Sieben am gedeckten Tisch.
»Wir haben schon öfters die Sache beraten und uns mit den Offizieren zusammengesetzt«, sagt dann der Jägeradam, als der Postwirt wieder draußen ist. »Mit Fuchs, mit Leutnant Houys und mit Kommissär Dänkel ...« Wieder trägt der Wirt auf, wieder schweigen die Verschwörer. Dann, einen Bissen noch im Mund, fährt der Jägeradam fort: »Ich war inzwischen auch schon in Benediktbeuern und in der Valley. Wir können von diesen Orten mit 1500 Mann rechnen. Es werden aber noch mehr dazukommen.«
Der Jägerwirt referiert dann ganz im Sinn, was Hierner gestern abend beim Brix gesagt hatte: »Wenn die Unterländer und die Oberländer vor München aufmarschieren, dann könnt ihr die Stadt tatsächlich blockieren.«
»Aber wie habt ihr euch das in der Stadt vorgestellt? Was habt ihr in München vorbereitet?« Der Jägeradam will jetzt Einzelheiten absprechen. Die Münchner schauen sich verlegen an. Kittler fängt als erster mit möglichen Aktionen an:
»Ich werde den Weißbräuwirt bestechen, daß er mir die Tür beim Bräuhaus öffnet, wenn ihr anrückt. Das Hofbräuhaus ist nämlich die schwächste Stelle an der Stadtbefestigung. Dort gibt es nicht einmal eine Mauer!« Und der Jägerwirt: »Wir werden der Stadt das Wasser abgraben, und dann könnt ihr beim Hofbräuhaus einschleichen und am Platzl Posten fassen.«
Der Jägerwirt und der Jägeradam sind jetzt zu aufgeregt, als daß sie am Tisch weiteressen können. Sie stehen auf und gehen in der Stube auf und ab. Der Jägerwirt tut so, als ob er den Plan

erfunden und nicht von Hierner erklärt bekommen hätte. Und der Jägeradam tut so, als ob er und nicht Fuchs auf den Plan gekommen wäre. Die anderen essen weiter und haben sich vom Gespräch etwas zurückgezogen, nachdem der Jägeradam sie schon zum zweiten Mal angefahren hat, »endlich still zu sein« und ihn ausreden zu lassen. Nur Franz Jäger hört manchmal einige Gesprächsfetzen.

»Wenn die Tölzer mit einer großen Armee vor München ziehen, dann ist die Garnison in München gezwungen, die Waffen niederzulegen.« Der Jägerwirt fühlt sich wieder als Chef der Münchner Bürgerwehr, und der Jägeradam sieht sich schon mit seinen Leuten vor den Stadttoren: »Wenn alle gleichzeitig eintreffen, könnten wir ohne einen einzigen Schuß und ohne auch nur einen Mann zu verlieren, München einnehmen!«

»In einigen Tagen ist die Stadt befreit«, ereifert sich der Jägerwirt. »Und an welchem Tag soll das sein? Ich meine, wann kommen die von den unteren Gerichten?«

Als ob es so selbstverständlich wäre, antwortet Johannes Jäger: »Ja, wenn ihr kommt!«

»Aber wann sollen wir kommen? Wann soll das sein?« fragt der Jägeradam wieder.

»Bis jetzt ist noch kein genauer Tag zum Losbrechen bestimmt«, gibt der Münchner zu.

Der Jägeradam insistiert: »Tag und Stund müssen wir aber wissen!«

»Ich denke, in drei bis fünf Tagen ist es soweit«, sagt der Jägerwirt.

Dann fällt dem Jägeradam, dem Jägerwirt, Hallmayr und Kittler fast gleichzeitig das Naheliegende ein: das Weihnachtsfest. Im Schutz der Dunkelheit, wenn die ganze Stadt zur Christmette geht. Das bedeutet: Schlag 1 Uhr in der Heiligen Nacht.

Kittler: »Alle sollen dann mit Waffen unter den Röcken und Mänteln kommen!« Das erschreckt Hallmayr:
»Wozu Waffen? Wir wollen doch, daß die Sache gütlich abläuft, wenn ihr vor den Toren steht.«
Kittler beruhigt ihn: »Viele Soldaten sind sowieso nicht in München«, und Johannes Jäger bestätigt: »Vor denen brauchts keine Angst zu haben.«
Der Jägeradam kommt wieder auf die Terminfrage zurück:
»Aber werden um diese Zeit auch die Unterländer da sein?«
»Der Postmeister von Anzing wird mit den unteren Gerichten gleichzeitig eintreffen. Darauf könnt ihr euch verlassen!« versichert der Jägerwirt.
Hallmayr: »Und wenn es soweit ist, lassen wir eine Rakete steigen. Oder am besten drei. Das könnte ich auf meinem Haus tun, das ist hoch genug.«
Fiechtner und Schandl waren inzwischen in ihren Stühlen eingeschlafen. Franz Jäger drängt zum Aufbruch. »Aber ihr wollts doch noch nicht nach Hause?« sagt Kittler. Schandl wacht auf: »Doch, doch, so viel Arbeit wartet auf mich.«
Auf gutes Zureden bleiben sie noch etwas, der Jägerwirt sieht inzwischen nach den Pferden im Stall. Als ihn der Jägeradam wieder die Stiege heraufstapfen hört, spricht er ihn gleich an:
»Eh ich's vergeß, was wir jetzt noch brauchen, ist ein Aufforderungspatent, möglichst aus München.«
»Ein Aufforderungspatent?«
Der Jägeradam antwortet ihm: »Ja, wir müssen damit das ganze Oberland vom Inn bis zur Amper durch Sendboten bearbeiten. Also Tölz, Bendiktbeuern, die Tegernseer, Hohenwaldeck, Rosenheim, Aibling, Dachau, Starnberg, Weilheim, Wolfratshausen, Murnau. Ich werd mich heute noch selber auf den Weg in die Valley machen.«

Mitternacht ist schon lange vorbei.
Die Sieben stehen auf. Die Tölzer werden sich an diesem Tag mit den Offizieren besprechen.
Beim Abschied sagt der Jägerwirt zu seinem Bruder Franz: »Haltet euch auch dran, was wir ausgemacht haben!«
Die Tölzer sagen: »Also wagen wir's.« Dann reiten sie weg. Hallmayr hinterher: »Wir sind aber keine politischen Kapazitäten!« Die Münchner legen sich noch etwas hin. Um vier Uhr in der Nacht reiten sie nach München zurück. Mit vier Schweinen, die sie beim Postwirt Riesch gekauft haben, betreten sie am 17. Dezember die Stadt, die in sieben Tagen befreit werden soll.

Burghausen in diesen Tagen.
Solange Georg Sebastian Plinganser von dem ins Oberland geschickten Fuchs nichts hörte, wartete er ab und hintertrieb so gut es ging den Waffenstillstand von Anzing. Er beobachtete von Braunau aus die politische Szene Burghausens.
Noch am 15. Dezember wird über das Thema Anzing beraten, »wozu ein Ausschuß von den Bürgern und Bevollmächtigten der Bauerngemein oder sog. Landesdefension berufen wurde«. Prielmayr kämpft um die Anerkennung des Waffenstillstands im ganzen Rentamt Burghausen. Augenzeuge Hagen, Burghausen: »Allerseits wurde ein nicht ungeneigter Wille hiezu verspürt, und man glaubte, am nächsten Tag früh das Werk in einen guten Stand zu setzen.«
Ja, wenn nicht dem Plinganser an diesem 15. Dezember das verabredete Codewort aus Tölz: »Im Oberland ist alles bereit« zugespielt worden wäre . . .
Zur Verwunderung aller erscheint auf dieser für den frühen Morgen anberaumten Ausschußsitzung plötzlich Plinganser,

die silberne Uhrkette auf der silberbordierten blauen Weste und mit roten Strümpfen.
Er bearbeitet die Stimmung in Burghausen. Der Vertrag sei »null und nichtig«, sagt er; er hätte zu den Anzinger Verhandlungen nie seine Zustimmung gegeben. Auch Burghausen müsse jetzt zu dem Vertrag »nein« sagen. Man solle sich doch nicht reinlegen lassen: Wenn de Wendt sich jetzt auch nach Ötting zurückzieht, so doch nur, um sich neu zu formieren und um so kräftiger zuzuschlagen.
»Noch ist es Zeit, dem vorzubeugen!« Plinganser fordert sofortige Maßnahmen:
»Der Adel im Rentamt Burghausen hat noch in diesem Monat 500 berittene Dragoner mit aller Montur zu stellen. Die Geistlichkeit hat sich an der Landesdefension zu beteiligen und sie finanziell zu unterstützen. Jeder Hof muß einen Zentner Heu und Stroh liefern. Alle gedienten Offiziere haben sich zu stellen. Die Maut- und Bräuämter sollen uns Gelder zahlen, und die Getreidelieferungen an das Reich sind sofort einzustellen!«
Die Ratsmitglieder sind entsetzt. Prielmayr versucht, ruhig zu bleiben: Die Burghausener hätten schließlich dem Vertrag zugestimmt. Daran sei nicht zu rütteln – wenigstens nicht für die Dauer dieses 10-Tage-Vertrags.
Plinganser geht nicht darauf ein. Er läßt an diesem 16. Dezember die Gemein zusammenrufen und setzt dort seine Agitation fort: »Das Reich wird neue Truppen nach Bayern werfen und uns über den Haufen rennen. Um dies zu verhindern, müssen wir die Kaiserlichen sofort angreifen.«
Und dann in scharfem und bestimmtem Ton: »Die Braunauer rücken morgen gegen de Wendt aus! Wollt ihr die Braunauer im Stich lassen?« Plinganser geht daraufhin in die Regierungskanzlei und diktiert, was »ich bereits heute in pleno referiert

habe.« Die Regierung hätte »auch die übrigen im Rentamt gelegenen Gerichte gleichmäßig zu observieren.«
Plinganser hatte jetzt das gesamte Rentamt auf seinen Kurs gebracht. Der Machtkampf war für ihn entschieden.
Zwischen 19 und 20 Uhr rücken an diesem 16. Dezember 3000 Mann bei strömendem Regen unter dem Kommando Meindls aus Burghausen aus. Bei Marktl vereinigen sie sich mit den Aufständischen unter dem Kommando Hoffmanns.
Der Waffenstillstand ist gebrochen. Er hat nur fünf Tage gedauert.
Der Wendepunkt ist da: Der Volksaufstand wird jetzt zum Volkskrieg.
Einen Tag später, am 17. Dezember, fordert Plinganser das Rentamt Burghausen auf, keine Steuergelder mehr nach München zu zahlen und verlangt die Quittung der letzten Steuersumme.
Selbst für Formalitäten hat man noch Zeit. Briefköpfe werden entworfen. Briefe der Regierung sind mit »Löbl. kurbair. Regierung Burghausen« zu überschreiben und Briefe der Landesdefension mit »das sammtliche kommandierende Oberkriegs- u. Landdefensions-Kommissariat zu Braunau.« Wappen werden bereits gedruckt: »Den stehenden bayerischen Löwen, der in der Pratze das Schwert hält«, heißt es in der Dienstanweisung. Burghausen ist jetzt mit Eid und Siegel auf Braunauer Kurs eingeschwenkt.

8. Kapitel

Der politische und agitatorische Vorwand ist gefunden: Die Rettung der Prinzen

Die Hofbediensteten waren der Administration von Anfang an suspekt. Was sich aber jetzt in dieser Woche ereignete, bestätigte die Administration in ihrem Verdacht.

Es hat am vergangenen Montag während der Messe in der Residenzkapelle begonnen. Johann Friedrich Graf von Seeau, der das gesamte Kameralwesen der Besatzungsbehörde unter sich hat, flüstert seinem Nachbarn in der Kirchenbank, einem hohen Offizier, etwas zu. Nicht viel, nicht besonders laut. Aber es genügt, daß ein Franziskanerpater in der Bank dahinter es hören kann: »Die Prinzen sollen weggebracht werden . . .« Der Franziskanerpater ist bestürzt. Nach der Messe betet er zuerst eine Litanei für die Söhne des Kurfürsten. Er ist froh, als er dann in den einsamen Gängen der Residenz ein vertrautes Gesicht sieht: das Kammerfräulein Däubler. »Die Prinzen sollen entführt werden«, sagt der Pater dem Mädchen ins Ohr.

Das Kammerfräulein rennt den Gang entlang, die Treppen hinunter zur Schildwache an der Residenzstraße. Dort trifft sie einige Wachsoldaten im Aufenthaltsraum an. Sie werden die

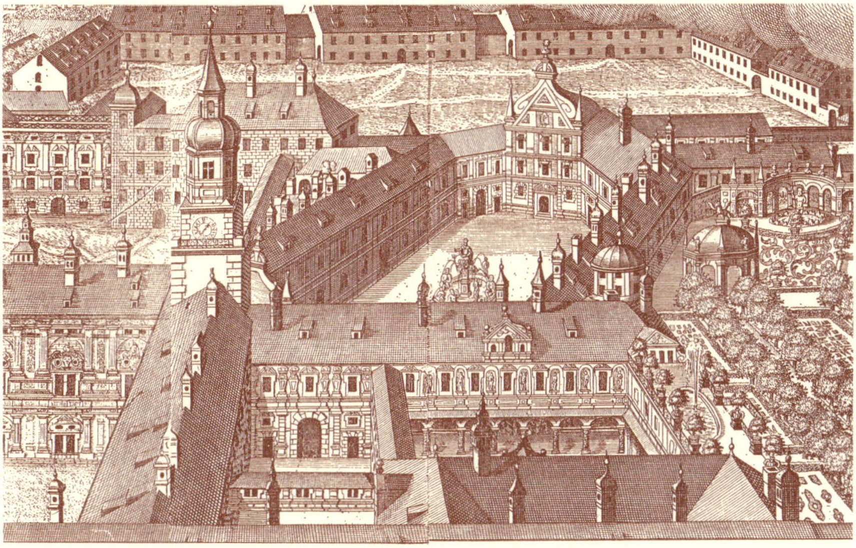

Abb. 11 Viele Angestellte der ehemaligen kurfürstlichen Residenz sympathisierten mit den Aufständischen. Blick auf die Residenz mit den alten Gärten auf der Südseite. Stich von Michael Wening

Nachricht an die Diener weiterverbreiten; eine Residenz ohne Prinzen stellt auch ihre eigene weitere Existenz in Frage. Der Kammerdiener Dulac bekommt das Gerücht ebenfalls zugetragen.

Gerade dieser Kammerdiener hatte bei der personellen Reorganisation der Residenz etwas Schonfrist bekommen, wie Administrator Graf Löwenstein an die Reichskanzlei berichtet hatte: »Mit Änderung der Kammerdiener und sonderlich des Dulac aber habe ich um derentwillen noch in etwas zurückgehalten, damit nicht alle Bediente auf einmal von den Prinzen abgezogen werden. Weil jedoch die übrige Reformation der Bedienten ohne Zweifel auch bald einlangen wird, so werde alsdann auch mit dem Kammerdiener das Nötige vernehmen, wie dann gleichfalls wegen Änderung des Beichtvaters die vorgeschriebene Verfügung nächstens vollzogen wird.«

Aber bislang war noch nichts passiert.

Kammerdiener Dulac sucht aufgeregt den Prinzenhofmeister Graf Joseph Philipp von Törring. Der Graf ist weder in der Residenz noch zu Hause in der Prannergasse zu finden. Dulac erinnert sich, daß Törring meist bei seiner Mutter zu Abend ißt. Aber auch dort ist er nicht anzutreffen. Dulac hinterläßt eine Nachricht, der Graf möge in einer dringenden Angelegenheit sofort nach ihm rufen lassen. Als auf diese Weise Dulac dann seine Neuigkeit an den richtigen Mann bringen kann: »Man will die Prinzen entführen, die Residenz ist voll der Rede davon«, weiß es schon ganz München.

Törring will es nicht glauben: »Schließlich komme ich gerade vom Administrator . . . Ich habe mit ihm zusammen gespeist und den ganzen Nachmittag mit ihm verbracht!« Ausgerechnet beim Administrator! Dies wiederum kann Dulac kaum glauben, er läßt sich jedoch nicht beirren: »Schließlich hatten wir es bei der Kurfürstin auch vorher herausbekommen, daß sie nicht mehr zurückkommen wird.«

Es wäre sicher nicht die Pflicht des Administrators gewesen, ausgerechnet den Prinzenerzieher in das Projekt einzuweihen. Als die Administration von den Gerüchten Wind bekommt, kündigt sie dem Kammerdiener Dulac fristlos.

Johannes Jäger liegt im Bett in seinem Haus in der Löwengrube am Dom. Die ganze Nacht hatte er ja in Königsdorf in der »Post« durchdiskutiert, hatte sich kurz hingelegt und war dann mit den beiden anderen Münchnern zurückgeritten. Sein Haus, eine Weinwirtschaft mit Gästezimmern, hatte er erworben. Es kostete ihn 10 000 Gulden. Seit 14 Jahren ist er mit Anna

Maria, gebürtige Pogner aus dem Tal, verheiratet. Die Hochzeit war in der Peterskirche. Sechs Kinder haben die beiden. Das älteste, Bärbel, ist gerade 15 geworden und hilft in der Wirtschaft mit.

Eine halbe Stunde hat der Jägerwirt gerade geschlafen, als Bärbel ihren Vater weckt. Der Hayd sei da, er müsse ihn unbedingt sprechen, sagt sie. Aber Hayd steht schon im Zimmer, er platzt mit der Neuigkeit sofort heraus: »Die Prinzen werden entführt!« Der Jägerwirt ist hellwach. Der ehemalige Registraturadjunkt erzählt, was sich während ihrer Abwesenheit in München getan hat. Zuletzt hatten sich die beiden am Dienstag gesehen, als sie in dem Nebenzimmer der Jäger-Weinwirtschaft Truck spielten. Sie hatten das Spiel aber abgebrochen, als der Jägerwirt zum Brix geholt wurde.

Der dicke Wirt steht auf: »Ich muß viel mit dir reden! Ich muß es aber auf morgen verschieben, ich muß jetzt meine Abrechnungen machen.« Beinahe hätte er verschlafen: Heute ist ja Donnerstag, der 17. Dezember. Und an diesem Donnerstag wollten die Wirte ihre Schulden untereinander verrechnen – wie jeden Monat beim Staudacher-Wirt.

Beim Staudacher trifft der Jägerwirt seine Kollegen Hallmayr und Kittler wieder. Auch hier wird über die Prinzenentführung geredet, wie man eine Entführung verhindern und die Prinzen in Sicherheit bringen könne. Dann diskutieren einige Gruppen über ein anderes Gerücht: Die Unterländer würden über Wasserburg hierherkommen. Einer sagt, auch im Oberland würde sich wieder was rühren. Von einem Aufstand in der Stadt ist die Rede. Und einer sagt, Reichstruppen seien im Anmarsch. Auch bei den Hofbediensteten sei große Unruhe, Schüler und Studenten würden Parolen an die Wände schmieren. Der Jägerwirt sagt wenig. Schon nach zwanzig Minuten

winkt er den Staudacher-Knecht her: »Hol mir den Hayd, weißt schon, den Deutschböhmen. Er soll gleich auf ein Glas Wein herkommen.«
Wenig später ist Ignaz Hayd da. Der Jägerwirt kommt ihm entgegen und bugsiert ihn an Wirten und Gästen vorbei zur Fensternische.
Dort bleiben sie stehen, damit andere sie nicht hören können. Der Jägerwirt berichtet ihm von seiner Visite im Oberland, von Fuchs und seinem militärischen Stab und redet auf Hayd ein: »Also in Tölz und im ganzen Isarwinkel ist alles in Harnisch. Die wollen in einigen Tagen München befreien. Was wir jetzt noch brauchen, ist ein Manifest. So ein Manifest, wenn es zum Accordieren kommt, da müssen wir unsere Forderungen bei der Übergabe klar formulieren, verstehst schon, so ein richtiges Manifest.«
»Und wer soll das machen?«
»Du.«
»Die Tölzer haben doch den Kommissär Fuchs. Der versteht doch auch mit der Feder umzugehen. Der soll doch das Patent verfassen.«
»Fuchs versteht bloß das Kommissariatswesen. Nur zu dir hab ich Vertrauen. Du bist bayerisch gesinnt und tust dem Kurfürsten damit einen Gefallen. Ich kenn doch dein patriotisches Gefühl.«
Das mit dem »bayerisch gesinnt« schmeichelte dem Deutschböhmen. Der Jägerwirt bestellt ein Glas Wein und ein Essen für ihn. Das Rufen erregt die Aufmerksamkeit einiger in der Wirtsstube auf die beiden abseits Stehenden. Der Jägerwirt merkt es und spricht leiser: »Verfaß ein Manifest, in dem das Unternehmen aller Welt mit seinen Ursachen und allen Umständen vorgestellt wird. Schreib das mit den Prinzen rein und

wie sie aus dem Rentamt München entführt werden sollen. Weis' auch auf die ›mitconföderierten Unterländer‹ und auf die Landesschutzfrau hin. Aber touchier mir nicht dabei zu sehr den Kaiser und das Reich!«
Hayd beginnt mit dem Essen. Dann sagt er das, was ihm dabei wichtig erscheint: »Wenn es zum Accordieren kommt, da könntest du es doch so arrangieren, daß man ein paar bayerische Gemüter von der Kanzlei hinausbegehrt. Aber natürlich so, daß niemand merkt, daß der Vorschlag von mir stammt.«
Der Jägerwirt ist einverstanden: »Ja, dann liest du die Forderungen öffentlich vor!«
Die Wirte schauen nach dem Tisch in der Ecke, sie winken Jäger herbei, weil sie abrechnen wollen. Hayd geht bald nach Hause. Die Wirte schmieden Pläne. Es wird viel getrunken. Hayd liegt bald wach im Bett. Er formuliert sein Manifest.

Am Morgen des 18. Dezember – es ist ein Freitag – sitzt Hayd in der Hofkanzlei. Er taucht die Feder immer wieder in das Tintenfaß. Er versucht sich an einer Einleitung:
»Es läßt sich vor der ganzen ehrbaren Welt nicht leugnen, was ehemals, als die drei unteren Rentämter bis zum Friedensschluß an die Gewalt und Disposition des Kaisers abgetreten wurden . . .«
Hayd ist allein in der Kanzlei, in der er bis zu seiner Entlassung als Registraturadjunkt angestellt war. Seine beiden jungen Brüder sind weiter hier beschäftigt. Sie kommen gewöhnlich erst später am Tag, wenn die ersten Abschreibarbeiten anfallen.
» . . . wegen des Rentamts München, zuvorderst aber der Kurfürstin als rechtmäßigen Regentin und der Prinzen halber für einen Vergleich geschlossen und von den interessierten Teilen

ratifiziert worden ist.« Von Zeile zu Zeile fällt es Hayd schwerer, für Aufständische sein Kanzleideutsch zur Verfügung zu stellen.
»Weiter ist bekannt, daß dessen allem ungeachtet, man das cum pleno jure reservierte Rentamt München unverhofft mit militärischer Macht überzogen und seit halben Monat Mai im unbefugten Besitz hat.«
Weiter kommt Hayd nicht. Er sucht jetzt seinen Kollegen Heckenstaller. Endlich findet er den Geheimen Kanzleisekretär. Er gibt ihm den Bogen Papier zu lesen. Sagt ihm öfters, das ganze sei vertraulich und ob sie nicht gemeinsam das Manifest verfassen könnten.
Der Ex-Kanzlist und der Regierungsbeamte stehen am Pult. Urban Heckenstaller nimmt einen neuen Bogen, setzt an, zögert: »Es ist besser, wir schreiben es nicht eigenhändig.«
Hayd sagt aber: »Der Jägerwirt will doch, daß wir ein Manifest verfassen!« Es klopft.
Die beiden sind froh, daß es Hayds Bruder ist, der Hofakzessist Anton Kajetan Hayd. »Du kommst aber spät«, fährt Ignaz seinen 26jährigen Bruder an. »Es gibt was zum Schreiben. Nimm es geschwind unter die Hand.« Dessen Beruf ist das Abschreiben von Schriftstücken.
»Was ist es denn?« fragt Anton Kajetan.
Heckenstaller lacht: »Das werden wir dir nachher schon sagen!« Er gibt ihm einen halben Gulden. Dann legt Heckenstaller ihm ein Blatt auf das Stehpult und zeigt darauf, wo er anfangen und aufhören soll.
Zuerst diktiert Hayd seinem Bruder: »Dazu kommt, daß man zur Bedienung der kurfürstlichen jungen Herrschaft ganz neue, verdächtige Dispositionen gemacht und ihr zu Genugsam verspürter Affliktion und Alteration die gewohnten und

vertrauten Leute auf die Seite geräumt hat, so daß man nicht unzeitig die heimliche Wegführung einiger Prinzen besorgt . . .«

Während Anton Kajetan weiterschreibt, schaut er einmal fragend auf. Heckenstaller kommt ihm zuvor: »Was du abschreibst, ist eine neue Zeitung. Schreibst du nicht gern neue Zeitungen?«

Anton Kajetan Hayd nickt und lächelt gezwungen.

Wieder klopft es. Diesmal kommt der Jägerwirt in die Kanzlei. Er hat eine Brotzeit mitgebracht.

Hayd unterbricht sein Diktat, er redet auf den Jägerwirt ein: »Ich habe die Prinzen in das Manifest aufgenommen. Es gibt ja in der ganzen Stadt keinen Gerichtshof, keine Kanzlei oder Zunft, wo man nicht von der baldigen Entführung der Prinzen redet.«

Dieser Eifer gefällt dem Jägerwirt, er hört ihm weiter zu: »Außerdem habe ich von einem Schreiben des Kurprinzen an den Kaiser gehört, worin er fußfällig bittet, Mama wieder zu ihren Kindern reisen zu lassen.«

Während sich jetzt Hayd und der Jägerwirt unterhalten, übernimmt Heckenstaller das weitere Diktat:

»Zu allem Überfluß sind wir resolviert, der Garnison freien Abzug nach Augsburg zu gestatten; Offiziere und Gemeine aber dürfen sich in diesem Krieg zu keiner Zeit mehr gebrauchen lassen.« Große Worte in der nüchternen morgendlichen Kameralkanzlei.

»Wenn das Manifest nicht recht ist«, sagt Ignaz Hayd zum Jägerwirt, »können es die in Tölz ihre Beamten oder Geistlichen lesen lassen. Könnten auch etwas weglassen oder hinzufügen.«

Heckenstaller pflichtet dem bei: »Wir sind ja nur Kanzlisten.«

Und der Jägerwirt denkt, je amtlicher, desto besser: »Habt ihr nicht noch irgendwo ein kurfürstliches Siegel?«
Hayd und Jäger kramen in Pulten, Ablagen und Schubladen. Heckenstaller diktiert das »Generalmanifest« weiter: »Die Administration und die kommandierende Generalität und die hohen Offiziere sollen als Geiseln in München verbleiben. Hofkammerdirektor von Neusönner und Hofkammerrat Lier sind auf freien Fuß zu setzen . . .« Der junge Hayd schaut noch verblüffter auf. Geiseln . . . denkt er. »Mit einem Wort, wir verlangen die Abtretung und Räumung der Stadt und des Rentamts München, will man anders sich der Gefahr des äußersten Ruins und blutigen Massakers nicht exponieren, wogegen wir vor Gott und der ehrbaren Welt protestiert und an dergleichen schrecklichem Unheil keinen Teil haben wollen.«
Ignaz Hayd hat inzwischen ein Siegel mit dem kurfürstlichen Wappen finden können. Sein junger Bruder Anton Kajetan fragt den dadurch abgelenkten Heckenstaller: »Und wie unterschreiben wir es?«
Heckenstaller prompt: »Manifest der kurbayerischen Landesdefension Oberland.«
Hayd sagt: »Wir müssen das alles höchst geheimhalten!«
Der Jägerwirt überfliegt die Papierbogen. Blatt für Blatt schreibt dann Anton Kajetan nochmal als Kopie ab. Ignaz Hayd liest auch mit und sagt dann stolz: »Das Manifest hat Hand und Fuß. Keiner auf einer Kanzlei kann das besser machen.«
»Wir müssen das Manifest auch dem Münchner Adel, den Räten, den Hofbediensteten, dem Magistrat und der ganzen Gemeinde geben«, wendet sich Jäger an die drei Mitwisser. »Schau, daß du mit der Umgebung der Prinzen Kontakt bekommst und Genaueres erfährst«, sagt er zu Hayd.

»Ja, Graf Törring. Wir sollten vor allem ihn es lesen lassen«, meint Hayd. Der Jägerwirt ist jetzt mit der Arbeit der Regierungsbeamten zufrieden. Er faltet die Papiere zusammen und versiegelt sie mit dem kurfürstlichen Wappen. Johannes Jäger und Anton Kajetan Hayd verlassen die Kanzleiräume, gehen in das Haus des Jägerwirts, verpacken in das Manifest den Siegelstempel und begeben sich Richtung Isartor. Als sie vom Tal aus das Tor sehen, zeigt Jäger auf einen Mann in einer Nische des Stadttors. »Lauf«, sagt er, »gib ihm den Brief.«
Anton Kajetan Hayd übergibt unter den Augen der Besatzungssoldaten das Manifest, das diese Besatzung beenden soll.

Ignaz Hayd geht unterdessen in die Prannergasse und klopft an der Pforte des Palais Törring. Kammerdiener Volkum öffnet, läßt ihn noch etwas warten, bis er vorgelassen wird. Hayd gibt Graf Törring die Kopie des Manifests zum Lesen und richtet ihm aus, das Ratsmitglied Johannes Jäger möchte ihn sprechen.

Johannes Jäger geht jetzt vom Tal zurück in den Färbergraben. An der Ecke Sendlingergasse betritt er den Laden des Sebastian Senser.
Seit dieser aus den Diensten in der kurfürstlichen Werkstatt entlassen worden war, hatte er sich mit einem eigenen Magazin und einer Werkstatt am Rappeneck über Wasser gehalten. Sebastian Senser ist 40 Jahre alt. Als Fähnrich der Bürgerwehr hatte er früher die Aufsicht über die Stadttore und verwaltete die Schlüssel für die Schanzen um die Stadt. Senser war ein angesehener Mann: Wie der Jägerwirt war er Mitglied des Äußeren Rats der Stadt München und führt noch die Kirchenverwaltung St. Ursula in Schwabing.
»Hast du Pulver und Blei?«

»Pulver und Blei?«
»Ja, für die Tölzer.« Der Jägerwirt weiht ihn in die Zusammenhänge ein. »Die brauchen jetzt soviel du hast!«
»Ungefähr einen Zentner von jedem hätte ich schon. Aber wer zahlt es?«
»Da brauchst dir keine Gedanken zu machen, das erledigen die Tölzer; die haben's mir versprochen.«
»Also gut«, denkt sich Senser und geht ans Abfüllen, während Jäger im Magazin herumschaut. Unter altem Eisen findet er fünf Handgranaten: »Die könntest mir auch noch dazugeben.«
Senser nickt. Der Jägerwirt sieht ihm beim Abfüllen zu.
»Du, Senser«, fängt Jäger wieder an, »kennst du nicht einige Offiziere, die noch in der Stadt sind. In Tölz bräuchten sie einige.« Senser verspricht, sich das zu überlegen. Im Augenblick fällt ihm keiner ein. Jäger fragt nach Bürgern, die mitmachen könnten.
»Bei mir wohnt der Schmädl, der Sohn vom Weißbierwirt aus der Au«, fällt Senser ein, »der geht ins fünfte Semester. Der kennt alle Studenten. Der traut sich zu, gleich hundert Studenten zusammenzubringen, wenn in der Stadt eine Revolte ist. Die Studenten sind sowieso schon etwas gereizt. Die hatten doch erst kürzlich schon bei der Heiliggeistkirche eine Schlägerei mit kaiserlichen Soldaten.«
Der Jägerwirt hat es eilig.
»Ich hol es später ab.«

Die Stellung des Prinzenerziehers Graf Törring wackelte; denn ihm war schon im November Obristhofmeister von Guidabon vor die Nase gesetzt worden. Was Törring betraf, wollte die Administration auch hier geschickt vorgehen. Man wollte nichts Auffälliges tun, beobachtete aufmerksam das Verhältnis des Grafen zu den Prinzen. Graf Löwenstein gab zu bedenken, »ob nicht diesem Menschen eben dadurch die Animosität wachsen dürfte, sich anders als bisher aufzuführen und den Prinzen gegen den aufgestellten Obristhofmeister Baron von Guidabon oder sonst unter der Hand widrige Principia beizubringen.« Bei den Gesprächen in der Administration und beim Mittagessen wird Graf Törring dies wohl gespürt haben, wenn man auch dort vornehm genug war, dieses Thema nicht direkt anzusprechen.

Um so schockierter ist der junge Graf, als er in der Abschrift des Generalmanifests liest, daß der Administrator bei der Befreiung Münchens als Geisel in der Hand der Aufständischen bleiben soll und daß es um seine Prinzen geht ...

Es ist 14 Uhr an diesem Freitag, dem 18. Dezember 1705. Johannes Jäger wird in einem abgelegenen Zimmer des Palais von Graf Törring empfangen. Der Graf scheint von Hayd genauestens informiert: »Ich belobige ja euren Eifer, aber ohne kurfürstlichen Befehl kann ich nicht eigenmächtig handeln.«

»Ich tue nur meine Schuldigkeit, wenn wir den Grafen vom Stand der Sache vertraulich in Kenntnis setzen«, sagt Jäger.

»Solange kein genauer Plan zur Ausführung vorliegt, fällt es mir schwer, mich da einzumischen. Man sollte versuchen, die Sache beim Reichstag in Regensburg vorzubringen. Graf Eichholz, der mecklenburgische Gesandte, würde sich sicher dafür einsetzen.« Und nach einer Pause fügt Törring hinzu: »Vielleicht kommen noch Briefe von Brüssel. Heute ist Freitag. Man muß noch etwas abwarten.«

»Dazu ist es jetzt zu spät! Ein reitender Bote ist mit dem Manifest schon unterwegs nach Tölz. Viele tausend Mann sind in Bereitschaft, München und die junge Mannschaft zu befreien!«

»Man muß klug in der Sache vorgehen«, sagt Törring bedeutungsvoll.

»Man muß viel begehren, damit man wieder nachlassen kann«, gibt ihm der Jägerwirt zur Antwort.

Törring lächelt verbindlich. Er überdenkt kurz seine Situation: »Wir müssen gleich in die Sache gehen, damit die Kurfürstin ohne Tätlichkeiten ins Rentamt zurück kann.«

»Alles läuft ohne Tätlichkeiten ab«, versichert Jäger. »Wir werden die Garnison auch ohne einen Schuß aus der Stadt bringen.«

»Ihr werdet euch aber nur 14 Tage lang in München halten können«, fällt ihm Törring ins Wort. »Sie wissen ja, es ist Verstärkung im Anmarsch. Wir dürfen die Prinzen und die Stadt nicht in Gefahr bringen.«

»Wissen Sie Neues über die Prinzenentführung?« erkundigt sich Jäger. »Nein, ich kann auch nicht beurteilen, was daran wahr und nicht wahr ist. Und wenn es geschieht, wie soll man es verhindern?«

Der Jägerwirt, etwas bestimmter: »Der Kurfürst und die Kurfürstin verlassen sich auf den Grafen!«

Törring versteht diesen Tonfall. »Mein Vetter Pertenstein wird sich der Sache annehmen. Er hat mir auch von den Gerüchten erzählt.«

Törring spricht jetzt leiser: »Wir müssen ein Regiment an die Residenz stellen und die Prinzen zum Schwabinger Tor hinausführen. Und von dort gleich weiter. Ich traue meinem Vetter das schon zu. Das Losungswort ist ›Pertenstein‹.«

Graf Törring begleitet seinen Besucher über eine Hintertreppe zum Ausgang: »Man hat Sie doch nicht hineingehen sehen? Wenn Sie jemand fragen sollte, sagen Sie, Sie hätten wegen Weinlieferungen mit mir geredet.«

»Bekommt der Herr Graf Angst?« fragt Jäger.
Törring macht sich zum ersten Mal klar, daß sich die Aufstandsbewegung von allen Seiten auf München zubewegt: »Weder der Administration noch den Kaiserlichen, vom Größten bis zum Kleinsten, darf ein Leid zugefügt werden. Alle müssen so höflich wie möglich traktiert werden, damit das Werk nicht in größere Kriegsflammen ausbricht. Man müßte auch erklären, daß man sich nicht in den französischen Krieg einmischen will.«
Beim Abschied denkt sich Törring, solche Besuche werden jetzt zu gefährlich.

Zwei Frauen schieben indessen einen Leiterwagen mit einem Getreidesack vom Rappeneck zum Brix ins Tal. Unter dem Getreidesack sind Blei und Pulver. Georg Hallmayr wird es dort abholen.

9. Kapitel

Das Heilige Römische Reich Deutscher Nation ist am Ende

Es ist ein stockfinsterer und kalter Winterabend an diesem Freitag, dem 18. Dezember. Kleine Gruppen kommen auf dem Kopfsteinpflaster zur Klosterkirche in Tölz herauf und verschwinden schnell in der linken Klosterpforte. Viele haben eine Anreise von mehreren Stunden hinter sich: aus Valley oder Aibling; manche kommen aus den Nachbargemeinden Benediktbeuern oder Iffeldorf. Das Ladschreiben, wie der Teilnehmer Maximilian Alram, Pfleger von Valley, versichert, fordert zu einer »wichtigen Konferenz in Angelegenheiten des Landes nach Tölz« auf. In seinem Pfleggericht war die Konferenz als eine der »angenehmsten Nachrichten« aufgenommen worden. Der Pfleger hatte einige Vertrauensleute mitgenommen, unter anderen Balthasar Riesenberger aus Bach/Holzolling, von Beruf Schmied. Die Delegierten aus den verschiedenen Orten des Oberlands kennen sich kaum. Die Orte bleiben untereinander. Einige Offiziere in alten kurbayerischen Uniformen stehen herum: Fuchs, Houys, Clanze, Gauthier. Man tuschelt von Prinzenentführung und der wichtigen Rolle, die ein Sohn die-

ser Stadt spielen soll: der Jäger Hans, wie sie ihn noch als Kinder genannt hatten. Auch der Jägeradam ist da, auch Fiechtner, der Jäger Franz, Schandl und Ellgrasser aus der Lenggrieser Gegend. Jeder weiß, daß die kommenden Stunden nicht nur für sie von historischer Bedeutung werden können, sondern für Tölz, für das Oberland, ja für das ganze Land. Bei genauerem Hinsehen entdeckt man viele »Offizielle«, die man sonst von Festen, offiziellen Anlässen oder von den Landfahnen her kennt: Bürgermeister, Jagdaufseher, Ausschüsser wie den Klosterrichter Wendenschlegel von Benediktbeuern, den Pflegkommissar Dänkel von Tölz, den Freiherrn von Schmidt, Pfleger von Aibling, den Hofmarksrichter Eder aus Reichersbeuern und eben auch Pfleger Alram von Valley. Sie alle wollen heute abend darüber entscheiden, ob Aufständische aus ganz Bayern München umfassen und befreien sollen.
Josef Ferdinand Dänkel, Pflegkommissar in Tölz, eröffnet die heimliche Sitzung hinter den Klostermauern. Er versucht, durch Räuspern auf sich aufmerksam zu machen. Kaum einer achtet auf ihn, bis der »Jägeradam« in den Saal brüllt: »Bitte etwas mehr Ruhe. Das Manifest aus München ist da!«
Plötzlich ist es still im Saal. Kriegskommissar Fuchs wird vorgestellt. Augenzeuge Alram berichtet: »Seine Anwesenheit hatte die größte Aufmerksamkeit erregt.« Fuchs faltet das Manifest aus München auf und liest vor, was Hayd und Heckenstaller in der Landeshauptstadt zusammengeschrieben haben: vom Rechtsbruch bis zur »heimlichen Wegführung einiger Prinzen«. Das erregt Unruhe, Fuchs liest weiter: »Um nun auf uns unschuldige Untertanen selbst zu kommen, so wollen wir uns auf das berufen, was die Landschaftsdeputation in München vor wenigen Wochen in einem Repräsentationsschreiben zur Verhütung der Universalrevolte bei der Administration

vorgebracht hat, worauf keine Entschließung erfolgt ist. Es hatte zwar den Schein, als hätte die Landschaftsverordnung für uns zum Teil das Wort getan . . .« Dem Landtag wird also in dem Manifest der Vorwurf gemacht, »sich für ein Instrument hat brauchen lassen« und man solle sich ein Beispiel nehmen an »unseren conföderierten Unterländern«. Sie hätten sich nicht »einschläfern lassen«. Aber das ist der Tölzer Versammlung zu hohe Politik. Fuchs weiter: »Es gereicht uns unterdessen zu einer vorläufigen Reparation, daß die untere Station sonder Zweifel aus Vorbitte der jungfräulichen Himmelskönigin und von Alters her erwählten Landesschutzfrau von Gott bereits so glückliche und nachdrückliche Progressen erhalten, auch zu deren Fortsetzung so viele considerable Festungen und haltbare Plätze unter sich gebracht hat, daß wir die Zuversicht schöpfen, ihre Continuation werde sich bis zur Wiederherstellung unserer Freiheit und eines beständigen Friedens in effectu mit weiterem himmlischen Segen erfreulich und gedeihlich erfolgen.« Das gefällt der Versammlung schon besser.
Als diese Vorlesung länger und länger wird und gegen Schluß des Manifests davon die Rede ist, der Administrator soll als Geisel in München bleiben, ruft einer der vier Tölzer Bürgermeister, Hörmann: »Das Manifest ist zwar gut gemacht, aber etwas zu scharf!«
Jetzt entzündet sich im Saal eine Diskussion über das, was rechtens und nicht rechtens ist.
Franz Caspar Freiherr von Schmidt, Aibling, meldet sich zu Wort: »Wir haben bisher erfahren, daß den Kaiserlichen ebensowenig als den Türken zu trauen ist. Wenn ich mich in diesem weitläufig erzeigen wollte, ich würde Sachen erzählen, darob auch die harten Felsen weinen möchten.«
Ellgrasser hört genau zu, er kann beurteilen, was der Freiherr

von den Türkenkriegen und von der Plünderung durch die Soldateska sagt: »Am Wiener Hof ist man mit Bayern umgegangen, als wäre Treu und Glauben nicht besser als bei den Türken bewandt. Der Bayerische Friede hat nicht länger standgehalten, als viermal der veränderliche Mond am Himmel sein volles Angesicht erzeigt hat, denn nach vier Monaten bemeisterten sich die Herren Österreicher der Residenzstadt und des Rentamts München gewalttätig und brachen meineidig den Frieden, wodurch sie ein unauslöschliches Schandmal ihrem Namen anhängten. Ach wie ist bei jetzigen Zeiten die Haltung von Treu und Glauben so rar; es heißt heutigentags, das Promesse halten wie der Hund das Fasten.«

»Bravo, bravo!« rufen sie im Saal. Auch Ellgrasser.

»Zu verübeln soll mir nicht sein, wenn ich hier den Bauern einen Advokaten abgebe, nobile enim semper est officium advocatorum. Wer sollte es wohl einem getreuen Untertanen verargen können, wenn er bei solchem Zustand die Waffen ergreift?«

Beifall aus dem ganzen Saal.

»Jene, welche mit ihrer Macht ohne allen Titel und Recht, ohne allen Fug, und wider alle bekanntlich und öffentliche Billigkeit eine rem publicam, also Stadt oder Land überziehen, überfallen, verwüsten, das Volks erschlagen und auf das Übelste haushalten, da ist die Befreiung des Vaterlands von fremder Gewaltherrschaft erlaubt!«

Die Versammlung hat ihren Chefideologen gefunden. Die letzten Sätze gehen im Beifall unter, als Schmidt aus Thomas von Aquins »De regimine principum« zitiert: »Qui ad liberationem patriae tyrannum occidit, laudatur et praemium accipit«. Er meint damit die Ausnahmesituation, in der nach christlichem Naturrecht Widerstand gegen die Staatsgewalt erlaubt ist.

Gauthier nimmt Fuchs zur Seite und sagt leise: »Die Leute parieren eher den Beamten als uns Offizieren.«
Nachdem die Wirtsleute, Bauern, Schmiede, Braumeister unter den Anwesenden merken, daß sogar die Beamten, die Studierten und Adeligen den Aufstand billigen, machen sie sich keine Gedanken mehr über das Für und Wider. Der Schmied aus Bach/Holzolling meldet sich: »Von der Kanzel hat unser Pfarrer gleich dreimal gemahnt, bei Verlust unserer Seligkeit sind wir schuldig, die Kaiserlichen aus dem Land zu jagen und die einreißenden Bosheiten und Ketzereien ganz und gar wieder auszurotten!«
»Recht so, Schmiedbalthes!« unterstützen ihn einige, die ihn kennen. Dänkel mischt sich ein: »Die gesamte Münchner Bürgerschaft, sie hatte extra eine Abordnung vor zwei Tagen zu uns geschickt, und ebenso einige bayerisch gesinnte Kavaliere vom Adel stehen auf unserer Seite. Sie wollen mit uns zusammen die Entführung der Prinzen verhindern. 20 000 Mann aus dem ganzen Rentamt München werden vor München ziehen und sich dort zu einer bestimmten Stunde mit 8000 Mann der Unterländer vereinen. Wir werden dann die Kaiserlichen nicht nur aus München, sondern aus dem ganzen Land werfen!«
Dann ergreift Pfleger Alram das Wort: »Wenn es um nichts anderes, als um die junge gnädigste Herrschaft geht und um deren Entführung, so ist es unsere höchste Schuldigkeit, nach all unseren Kräften dabei zu sein, damit das ganze Übel, das eine solche Entführung nach sich zieht, verhindert wird!« Wieder Beifall.
Dänkel: »Es werden Aufgebotspatente an euch ergehen, auf denen stehen die Sammelplätze. An Gewehr und Munition soll es nicht fehlen, auf Schloß Hohenburg sind etwa 8000 Flinten und Musketen.«

Ellgrasser ruft: »Und wer keine Waffen hat, soll sich eine Sturmsense nehmen!«
Die Menge johlt.
Jemand ruft: »Wir graben unsere Waffen wieder aus!«
Als Dänkel mit Blick auf Fuchs sagt, man habe ein eigenhändig vom Kurfürsten unterschriebenes Dekret, in dem er den Aufstand unterstützt, und der Kurfürst wolle »so viel wie möglich beistehen und unser Winterlager nahe bei euch nehmen, bis ihr wieder einen festen Fuß im Land habt«, geht ein Raunen durch das Klosterrefektorium.
»Wir können aber das Dekret hier nicht vorzeigen. Wir wissen ja nicht, wem man heutzutage trauen kann.«
Vielleicht weiß Dänkel tatsächlich nicht, daß Fuchs dieses Dekret gefälscht hat.
Der wirft kurz ein: »Die Patente müssen aber viel kürzer sein als das Manifest aus München!«

Kurfürst, Kurfürstenkinder, Muttergottes und Vaterland – Idole, die hoch über Bauern, Taglöhnern, Beamten und Handwerkern stehen. Auch wenn die gesamte Aufstandsbewegung hier in der Tölzer Gegend im Oktober 1705 – vor allem beim Überfall auf Schloß Hohenburg – ihren propagandistisch wirksamen Anfang nahm, so hatte sie doch im Oberland eine andere Entwicklung genommen als im Unterland. Dänkel, Wendenschlegel, Schmidt, Alram und wie sie alle heißen, repräsentieren im Staatsaufbau die untere Verwaltungsebene. Als Pflegkommissare oder Klosterrichter hatten sie die Landfahnen unter sich: eine Landwehr, in Kompanien gegliedert, zur Verteidigung innerhalb der Landesgrenzen. Diese Kompanien werden hier zur Organisationsform des Aufstands; anders wäre er innerhalb von acht Tagen gar nicht vorzubereiten.

Die Aufstandsbewegung im Oberland war bisher nicht in Städte eingedrungen, hatte keine Festungen erobern müssen. Sie war nicht darauf trainiert, spontanen Unmut in eine Eroberungstaktik umzusetzen.
Die Aufstandsbewegung im Unterland ist radikaler. Sie repräsentiert eine »volonté générale«, auch wenn dieser Ausdruck erst später in das Staatsrecht einfließen wird. Aber Massenbewegungen werden staatsrechtlich nicht plötzlich erfunden, sie müssen möglich geworden sein, bevor sie formuliert werden. Burghausen und Braunau entwickelten andere Techniken der Machtübernahme: Wasserabgraben, Einschleichen in die Stadt, Solidarisierung mit der Bürgerschaft, Schaffung der Gemein als Vertretung der Bürger und Bauern – eine kampflose Übergabe bestimmter Plätze als Mosaiksteine für eine neue Ordnung. Gewaltlosigkeit ist zunächst ihr Prinzip. Die weiterentwickelte Strategie der Unterländer versteht es, das Oberland für ihre Zwecke einzubauen. Der Plan der Befreiung der Hauptstadt ist für die Unterländer kein Rausch, sondern ein logischer Schlußpunkt. Wird dieses Zusammengehen verschiedener Organisationseinheiten funktionieren? Und wenn es funktioniert, wird sich nach der Befreiung auch in München die Fraktion der Falken durchsetzen, oder wird dann die Fraktion Prielmayrs und der Beamten, also der Tauben, der radikalen Bewegung den Zahn ziehen?
Als die Tölzer Versammlung am Freitagabend auseinandergeht, ist jedem klar geworden, daß es sich hier um etwas Grundsätzliches handelt – auch wenn mit gefälschten Aufrufen des Kurfürsten oder mit dem Mitleid mit den Kurfürstenkindern gearbeitet wird. Es geht um das Recht des einzelnen, seine Sicherheit, sein Leben. Die agitatorischen Parolen sind effektvoll, tiefer aber sitzt das Gefühl, daß von den Besatzungsbe-

hörden ständig Recht verletzt wird. Weswegen hat man sonst die Gefahr für Leib und Leben auf sich genommen? Die Forderung nach Freiheit wird publizistisch kaschiert durch die Forderung nach »Wiederherstellung der Freiheiten« und etwas volkstümlich: nach der »kurbayerischen Libertät«.

Noch nie in der europäischen Geschichte – und das ist die Bedeutung dieser Aufstandsbewegung – hatte eine Revolte eine ganze Gesellschaft erfaßt und zu integrieren versucht. Es ist kein Klassenkampf von Besitzlosen gegen die Privilegierten. Es ist das verletzte Rechtsgefühl, das diese Menschen veranlaßt, Verantwortung zu übernehmen und Recht zu garantieren. Der in diesen Tagen häufig zu hörende Satz: »Der Kurfürst hat sein Land verspielt, jetzt wollen wir – die Rebellen – es wiedergewinnen« signalisiert etwas, das mehr ist als eine Rebellion oder eine Revolte.

Die praktischen Anführer des Aufstands kannten die theoretischen Grundlagen ihrer Zeit: Plinganser hatte Jura studiert, Meindl Philosophie. Und der Teilnehmer Franz Caspar Freiherr von Schmidt, Aibling, gibt Jahre später (1712) das politisch-juristische Werk »Mundus Christiano Bavaro Politicus« heraus. Sie kannten Johannes Althusius, der zum ersten Mal Volkssouveränität und das Widerstandsrecht definierte. Den Idealstaat empfahl dieser als einen Bund autonomer Gemeinden. Sie kannten Hugo Grotius' bürgerlich-demokratische Grundsätze und seine durch das Naturrecht geregelte Staatstheorie. In England entwickelt sich seit der Glorious Revolution 1688 früher Parlamentarismus. Der erste deutsche Kulturjournalist Christian Thomasius vertrieb von Leipzig aus seine Zeitschrift »Monatsgespräche« in alle Welt; er war geformt durch die Lehre des Staatsrechtlers Samuel von Pufendorf von dem Gesellschaftsvertrag. Und vor einem Jahr war gerade John

Locke, der Philosoph des »common sense«, gestorben. Er hatte als erster die Menschenrechte für die Neuzeit formuliert und über Revolution und ihre Berechtigung nachgedacht. Und sieben Jahre später wird Jean Jacques Rousseau geboren werden. Montesquieu ist 1705 16 Jahre alt, Voltaire zehn.

Die Regeln der Kriegsführung, die Grotius in seinem Werk »De jure belli ac pacis« aufgestellt hatte, werden mit dem Aufkommen der Partisanentätigkeit in diesem Aufstand unterlaufen, der »gehegte« Krieg wird durch Reichstruppen ad absurdum geführt.

Erst die Französische Revolution stilisiert den Zusammenhang von politischen und sozialen Umwälzungen offiziell zu dem Wort »Revolution« hoch. Der Begriff war aber schon vorher geläufig. Ein deutsches Wörterbuch erläutert ihn 1727: »Revolution, die Umwälzung, Veränderung oder Ablauf der Zeit, Revolutio regni, die Veränderung oder Umkehrung eines Königreichs oder Landes, wann nämlich solches eine sonderliche Änderung im Regiment und Polizey-Wesen erleidet.«

Das Volk versteht den Aufstand nicht als Rebellion oder Revolta. Dies sind Ausdrücke der Gewaltinhaber. Das Volk sieht den Aufstand gegen das Heilige Römische Reich Deutscher Nation als eine »Revolution«, wie eine Votivtafel vom Jahre 1705 den Volkswillen signalisiert.

Revolution also – auch wenn erst die große Revolution im Jahre 1789 zum Zusammenbruch des Heiligen Römischen Reiches Deutscher Nation führen wird. Die Wegweiser einer neuen gesellschaftlichen Ordnung werden aber jetzt schon aufgestellt. Das Aufstandsmodell zeigt, daß dieses Reichs-»Monstrum«, dieser staatliche Überbau, nicht mehr lange vorgesehen ist.

Der Kurfürst muß für vieles herhalten: Am selben Tag, an dem in Tölz von ihm und einem in München unter Verschluß gehaltenen Dekret die Rede ist, schreibt Oberstkämmerer Ferdinand Maria Freiherr von Neuhaus an Pater Theodor Smakker, SJ, Venedig, den Beichtvater der Kurfürstin. Die staatstragenden Kräfte wenden ihrerseits Tricks an, nachdem der Waffenstillstand mit den Aufständischen nicht das brachte, was man sich erhoffte:

»Man ist aber derowegen noch auf den Gedanken verfallen, daß es der Sache vorträglich sein würde, wenn der Kurfürst unter seinem eigenen Handzeichen an die Landschaft eine nachdrückliche Erinnerung abgehen lassen möchte, wie sehr es ihm zu Gemüte ginge, wenn durch diese Revolta das Land dergestalt in den extremen Ruin gestürzt werde, daß er bei dem gehofften Frieden nichts als das leere Nachsehen zu erwarten hätte und daß er daher verlange, daß die Landschaft mit Vorwissen der Administration dies im Namen des Kurfürsten den Tumultuanten mit Nachdruck publik machen sollte. Man verspricht sich hiervon einen sonderbaren Effekt; es würde zu einem erwünschten Accomodement allen guten Vorschub geben. Es wäre vor allem dahin zu sehen, daß eine solche Intention unter eigenem Handzeichen an die Landschaft erginge.«

Kollaboration mit der Besatzungsmacht.

Die alte »Landschaftsverordnung« spürt und weiß wie nie zuvor, daß sie nicht mehr das Volk repräsentiert. Sie sucht jetzt Hilfe bei der Administration und warnt den Magistrat der Stadt München: »Man vernimmt mit Verwunderung und Verdruß, daß ungeachtet aller bisher für das allgemeine Beste angewandten Sorge, Mühe und Arbeit in der Gemeinde unterschiedliche nachteilige Reden und Schmähungen wider eine Landschaft verordnete drei Stände ausgestoßen werden. Da aber solche nachteilige und schlimme Reden von Leuten, die nicht ausrechnen oder die von ihren Passionen präoccupiert oder wohl sonst übel gesinnt und beflissen sind, allerhand Ungelegenheiten anzustiften, oft böse und üble Folgen nach sich ziehen, so versieht man sich, der Magistrat werde auf dergleichen Calumnianten von Obrigkeitswegen Nachforschungen halten und sie zu gebührender Correction, andern zu einer Abscheu anhalten, um was man ihn anmit ersuchen will. Wenn aber der jetzt unversehens hervorgebrochene Aufruhr nicht innerhalb weniger Tage gestillt wird, so wird man das Gegenteil zu erfahren haben, so daß es nicht allein das liebe Vaterland, die Stände und Untertanen mit ihrem Verderben werden entgelten müssen, sondern auch der Kurfürst . . .«

Amtshilfe innerhalb der Obrigkeit.

Die Ständeordnung ist in Frage gestellt; und damit ein wichtiges Organisationsprinzip jener gesellschaftlichen Ordnung.

Denn die »Gemein der Bürger und Bauern« in Burghausen hatte spontan neue Organisationsprinzipien geschaffen: die Vollversammlung und die Delegation des vierten Standes in den Magistrat. Der vierte Stand hatte damit zum ersten Mal seinen Platz gefunden. Noch nie vorher in der Geschichte waren Bauern als vierter Stand definiert und gleichgestellt worden.

Ein neues Staatsgefühl entwickelt sich.

Tagesnachrichten, nicht nur aus dem Land.

München, 18. Dezember.

Die Administration bittet den Generalleutnant Markgraf Ludwig von Baden um Waffenhilfe.

»Das rottierte Bauernvolk hat mit Beiseitesetzung der Stillstandstractate sich gestern dem Obersten de Wendt bei Neuötting genähert und auf ihn kanonieren angefangen, so daß er für nötig gefunden, bis Mühldorf zu retirieren, wo er heute steht. Die Sache beginnt von Tag zu Tag schlimmer zu werden, so daß ein Universalaufstand und der Verlust des ganzen Landes zu besorgen ist, wenn nicht in möglichster Eile mehr Truppen herangezogen werden.

Der Administrator will bei so bewandten Dingen den gefährlichen Zustand in Bayern vorstellen und bitten, daß die württembergischen und fränkischen Regimenter zum eilfertigsten Eilmarsch beordert werden, weil die Verzögerung jeden Tag die Gefahr vergrößert. Da aber der Bauernschwarm zu groß und das Landvolk durchgehends malcontent ist, so will es an Mannschaft gebrechen, um ihnen recht in die Eisen gehen zu können. Da man aber in allen Orten, vor die sie rücken, den inneren Feind dabei hat, so haben sie bisher den Meister gespielt und was sie angegriffen haben, erobert.

Der Markgraf möge aber auch darauf bedacht sein, daß nach vollbrachter Operation die hereingezogenen Truppen wieder bei Zeiten abgeführt werden, damit der aus diesem Land für die kaiserliche Armee in Italien bestimmte fundus nicht gar exhauriert werde.«

Die Antwort des Markgrafen ist kurz:

»Da es dem Markgrafen nicht zusteht, ohne positive kaiserliche Order den Herzog von Württemberg nach Bayern zu kommandieren, so soll der Administrator das weitere bei dem kaiserlichen Hof incaminieren . . .«

Wasserburg, 19. Dezember.

Der Augenzeuge des November-Massakers vor Wasserburg, Gerichtsschreiber Johann Veit Kornreuther, wendet sich an den Hofrat und Geheimen Kanzleidirektor Franz Joseph von

Unertl: »Hier steht man in einer unbeschreiblichen Furcht, nächster Tage wieder belagert zu werden, wenn nicht Gott die absonderliche Gnade gibt, daß die Rebellanten bei Mühldorf, wo sie 5000 Mann stark stehen sollen, von de Wendt abgehalten werden. Alles ist hier bestürzt, kleinmütig und schwierig, weil die Ausgaben und die Quartierlast für den gemeinen Mann je länger je mehr unleidentlich wird.
Hauptmann von Olnhausen läßt bitten, ihnen mit wenigem unbeschwert zu entdecken, was sich in München in der Bürgerschaft für ein Murmeln wegen des Kurprinzen und gleichsam ein heimlicher Aufstand begebe; man führe hier sehr nachdenkliche Reden. Gott gebe, daß an der Sache nichts ist . . .
P. S. Eben sagt mir der Commandant, er habe sichere Nachricht, daß die Rebellanten durch Zirkelboten die Gerichte Kraiburg, Wald und Mörmoosen wirklich aufbieten lassen, jedoch haben die Untertanen die Waffen noch nicht ergriffen. Es ist mithin zu besorgen, daß die Gefahr noch immer anwachse. Ich bitte dies dem Administrator zu hinterbringen.«

Denklingen, 19. Dezember.
Der preußische Generalwachtmeister J. S. von Hülsen gibt der Administration eine Absage:
»Die Regimenter sind in Italien dermaßen abgemattet und zum Teil ruiniert worden und der Abgang nimmt noch täglich zu, daß sie schon vier Wochen vor dem Aufbruch bei der kaiserlichen Armee in Italien keine Dienste mehr getan haben; überdies ist die Intention meines Königs, daß er sich nun die Conservation der Regimenter möglichst angelegen sein läßt. Es ist daraus zu ersehen, daß der König die Truppen keinem ferneren Ruin exponiert sehen will.«

Prag, 19. Dezember.
Der Statthalter des Königreichs Böhmen schreibt an die Administration.
»Man hat die Nachricht erhalten, daß die in Bayern entstandene gefährliche Empörung von Tag zu Tag zunehme und durch die Occupierung der haltbaren Orte ein sehr gefährliches Aussehen gewinne.
Es ist nun zu befürchten, daß dieses Übel, wenn es nicht zeitlich gedämpft wird, sich dem Königreich Böhmen nähern dürfte, zumal da man Nachricht hat, daß die Untertanen dieses Landes, besonders an den Grenzen viele nachdenkliche Reden schießen lassen, ja sogar einige Dorfschaften conventicula und consultationes untereinander angestellt haben.
Es sind verschiedene Offiziere und Soldaten mit Etappenausweiszetteln oder von den Regierungen ausgestellten Pässen aus Bayern nach Böhmen gekommen, ohne daß man hiervon ein praeaviso gehabt hätte.«

Venedig, 19. Dezember.
Wie schon am 12. Dezember berichtet der französische Gesandte in Venedig Abbé de Pomponne wieder dem französischen Kriegsminister de Chamillart nach Paris.
»J'ai l'honneur d'informer le Roi de tout ce que j'ai appris des affaires de Bavière. Comme les derniers avis le marquent, ils pouraient aisément communiquer avec des provinces qui n'attendent que le moment de se soulever pour profiter des secours des Hongrois. Je crois que si le Roi me l'ordonne, l'on pourra trouver ici des routes assez sûres pour écrire aux officiers qui sont à la tête de ce soulèvement général, afin de les encourager. Leurs mouvements ont arrêté la marche des troupes qui descendaient ici au secours de M. le Prince Eugène. Si l'on pou-

vait ainsi les occuper, cela nous donnerait le temps d'exécuter les entreprises qui doivent décider de la guerre d'Italie.«
Oder die Essenz auf deutsch: »Ich werde fortfahren, mit derselben Sparsamkeit die Summen anzuwenden, die der König für die Bayerischen Angelegenheiten aufwenden will.«

Lonato, 19. Dezember.
Vom Feldlager berichtet Prinz Eugen an den Kaiser nach Wien. »Der Aufstand ist das Werk der Franzosen, die alle Aufrührer an unseren Grenzen in Schutz nehmen und stets unterstützen werden, um eine Verbindung mit den ungarischen Empörern herzustellen.
Da die angetragenen Landrekruten nicht nur die Anzahl bei weitem nicht abwerfen, sondern auch die, so bereits im Hereinmarsch begriffen waren, neben dem Osnabrückischen Regiment zur Dämpfung des Aufruhrs in Bayern angehalten worden, wozu ich noch die in Tirol befundenen Rekonvalescirten, wie nicht weniger Dero Obrist F. W. M. von Kriechbaum auf Anhalten dero Administration habe hinausmarschieren lassen, zu geschweigen, daß ich von den drei alten preußischen Bataillonen so auf kurze Zeit in Bayern in die Rastquartiere kommen und sodann hereinmarschieren sollten, die geringste Nachricht habe.«
Einige Tage vorher schon hatte Prinz Eugen drastisch die Situation in Italien geschildert:
»Die meisten Offiziere haben den Sold über 35 Monate ausständig. Das Elend dauert so lange, daß keine Vertröstung mehr verfangen, die Verzweiflung immer mehr anwachsen tut. Ich muß gestehen, daß ich weder mehr zu raten noch zu helfen weiß, inmaßen ohne Geld bei einer solchen Universalnot kein gutes Wort mehr stattfindet und ein rechtes Mirakel ist, daß es

nicht zum Äußersten gekommen. Der es nicht mit Augen sieht, kann unmöglich glauben, in was Elend man hier steckt und wie schmerzlich es einem alterlebten, ehrliebenden Offizier sein muß, wenn er am Leib völlig abgerissen, ohne Bagage wie ein Bettler herumzieht, ja nicht nur keinen warmen Bissen, sondern nicht einmal das liebe Kommißbrot zur Erhaltung seines Lebens von Tag zu Tag richtig haben kann, ich kann die Truppen nicht von Luft erhalten.«

Prinz Eugen bittet den Kaiser, ihn von der Bürde des Oberbefehls zu entheben.

Wien wird darauf nicht eingehen.

Prinz Eugen schildert seine Situation:

»Die Not ist groß, daß zu sieben oder acht Mann von den Schildwachen auf den Vorposten fortlaufen, ohne was aus dem Lager täglich desertiert zu geschweigen, daß einen Tag um den anderen zu 100 und mehr Mann teils an Krankheit, teils aus Abgang an Schuhen, Strümpfen und anderer Leibesmontur bei gegenwärtig eingefallener und anhaltender Kälte wegschicken muß. Ich kann E. K. Maj. im Grund der Wahrheit versichern, daß die Leute aus Abgang Brotes und anderer Lebensmittel also ausgemergelt sind, daß sie bei der geringsten Arbeit vor Schwäche umfallen, ja sich kaum bewegen und gehen können und der arme gemeine Mann mit rohem Kukurutz, Krautstingel und dabei wie ein Vieh sich ernährt, ja sogar die umgefallenen Pferde aufgreift und aus Hungersnot aufzehrt.«

Das ist die militärische Lage des Heiligen Römischen Reiches Deutscher Nation an diesem Tag und die persönliche Situation des großen Prinz Eugen.

Georg Ellgrasser war diese Nacht auf den 19. Dezember in Tölz geblieben. Lange Stunden war er mit Balthasar Riesenber-

ger zusammengesessen. Sie hatten ihre gemeinsamen Erlebnisse aus den Türkenkriegen aufgefrischt. Seit über 20 Jahren hatten sie sich nicht mehr gesehen.
»Die wichtige Konferenz in Angelegenheiten des Landes« in Tölz reaktivierte die beiden.
Erst am späten Samstagnachmittag kommt Ellgrasser auf seinen Hof über Lenggries zurück.

10. KAPITEL

Bayern am Sonntag, dem 20. Dezember 1705

Es ist 23 Uhr in der Nacht vom 19. auf den 20. Dezember. Zwei Reiter sprengen den Tegernsee entlang. Bei der »Wacht« werden sie angehalten und gefragt, was sie wollen.
»Zum Klosterrichter Oberhammer«, sagt der eine. Und auf die Frage, warum mitten in der Nacht, sagt der andere: »Das Tölzer Patent ist da!«
Die beiden Boten aus Tölz werden in die Wehranlage des Klosters eingelassen, galoppieren auf dem Weg zum Haupthaus an einigen Bauernhöfen und Zimmereiwerkstätten vorbei. Pferdehufe und Rufen vor dem Haus des Klosterrichters.
Dr. Oberhammer kommt mit einer Laterne und leuchtet hinaus. »Wir müssen noch weiter. Wir haben nicht viel Zeit. Hier ist das Tölzer Patent!«
Dr. Oberhammer macht den Brief auf, sieht sich das kurfürstliche Siegel an und liest:
»Über das jüngst von unseren Landbeschützern Unterland Bayern ausgegangene Patent hinaus hat man seither in Erfahrung bringen können, daß die kaiserliche Administration in

München die drei ältesten Prinzen aus München wegführen und, wie man vermutet, nach Tyrol bringen will. Dadurch werden wir, unser liebes Vaterland, des letzten Trostes völlig beraubt ...«

Dr. Oberhammer schaut zu den Boten auf: »Und wer schickt euch?«

Der eine sagt: »Der Pflegkommissär Dänkel«, und der andere sagt barsch: »Gegen Renitente wird mit aller Schärfe, mit Feuer und Schwert vorgegangen!«

Der Klosterrichter liest weiter: »... sich also gleich in Angesicht dies, nach Möglichkeit bewaffnet sich zusammenzuziehen und ohne eine Verzögerung sich nach Hohenschäftlarn am 22. dieses laufenden Monats bei anbrechendem Tag mit aller Artillerie und Munition zu begeben. Auch sich auf vier Tage mit Fourage und Brot zu versehen! Actum den 19. Xbris, anno 1705. Chur Bayrische Landts Defension ober Landts.«

Der Klosterrichter Dr. Oberhammer geht zum »Bau« hinüber, wie das große Klostergebäude genannt wird. Zunächst läßt er das Tölzer Patent abschreiben, da die Boten, so sagten sie ihm, den Handbrief weiter ausreiten müssen. Dann geht Oberhammer zum Abt, der aufgeregt reagiert: »Das ist unmöglich, die Tegernseer können sich daran unmöglich beteiligen!«

Unterdessen betreten die zwei Tölzer die Klosterkirche, steigen im Dunkeln die steile Treppe zur Empore hinauf und holen dort die beiden Fronleichnamsfahnen. Während sie diese im Hof aufrollen, kommt Dr. Oberhammer zurück, unterschreibt das Patent und händigt es wieder aus. Die Boten reiten weg. Sie müssen in dieser Nacht noch bis Aibling.

Auch Klosterrichter Oberhammer bricht auf. Abt Quirinus schickt seinen Gerichtsverwalter noch in der Nacht nach Tölz, »um der Sache auf den rechten Grund zu kommen«.

Dr. Oberhammer berichtet: »Dort hat man mich in das Schloß gerufen, und im Beisein eines französischen Offiziers hat mir Leutnant Houys gesagt, daß jeder, bei dem noch ein redlicher bayerischer Blutstropfen aufwallt, mit Gewehr und Landfahnen erscheinen soll. Houys sagte mir, es geht nur auf eine Parade nach München, und es kann leicht sein, daß man gar kein Schuß Pulver braucht.«
Die Patente sind unterwegs. Einige tausend Leute sollen aufgeboten werden.

In München ist in dieser Nacht zum 20. Dezember noch Licht in der Herzog-Max-Burg. Graf Löwenstein diktiert schon wieder einen Brief an Generalleutnant Markgraf Ludwig von Baden. Es ist ein Hilferuf.
»De Wendt, der nur 1700 Mann stark ist, ist aus Sorge, zu schwach zu sein, um dem auf beiden Seiten gegen ihn andringenden, seines Erachtens 12 000 Köpfe starken Bauernschwarm resistieren zu können, abermals von Mühldorf bis Haag zurückgewichen.«
Graf Löwenstein rechnet jetzt mit dem Schlimmsten: »Da nun dieses Bauernvolk, so wie es täglich mehr Land vor sich bringt, also auch in der Zahl wächst, so ist es nicht außer Gefahr, daß es in ein paar Tagen vor den Toren Münchens stehe und daß man dann, da es auf 30 000 und mehr Mann angewachsen sein wird, keinen Bericht mehr werde erstatten können. Man will dies dem Markgrafen in antecessum vorstellen, damit er, wenn ihm keine weitere Correspondenz mehr zugeht, den Ort gewiß für eingesperrt halten und auf dessen baldige Liberation bedacht sein möge. Falls dieses rebellische Bauerngesindel etwa ein anderes tempo und nicht recta vor München gehen, sondern seine Operationen gegen das Rentamt Landshut oder

Straubing wenden, mithin München noch etliche Tage Luft lassen sollte, so zweifelt man nicht, daß der Markgraf so viele Truppen als möglich aufs allerschleunigste anrücken lassen werde, damit wenigstens die Seite gegen den Lech bis München noch mainteniert werden könnte.«
Der Administrator ist verzweifelt. In vertrautem Kreis sagt er es auch: »Diejenigen sind übel informiert, die der Administration beimessen wollen, sie habe nicht rechtzeitig genug oder nicht mit genugsamen Eifer die Rekrutierung angegriffen; es schmerzt mich nicht wenig, daß ich hören muß, daß in Wien allerhand Ausstellungen über mein Tun und Lassen gemacht werden, während ich hier Tag und Nacht arbeite; und ich glaube, mehr die Bezeigung der Zufriedenheit als Beschuldigung verdient zu haben.«
Ist Graf Löwenstein amtsmüde? Man munkelt von Rücktrittsabsichten. Tatsächlich ist der Mann in der Herzog-Max-Burg ein einsamer Mann. Daß er in Bayern keine beliebte Figur abgeben würde, war ihm klar. Aber wie er jetzt von vielen Beamten in den Rentämtern, von seinen Alliierten und von Wien im Stich gelassen wird, das verbittert ihn.
Da regiert er in der Herzog-Max-Burg. Einige Straßen weiter diskutieren Münchner Bürger in Wirtshäusern über den Zeitplan des Aufstands. Und Graf Löwenstein soll dabei als Geisel festgehalten werden.

Sonntagmorgen im Tal, München. Hausbesitzer Johann Georg Kittler steigt die Treppe herunter. Leutnant Fraun kommt ihm entgegen. Seit Wochen ist er bei ihm schon einquartiert: Zwangseinweisung. Leutnant Fraun dient im Osnabrücker Regiment. Es gehört zu den Besatzungstruppen in München.
Kittler scheint sich sicher zu fühlen: »Viel Supp'n werden wir

nicht mehr miteinander essen«, sagt er zu seinem Wohnungsnachbarn.
»Warum nicht?«
»Die Bauern werden bald kommen. Es ist besser, du nimmst Dienst bei denen.«
»Und wenn die Bauern kommen, was soll ich dann tun?« fragt der verdutzte Offizier.
»Ich sperr dich in das Stüblein, in dem du jetzt wohnst; da tut dir kein Mensch was.«
Kittler kommt die Treppe weiter herunter. Leutnant Fraun schaut ihm im Treppenhaus nach, schüttelt den Kopf und betritt dann sein »Stüblein«.
Kittler geht von seinem Haus Nr. 30 zum Haus Nr. 29. Bis auf die Straße hört er die Stimme von Frau Hallmayr: »Wenn du dich weiter in diese schlimmen Händel einmischst, zeig ich dich an!«
Hallmayr kommt schon auf die Straße, oben öffnet sich ein Fenster, Frau Hallmayr schreit weiter. Kittler und Hallmayr gehen zum »Braunbier« in den Franziskaner am Franziskanerkloster.

Zur selben Sonntagmorgenstunde hat Sebastian Senser im Rappeneck an der Sendlinger Gasse Besuch von seinem Freund Sebastian Engelhardt. Die beiden kennen sich von den Tagen, als Senser seinen Arbeitsplatz am Hof hatte. Engelhardt ist Hofkoch in der Residenz. Die beiden reden über das, worüber die ganze Stadt redet: die Prinzenentführung und das aufständische Land.
»Ich weiß schon einen Ort, wo man in die Residenz kommt. Eine einfache Tür beim Hofgarten. Dort gehen auch die Küchenjungen bei der Nacht ein und aus«, bietet sich Engelhardt

als Komplize an. »Da kann man leicht etliche hundert Mann in die Residenz hereinbringen!«
So könnte man die Prinzen vor der Entführung retten, denkt sich Senser. Er hat seinem Freund zu erkennen gegeben, daß er den Verschwörerkreis der Münchner Bürger kennt.
»Kannst mir nicht eine Pistole leihen?« fragt Engelhardt und spielt mit der Pistole, die Senser gerade in Arbeit hat. »Hast auch ein paar Kugeln dafür?«
»Herrgottsakrament!« schreit da Senser. »Da ist er ja, der Schanzenschlüssel vom Einlasser-Maxl, Gott hab ihn selig!«
»Was führst dich denn so auf?« wundert sich Engelhardt.
»Ja, wenn die auf München rücken, dann brauchen die den.«
Senser erklärt seinem Freund, wo ausgerechnet dieser Schlüssel paßt: beim Hofgartenzwinger. Seitdem der Jägerwirt bei ihm war, war ihm dieser Schlüssel nicht aus dem Kopf gegangen. Nur gefunden hatte er ihn nicht. Engelhardt möchte jetzt unbedingt auch den Schanzenschlüssel bekommen.
In diesem Augenblick geht die Tür zum Magazin auf. Die Tochter des Jägerwirts, Bärbel, kommt zusammen mit ihrem kleinen Bruder herein:
»Viele Grüße soll ich von meinem Vater ausrichten, und Sie sollen zum Franziskaner kommen, die anderen sind auch dort.« Senser macht sich gleich fertig.
»Red mal mit dem Jägerwirt, ob ich nicht mitmachen kann.«
Senser verspricht es, und Engelhardt malt sich aus, wie er die Schützen aus Tölz beim Hofgartenzwinger in die Residenz einläßt. Er nimmt den Schanzenschlüssel mit.

Als Senser den Franziskaner betritt, sieht er den Jägerwirt gleich am gewohnten Stammplatz. Mit am Tisch sitzen Kittler und Hallmayr. Senser erfährt Einzelheiten vom Aufstandsplan

und seinem Ablauf, vom Manifest, von den Treffs in Königsdorf und Tölz und daß der Postmeister von Anzing, Hierner, vorgestern beim Postmeister Brix im Tal das Stichwort »Christmette« zugesteckt bekam, als er zum zweiten Mal in München auftauchte.
Senser wird Zeuge der Vorbereitungen für den Tag X. In vier Tagen soll es soweit sein. Morgen schon wollen die Tölzer losmarschieren. Werden die Unterländer zu diesem Termin schon da sein? Hierner wird heute Bescheid geben.
Zusammen gehen die vier Männer am Wirtshaustisch die Namen durch. Senser kann zwei neue dazufügen. Er hat inzwischen mit seinem Untermieter Schmädl geredet. »Die Schüler und Studenten wollen beim Bräuhaus zusammenkommen. Ich werde mich darum kümmern«, sagt Senser und erzählt, daß Josef Anton Schmädl die Klassen des Jesuitengymnasium aufbieten wird. Der Jägerwirt erzählt von seinem Untermieter Anton Passauer, der sich bei seinen Ingolstädter Kommilitonen umgehört hat, die jetzt alle über die Weihnachtsferien in München sind:
»Also die Studenten sollen sich vor dem Weißbräuhaus versammeln.«
»Sollen die Studenten nicht das Kosttor übernehmen?« fragt Kittler.
»Nein«, sagt Jäger, »die sollen sich zuerst vor dem Weißbräuhaus versammeln, dort stoßen die Bräuknechte zu ihnen, und mit dieser Verstärkung gehen sie dann zum Kosttor.«
»Und die Bürger«, sagt Kittler, »kommen hier vor dem Franziskaner zusammen. Da ist das Zeughaus nicht weit.«
»Und die Hofbediensteten?« fragt Hallmayr.
»Die sollen sich vor der Residenz versammeln«, antwortet Jäger.

Namen und Kontaktleute gehen die vier jetzt durch:
Für die Studenten Senser, Passauer, Schmädl. Für die Hofbediensteten: Hayd, Heckenstaller, Hofportier Gärtner, Fourier Johann Georg Däubler, Engelhardt und sein Kollege Kaspar Eckhart. Bei den Bürgern: Brauer Schussmann, Schlichting, Weinberger, Schneider Cäsar, Paucker Michael, Weißbierbraumeister Späth, Weinwirt Josef Rudolf Kaiser, Franz Mader, einige Geistliche, und aus der Au der Radlwirt Karl Anton Daller und Jakob Gelb. Dann die Verbindungsleute zur ehemaligen Bürgerwehr: Oberwachtmeister Soyer und Hauptmann Grass. Listen werden gemacht, Namen abgehakt.
Punkt für Punkt spielen sie den Zeitplan durch:
Das Wasser der Stadtbäche umleiten,
bewaffnete Stützpunkte in der Stadt auf drei Plätzen,
Anrücken um 1 Uhr,
der Weißbierbraumeister Späth öffnet den Kanalzugang am Katzenbach ins Hofbräuhaus,
einschleichen,
Entwaffnung der Soldaten durch die Bürger und Sicherung der Tore,
die eingeschlichenen Schützen fassen Posten,
die Schützen gehen zur Residenz, Stichwort »Pertenstein«,
die Tore werden geöffnet,
das Manifest wird verlesen,
die Administration und die Offiziere werden festgenommen und als Geiseln verwahrt,
Versorgung der Unter- und Oberländer vor den Toren der Stadt durch die Metzger, Bäcker und Wirte.
»Und wenn wir nicht beim Hofbräuhaus hereinkommen«, sagt Senser stolz, »dann können die Schützen beim Hofgartenzwinger herein. Ich habe den Schanzenschlüssel!«

Aber keiner zweifelt an dem festgelegten Ablauf.
Beinahe hätte Jäger einen wichtigen Punkt vergessen: das Signal, von dem sie schon in Königsdorf gesprochen hatten: drei Leuchtraketen auf dem Hause Hallmayr im Tal 29. Das erste Signal bedeutet: Die Oberländer sind da. Das zweite Signal: Die Unterländer sind da. Das dritte Signal: In der Stadt ist alles vorbereitet.
Der Jägerwirt steckt seine Notizen ein.
»Du, Senser«, sagt er, »du hast doch einen Hof in Trudering draußen.«
Senser nickt.
»Du könntest den Kittler dorthin begleiten; denn wenn euch jemand erwischt, dann habt ihr eine gute Ausrede – der Hof.«
Jäger lehnt sich zurück und streckt seine Beine: »In Trudering werdet ihr erfahren, wie es mit den Unterländern steht. Hierner erwartet euch dort. Am besten, ihr macht euch jetzt gleich auf den Weg!«
An diesem Sonntag – so war mit Hierner vereinbart – werden die Unterländer dem Oberland antworten, ob sie in der Heiligen Nacht um ein Uhr vor München sein werden.

Um 13 Uhr reiten Kittler und Senser aus der Stadt Richtung Trudering. Dort warten sie auf den Postmeister Hierner, der ihnen von Anzing entgegenreiten will. Sie müssen lange warten. Hierner kommt nicht. Kittler und Senser kehren nach München zurück.
Die Pfarrgemeinde Neukirchen begeht an diesem Sonntag, dem 20. Dezember, den vierten Advent. In der Sakristei stickt eine Bäuerin an einem dicken Stoff. Pfarrgemeindemitglied Anton Thalhamber hat vor der Sakristei Holz abgeladen und kommt jetzt herein. Er sieht sich die Stickerei an und liest: »Zu

Dir hoffen wir Himmelskönigin«. Thalhamber geht um Fahne und Bäuerin herum und liest auf der anderen Seite des Stoffes: »Churbayrische Oberlands Defension«. Die Bäuerin ist stolz auf ihre Arbeit: »Die hat unser Pfleger Alram gestiftet. Die Muttergottes hat ein Maler aus Aibling gemalt.«
Jetzt kommt auch Balthasar Riesenberger mit seinen Kindern in die Sakristei. Er will ihnen die Fahne zeigen. Verlegen tritt Anton Thalhamber zurück. Thalhamber grüßt den Schmiedbalthes. Pfarrvikar Pater Florentian Haspieder, Subdekan von Weyarn, beobachtet die Szene vom Paramentenschrank der Sakristei aus und muß lachen:
»Der Kurfürst wirkt Wunder. Der Thalhamber und der Schmiedbalthes vertragen sich wieder.«
Thalhamber und Riesenberger verdrücken sich in die Kirche. Die Bäuerin schmunzelt. Die beiden Raufbolde des Orts sind draußen. Im Gasthaus sind sie schon oft aneinandergeraten. Vor Gericht hatten sie schon miteinander zu tun. Pfleger Alram mußte beiden »vier Schilling Strafe diktieren«, wie es in den Ortsbüchern heißt.
Pfleger Alram betritt jetzt die Kirche. Sie ist überfüllt. Es ist ganz still. Jedem ist es peinlich. Denn gestern waren noch 200 aus der Umgebung vor seinem Schloß erschienen und riefen, sie wollten ihre Steuer zurückhaben, und sie wollten überhaupt nichts mehr geben. Als er ihnen zu erkennen gab, daß er ja auf ihrer Seite sei und daß er in Tölz selbst Partei für ihre Sache ergriffen hätte, zogen sie beschämt ab.
Heute sind sie alle in der Kirche. Die Bäuerin kommt mit der Fahne aus der Sakristei und lehnt sie an die Kanzeltreppe. Dann betritt Pfarrer Haspieder den Chor und geht auf die Kanzel.
»Geliebte Gemeinde, die wir uns heute versammelt haben, um

diese Fahne zu weihen.« Dann beginnt er von der Kanzel herab zu politisieren:
»Die einreißenden Bosheiten und Ketzereien in unserem Land müssen ein Ende nehmen. Das Land Bayern muß uns wieder zurückgegeben werden. Wir wollen uns unserer Landesschutzfrau, der Heiligen Maria, anvertrauen.«
Der Pfarrer segnet die Fahne.
»Darum«, so wendet er sich wieder an seine Gemeinde, »beteiligt euch am Aufstand. Die Münchner dürfen wir nicht im Stich lassen. Bei Verlust unserer Seelenseligkeit sind wir schuldig, mit den Tölzern und den anderen Landesdefensoren zu halten. Wir können es sonst nicht verantworten, auch wenn wir wüßten, daß unser Leben dabei in Gefahr gerät. Gott wird uns in dieser gerechten Sache beistehen.«
Dann übergibt Pfarrer Haspieder die Fahne an das Gemeindemitglied Balthasar Riesenberger, Schmied in Bach/Holzolling. Der verdient es, denken die Pfarreimitglieder.
Der war schon in den Türkenkriegen dabei. Der Schmied hebt die Fahne. Alle können sie jetzt sehen: seine Kinder, Pfleger Alram, die Bäuerin und auch Thalhamber.
Als die Messe aus ist und die Pfarrgemeinde sich über den Friedhof verstreut, kommen zwei Reiter an die Friedhofsmauer. Sie rufen nach Pfleger Alram. Das Tölzer Patent ist jetzt auch in Neukirchen eingetroffen. Pfleger Alram: »Es war von einigen Beamten schon unterschrieben. Ich habe meinen Untertanen gleich Kenntnis davon gegeben und andererseits aber auch gleich bei meinem Kollegen, dem Pfleger von Aibling, Baron von Schmidt, nachgefragt, wie er es damit halten würde. Schriftlich hat er mir mitgeteilt, daß er sofort ein Generalaufgebot erlassen hätte, und mündlich ließ er mir mitteilen, daß er selbst auch mitziehen wird.«

400 Mann werden morgen von hier aus den Weg nach München antreten.
An diesem Sonntag verfaßt der Bischof von Freising, Johannes Franz Freiherr von Eckher, ein Hirtenschreiben. Er ermahnt seine »decanos rurales, ihren Pfarrkindern öfters, sowohl von der Kanzel als in anderen Wegen den ihren geistlichen und weltlichen Oberen und Herrschaften schuldigen Gehorsam, sowie die schwere Verantwortung eines allgemeinen Aufstands und die daraus unausbleiblich erfolgende Strafe Gottes vorzutragen.«
Im ganzen Bistum werden öffentliche Andachten abgehalten. Die Beichtväter sind angehalten, ein besonderes Ohr fürs Volk zu haben.
An diesem Sonntag wird in Bayern viel gepredigt. Es ist weniger vom Adveniat des Herrn, auch nicht des Landesherrn, sondern von einem anderen Adveniat die Rede: vom Tag X. Der höchste Kirchentag soll der höchste Tag für das bayerische Volk werden.
Tagebucheintrag an diesem Sonntag, dem 20. Dezember 1705, in Burghausen: »De Wendt soll von Altenmühldorf aufgebrochen und mittags durch Ampfing gegen München marschiert sein. Die Bevollmächtigten der Bauern ließen vormittags 10 Uhr im St. Jakobsgotteshaus bei ausgesetztem hochwürdigsten Gut das Te Deum Laudamus halten, in der Schloßfestung die Stücke dreimal losbrennen; sodann hielten sie unter sich selbst, wozu auch andere eingeladen waren, eine Mahlzeit beim Schattenkirchner und ließen bei dem vorgegangenen Gesundtrinken fast den ganzen Nachmittag aus Feuerrohren schießen.«
Und in Wasserburg predigt Pater Jordan über die Herrschaftsverhältnisse. Das Herz, so erklärt er der Gemeinde, seien die geistlichen Stände. Das Haupt, das sind die Regierenden. Die

Augen, das sind die Lehrer. Die Arme und Hände sind die Künstler und Handwerker. Und die Füße, »die in dem Kot umstampfen«, das sind die Bauern.

In Altötting tragen Chorregent und Musikanten während des Gottesdienstes bayerische Feldzeichen an ihren Hüten.

Und in Wien predigt Abraham a Santa Clara gegen die Abhängigkeit von Grundbesitzern.

»Sie müssen zuweilen Leiden auf sich nehmen, die über das Maß des Erträglichen hinausgehen.«

Er meint die Bauern. Der Hofprediger weiter:

»Die Verwalter, mit denen es das Landvolk zu tun hat, treiben es gar schlimm. Sie scheren die armen Pächter, bis diese sozusagen keine Haare mehr auf dem Kopf haben, kurz: Es sind unmenschliche Gesellen, die jeden, der von ihnen abhängig ist, gleichsam verschlingen, wie ein hungriger Bettler ein Stück Brot.«

Dieser Abraham a Santa Clara karikiert den sozialen und ökonomischen Teufelskreis:

»Man frißt und sauft sich voll und toll,
dem Bauern schert man ab die Woll,
durch Anlag und durch Gabn,
bis letzt der arme Untertan,
samt Bauern und den Edelmann,
kein Kreuzer Geld mehr haben.«

11. Kapitel

Die Aufständischen schaffen ein eigenes Parlament und eine eigene Regierung oder: Montag, der 21. Dezember 1705, in Braunau

»Heute war alles still«, wird Regierungsrat Freiherr von Werndle an diesem Montag, dem 21. Dezember, in sein Tagebuch eintragen. Was Burghausen betrifft, hat er auch recht. Aber nicht, wenn er das Rentamt Burghausen meint.

Hier geschieht heute etwas Sensationelles. Etwas, das weder in der Verfassungsgeschichte noch in der Politischen Wissenschaft und kaum in der Bayerischen Geschichte entsprechend bewertet wird.

Dieser Montag, der 21. Dezember 1705, ist der Höhepunkt der gesamten Aufstandsbewegung. Für diesen Tag ist ein Kongreß nach Braunau zusammengerufen, »wo sich die Abgeordneten der vier Stände befinden« – wie der Tagebuchchronist Werndle bezeugt.

Das gab es bisher in der Geschichte des Heiligen Römischen Reiches Deutscher Nation noch nicht: einen vierten Stand. Dieser Vierte Stand fordert sein Recht und will in dem Staatsaufbau ein Wort mitreden. Dort sind bisher nur drei Stände

vorgesehen: Adel, Geistlichkeit und Städte – eine Minderheit gegenüber der erdrückenden Mehrheit der Landbevölkerung. Ungeahnte Möglichkeiten repräsentativer und plebiszitärer Demokratie tun sich in dem kleinen Rentamt Burghausen auf, ohne daß sich die Betroffenen über die umwälzende Bedeutung dieses Schrittes klar sind; schließlich gibt es keine Vergleichsmöglichkeiten. Was hier in den nächsten Tagen geschieht, geht seiner Zeit weit voraus:
Einer der interessantesten Beiträge Bayerns für die europäische Verfassungsgeschichte, auch wenn dieser Beitrag nur knapp einen Monat lang zum Tragen kommt.
Dieses Produkt des bayerischen Volksaufstands von 1705 auf 1706 ist in seiner Einzigartigkeit zu sehen neben den flankierenden militärisch-operativen Befreiungsplänen.
Was war das für ein Kongreß? Wie kam er zustande? Wo und wie tagt er? Was will er erreichen? Will eine revolutionäre Bewegung eine staatliche Organisationsform, und wie sieht der Alltag dieses Kongresses aus? Wer sind seine Hauptfiguren? Zeugen der Zeit sollen die Situation authentisch wiedergeben.
Freiherr von Prielmayr kann zunächst in Burghausen die Entwicklung aus nächster Nähe beobachten: »Die Bauern und Bürger begehrten damals positive, sie wollten einen Kongreß zu Braunau haben.« Und weiter: »An einem Freitag, den 18. Dezember, kamen eine große Menge Bauern auf offener Straße auf mich zu und brachten vor, die Sache tue nicht mehr gut; daß zwischen der Burghauser Gemeinde und der Braunauer eine Einigkeit gemacht werden müsse. Man müsse Deputierte von allen Gerichten zusammenkommen lassen, damit sie nicht mehr leugnen könnten, was sie versprochen hätten. Es sei nötig, daß sie sich miteinander vereinigten. Er, Prielmayr, solle mit ihnen hinunterziehen; es müßten aber mehr andere Herren

und gescheitere Leute aus allen Gerichten dabei sein, die das Werk verstünden und es einander vorbrächten und die sich nicht von der Gemeinde entzögen.«
Prielmayr fragt die Bürger und Bauern, die ihn umringen: »Wie wollt ihr denn eure Sache eingerichtet haben?«
Einhellige Antwort: »Es muß eine Gleichheit sein.«
Dahinter steckt die Arbeit des Kriegskommissars der Landesdefension, Plinganser. Mit solchen »spontanen« Konfrontationen versucht er, auf die Politik des Rentamts institutionellen Einfluß zu nehmen, wenigstens durch den Druck der Massen.
Kommandant Alois Jehle von Braunau ist nach seinem erfolgreichen operativen Griff nach Neu- und Altötting gerade in Burghausen. Prielmayr beugt sich dem Druck der Straße.
Jehle: »Ja, Prielmayr hat mir den Auftrag gegeben, von Mattighofen, Mauerkirchen und Schärding von den vier Ständen je einen nach Braunau zu beschreiben.« Solche »Zirkelschreiben« an diese und andere Orte lauten dann:
»Sonders vielgeehrter Herr,
nachdem . . . das kaiserliche Corps unter dem Obristen de Wendt aus diesem unteren Rentamt Burghausen vertrieben, ist hierauf auf morgen ein großer Kriegsrat über einige gewisse Umstände angesetzt worden. Aus jedem Gericht dieses Rentamts soll ein Begüterter vom Adel, ein Pfarrherr, ein Bürger und ein Bauersmann beiwohnen und zwar jeder anstatt und in Namen der übrigen im Gericht. Auch Deputierte von der Regierung Burghausen werden erscheinen.
P. S. Das Erscheinen ist bei hoher Strafe auf den 21. dieses Monats festgesetzt.
Johann Aloysius Jelli, Obrister und Commandant zu Braunau.«
So also hatten die Vorbereitungen zu diesem Kongreß begon-

nen. Aus jedem Gericht des Rentamts wird einer vom Adel, ein Pfarrer, ein Bürger und ein Bauer »anstatt und in Namen« seines Standes seinen Gerichtsbezirk vertreten.
Als Vertreter der Regierung Burghausen wird Freiherr von Prielmayr mit deren Segen nach Braunau abgeordnet: »Zur Begleichung aller Uneinigkeit und Einführung eines besseren Reglements.« Als zweiter Regierungsvertreter geht Rentmeister von Widmann zu dem Kongreß. Aus Burghausen kommen weitere Abgeordnete: als Vertreter des Magistrats der Wirt Paulus Hartinger, als Bürgervertreter der Seiler Franz Platianer – und der Bauer Nagelstätter. Wie auch in anderen Bezirken schicken die Geistlichen keinen Vertreter.
Prielmayr ist schon in Braunau eingetroffen und wohnt beim dortigen Bürgermeister Dünhart.
Augenzeuge Hartinger: »Am Abend unserer Ankunft fragten wir gleich bei Prielmayr, was wir zu tun haben. Er sagte, wir sollen am andern Tag zum Kongreß kommen; wir würden es dort schon hören. Am nächsten Morgen fanden wir uns wieder bei ihm ein, wiederholten unsere Frage und erhielten die gleiche Antwort.«
Plinganser wohnt ebenso wie Prielmayr beim Bürgermeister: »In der Früh kamen viele Bauern von Burghausen und vielleicht auch von Braunau und redeten mit ihm.«
Prielmayr: »Der Seiler hatte Punkte in der Hand und gab sie mir zu lesen. Es waren neun oder elf Punkte. Er produzierte sie mit den Worten, hier seien Punkte, die die Gemeinde resolviert wissen wolle.«
Hartinger: »Ich ging dann ad locum congressus, wo ich aber noch niemanden antraf. Ich ging dann zu den Kapuzinern in die Kirche und nach der Messe in das Kongreßhaus. Da waren nun schon alle beisammen. Den dicken Seiler traf ich da mit

geschriebenen Punkten.« Mathias Mertinger, Mitglied des Rats von Braunau und Geschäftsmann: »Es mögen in allem wohl 150 Leute gewesen sein.«
Der Kongreß tagt im Saal des Gasthofs Breuninger. Er gehört dem Freiherrn von Baumgarten.
Die konstituierende Sitzung beginnt. Sie ist öffentlich, jeder hat Zutritt.
Prielmayr: »Ich eröffnete das desiderium der Burghauser Gemeinde. Die Braunauer schwätzten darein, man müsse verständige Leute haben, die die Sache beständig führen. Die Mauerkirchner verlangten den von Aham, die Schärdinger den von Leyden, die Braunauer den von Baumgarten und die Burghauser den Rentmeister Widmann und mich.«

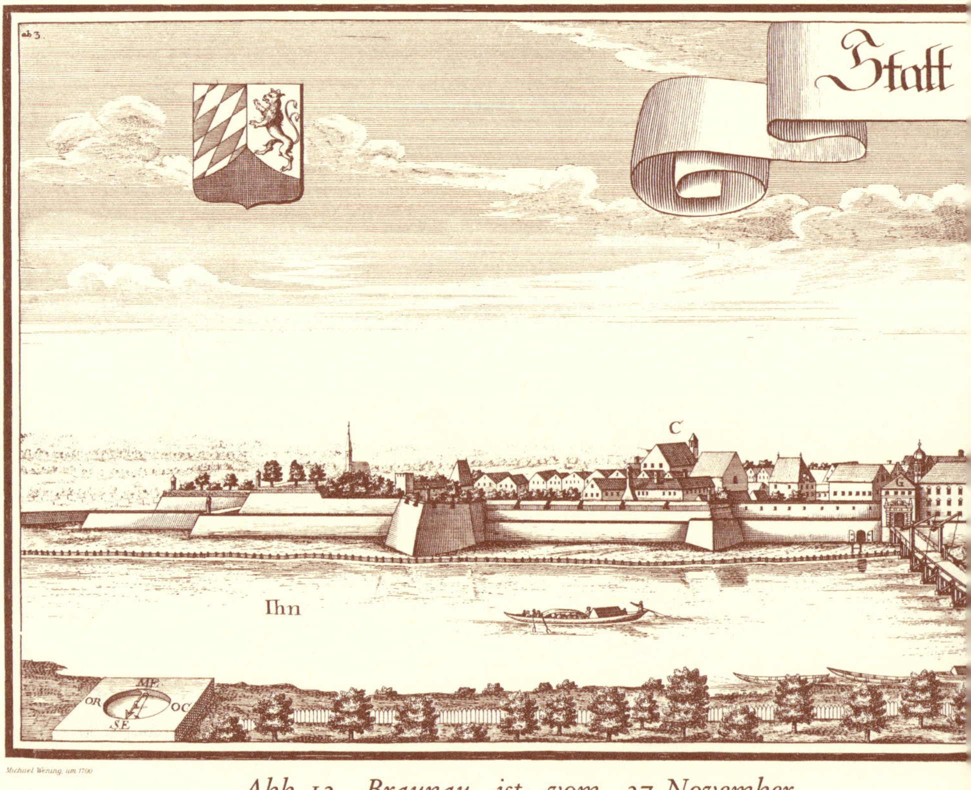

Michael Wening, um 1700

Abb. 12 Braunau ist vom 27. November 1705 bis 13. Januar 1706 in der Hand der Auf-

Diese fünf bilden das »Direktorium«. An seiner Spitze steht als »Präsident« Freiherr von Baumgarten, der Hausherr des Gasthofs.
Graf von Aham: »Baumgarten führte die Hauptdirektion, machte die Einteilung der Geldanlagen und nahm sich der Aufrichtung der Regimenter an.«
Adelige stehen der kurbayerischen Landesdefension jetzt vor. Einer der ersten Tagesordnungspunkte wird die Frage der weiteren Kriegsführung und wer die militärische Führung übernimmt. Augenzeuge Mertinger: »Darüber nahmen die Bauern einen Abtritt, beredeten sich und schlugen d'Ocfort vor.« Oberst Ludwig Karl Baron d'Ocfort wird also General und Kriegsminister im Direktorium, das jetzt aus sechs Mitgliedern

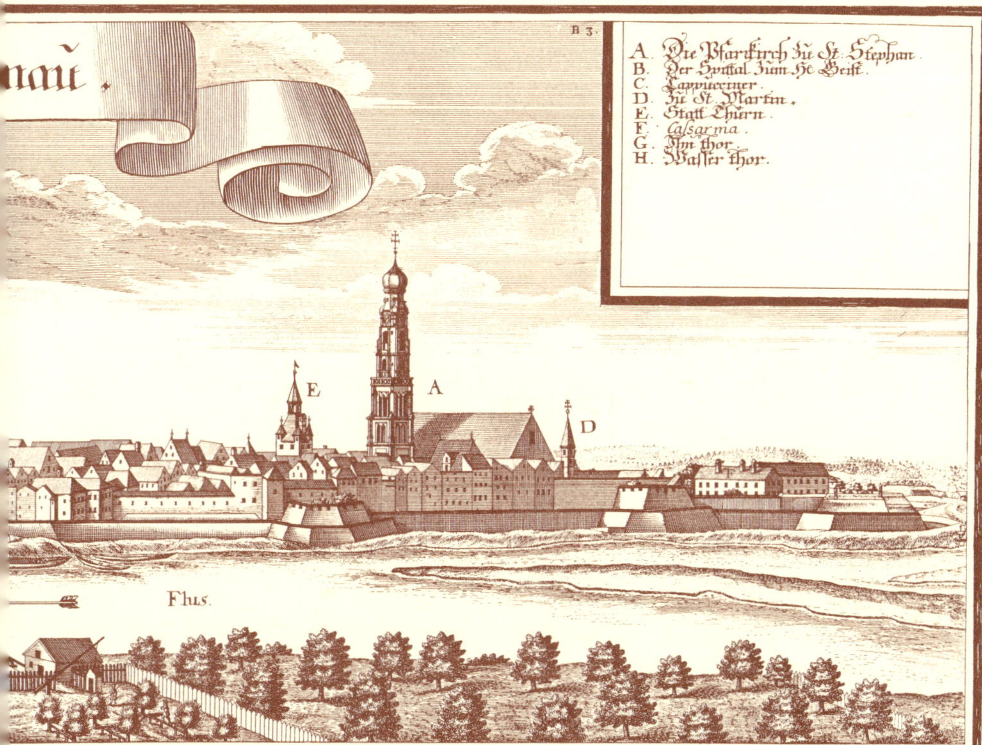

ständischen und wird zum Sitz des bayerischen Parlaments. Michael Wening um 1700

besteht. Der bisherige Kriegskommissar Plinganser muß seine Funktion an diesen Kriegsdirektor abgeben und wird Sekretär beim Kongreß. Sein offizieller Titel: »Sekretär der Kriegsdirektion und Protokollführer der Landesdefension«. Ist Plinganser entmachtet? Zu Beginn der Sitzung sieht es so aus. Vor allem, als er den Marsch nach München vorantreibt und Prielmayr seinen Gegner Plinganser anfährt: »Man hat ihm noch nicht das Wort erteilt! In welchem Auftrag stellen Sie eigentlich solche Anträge?«

Doch der strategische Gesamtplan des Universalaufstands, die Befreiung Münchens, bleibt unangetastet. Der bisherige militärische Führer Hoffmann behält das Kommando über die in Richtung München marschierende Landesdefension.

Plinganser über die Sitzungsordnung des Kongresses: »Täglich um 9 Uhr früh und um 3 Uhr nachmittags wurde Kongreß gehalten. Die Herren saßen an dem Tisch, die Gemein stand im Zimmer. Diese brachte ihr Verlangen mündlich, zuweilen auch schriftlich vor. Die Herren faßten darüber gleich das conclusum ab oder ließen, wenn die Sache erheblich war und Überlegung erforderte, die Gemeinde abtreten und trugen ihre Meinung zusammen, die dann der wieder vorgeforderten Gemeinde eröffnet wurde. Sie ließ es entweder dabei oder sie tat, wenn es ihr nicht gefiel, ihre Gegenerinnerung. Dies war anfangs der methodus. Beim Kongreß wurden militaria und oeconomica vorgetragen. Die Aufstellung der Regimenter wurde gleich beim ersten Antrag des Kongresses aus den von Prielmayr vorgetragenen Punkten resolviert.«

Im Rentamt Burghausen soll jetzt sogar »ein beständiger Soldat aufgestellt« werden.

Offizieller Sprecher der Bauern-Fraktion ist Andreas Thanner, ein Kupferschmied aus Braunau: »Alle Bauern setzen auf die

zum Kongreß Erwählten das Vertrauen, daß sie sich des lieben Vaterlandes annehmen«, sagt Thanner.
Dieser Kongreß wird nach dem Bericht eines Passauer Amtmanns »das Parlament« genannt: »So nennen es die Baiern.« In parlamentarischen Usancen ist man noch nicht geübt, bestätigt Plinganser: »Die Propositionen und die Antworten gingen wie in einer Judenschule durcheinander.« Auch wenn nur die Direktoren allein zusammensitzen. Präsident von Baumgarten: »Auch zu dieser Zeit redete, proponierte und interloquierte jeder, wann er wollte.«
Selbst Mißtrauen bestimmt das Klima zwischen Regierungsbank und Plenum: Das Parlament achtet genau darauf, daß die Herren des Direktoriums die Beschlüsse in seinem Sinne formulieren und ausführen. Plinganser: »Die Herren ließen ihre Intentionen vor mir nicht merken. Sie redeten verschiedentlich französisch vor mir, was ich nicht verstand. Dies erweckte auch eine Jalousie unter der Gemeinde. Öffentlich redete man zwar nicht davon, aber man murrte davon so viel in der Stille und gab es mit Zeichen zu erkennen, daß, wenn die Sachen besser von statten gegangen wären und die Kaiserlichen das Land hätten quittieren müssen, die Herren beim Kongreß das Land unter die Verwaltung genommen hätten, nicht zwar in eigenem Namen, sondern man würde etwa den Kurprinzen als Regenten deklariert oder sonst etwas dergleichen getan haben. Man gab schon den Regimentern besondere Namen; das eine wurde Leibregiment, das andere Kurprinz, das dritte Prinz Philipp genannt, wohl in der Meinung, daß sie für die streiten würden, deren Namen sie führten.«
Plinganser gerät bei diesem Punkt mit Prielmayr in einen Wortwechsel. Die Diskussion zeigt, daß es Plinganser weniger um die Restauration staatlicher Ordnung geht. Er berichtet:

»Prielmayr regte an, der Kurfürst sei Oberherr, sie dienten dem Kurfürsten. Ich antwortete, meiner und der Bauernschaft Meinung nach geht es um nichts anderes als um Verringerung der Steuern; der Kaiser sei dermalen Herr.«
Auch Hohn bestimmt eben den parlamentarischen Alltag in Braunau; denn die Aufständischen verlangen nicht mehr nur die Einstellung der Rekrutenaushebung, die Minderung der Steuerlast und das Ende der Truppenexzesse.
Die Aufständischen setzen politische Ziele in die Tat um. Sie geben sich als rechtmäßige Vertreter ihres Landes gegenüber Kaiser und Reich. Eine revolutionäre Bewegung legalisiert sich. Im Gegensatz zu Prielmayr lehnt Plinganser im Plenum eine Fühlungnahme mit dem Kurfürsten in Brüssel ab und setzt sich damit durch.
Wie aber denken die Leute, die hinter Plinganser stehen?
Metzgersohn Pixl, der bei der Befreiung Kelheims dabei war: »Der Kurfürst hat das Land verspielt, die Landschaft hat es vergeben, anjetzo aber müssen sie, id est die Rebellen, wiederum gewinnen.«
Ein anderer Aufständischer: »Bald werden wir selbst Herr sein und keinen Regenten anerkennen!«
Oder eine Stimme aus Burghausen: »Euch Kaiserliche werden wir aus den Quartieren stauben, Adelige und Geistliche umbringen und das Land wieder in souveränen Stand setzen!«
Oder der in Braunau verhaftete bisherige kaiserliche Ortskommandant, Graf Tattenbach, berichtet, was er gehört hatte: »Was Kurfürst – er hat uns verlassen. Wir wollen ihn auch verlassen.«
Und Johann Atzenberger, Verwalter der Ortenburgischen Hofmark Neudeck, meldet: »Die Erhebung geschah nicht zur Landesdefension, sondern es war dabei auf die völlige Kassie-

rung des bisherigen Landesfürstlichen Regiments und auf Einführung einer freien Republik abgesehen. Die Bauern wollten hinfür selbst Herren und freie Stände sein.« Und tatsächlich ist die Befürchtung verbreitet, daß es gar nicht mehr um den Kurfürsten geht. Schließlich läßt der Kurfürst selbst über Spione in Bayern recherchieren, ob die Aufständischen »ein freies Land« machen wollten, etwa wie die Schweiz.
Regierungsrat Holzhauser sagt später: »Die Bauern wollten keine Rebellen sein und weil sie besorgten, man werde sie im ganzen Reich für Rebellen halten, verfielen sie endlich dahin, ihre Beschwerden beim Reichskonvent anzubringen, um zu zeigen, daß sie keine Rebellen seien.« Augenzeuge Hans Georg Settelmayr, 33: »Man wird in Bayern Volk aufrichten und zum Reich geben, wie andere Landstände.«
Sie praktizieren Volkssouveränität und definieren ihre politischen Ziele, wie es Plinganser schon am 22. November getan hat: »Wiederherstellung unserer Freiheit« und »Wiederherstellung der Selbständigkeit Bayerns.« Das Wort Plingansers: »Der Kaiser sei dermalen Herr« zeigt ab jetzt eher die Zielrichtung gegen den Kurfürsten als gegen den Kaiser. Er will zwar die Besatzungsmacht loswerden, doch ein selbständiges Bayern sieht Plinganser ohne Kurfürst und innerhalb des Reichsverbands als ein freies Land.
Wien interessiert sich stark für das Parlament in Braunau. Viele Fragen werden von dort später gestellt: »War nicht die Intention, auch die anderen Rentämter in diese Rebellion zu ziehen und sich als Landesregenten aufzuwerfen?«
In Braunau will man die Rebellenrolle ablegen.
Noch ein zweiter Tagungsordnungspunkt illustriert die Fronten in diesem Parlament. Dem Plinganser traute man »wegen seines Anhangs an die Bauern nicht«, so Präsident von Baum-

garten. Außerdem will das Direktorium nicht zwischen zwei Stühlen sitzen: hier offizielle Regierung in Burghausen und dort das Parlament in Braunau. Also arbeitet das Direktorium darauf hin, daß die Regierungsbehörde des Rentamts Burghausen die verabschiedeten Punkte und Beschlüsse »der in Braunau versammelten Abgeordneten der vier Stände des Rentamts« auch mitverantwortet. Direktionsmitglied von Aham: »Um nun zu zeigen, daß die membra congressus die Sache nicht nach ihren Köpfen allein dirigieren wollten, richteten sie es selbst dahin, daß sie von der Regierung dependieren sollten und alles, was geschehe, von dieser mit angeordnet werde.«

Die Beschlüsse der vier Stände sollen dadurch die Autorität eines Regierungsbeschlusses bekommen: Die Beamten des Rentamts sollen die Beschlüsse auch ausführen. Hintergedanke des Direktoriums dabei ist, »die Bauern wieder in ihr devoir zu bringen«, wie Baumgarten meint. Und Regierungsrat von Hagenau: »Darin bestand eben der Bauern Fatalität, daß sie heute umstießen, was sie gestern bewilligt hatten.«

Versuche, eine plebiszitäre Bewegung in eine repräsentative Norm zu bringen. Auch Regierungsrat Leitner jammert: »Der Kongreß geht zu weit und scheint über die Befehle der Regierung zu wollen.«

Das aber ist genau der Hintergedanke Plingansers: Der Regierungsapparat des Rentamts soll dem Kongreß untergeordnet werden. Prielmayr über diesen Punkt 2 der Debatte: »Bei der Konsultation und Resolution sind verschiedene Hitzigkeiten wider die Regierung hervorgebrochen, die mehr zum Üblen als zum Guten ausschlagen dürften.«

Machtkampf hinter den Kulissen des Gasthofs Breuninger.

An diesem 21. Dezember verabschieden die »Versammelten Abgeordneten von den vier Ständen des Rentamt Burghausens« vier wichtige Punkte und schicken sie zur umgehenden Stellungnahme an die Rentamtsregierung in Burghausen:

1. Remilitarisierung aller »vormals in kurfürstlichen Diensten gestandenen Offiziere, damit sie die gestellten Burschen in eine rechte Kriegsform setzen«.
2. Die anderen drei Rentämter sind zur Finanzierung der Landesdefension aufzufordern.
3. Die Regierung soll »wie vormals unter dem Kurfürsten, so auch bei den jetzigen Conjunkturen und wie sie es der Landesdefension geschworen haben, guberniren«.
4. Die Aufforderung, das vom Kongreß geschaffene Direktorium anzuerkennen.

Die Rentamtsregierung in Burghausen reagiert schnell. Die Aufrüstung will sie unterstützen. Das heißt: Der Krieg geht weiter, von Waffenstillstand keine Rede mehr. Der Beamtenapparat ist bereit, sich den Beschlüssen des Kongresses zu fügen und sie zu sanktionieren. Die politische Initiative tritt die Regierung des Rentamts an den Kongreß ab, indem sie sein Direktorium anerkennt. Nur in Punkt 3 macht die Rentamtsregierung Schwierigkeiten. Sie gibt zu bedenken, »daß, weil erstens eine Regierung der anderen nicht subordiniert, zweitens die Kaiserlichen noch nicht aller Orten evacuiert« sind, könne man hier nicht dem Wunsch des Kongresses entsprechen.

Braunau und seine politische Linie setzt sich durch. Die Beamten wollen dem Parlament »an die Hand gehen«, und sie wollen »eine ordentliche Miliz« zusammenbringen. Braunau wird zum politischen Aktionszentrum. Dieser Ort wird genau kontrolliert. Niemand kann in die oder aus der Stadt, der nicht vorher angemeldet ist. Die aus- und eingehenden Briefe werden geöffnet. So sehr die Aufständischen diesen Ort im Griff haben, so unübersichtlich sind die Nachrichten und Gerüchte in den Gassen. Mal spricht man von einer Unterstützung durch den Kurfürsten, mal heißt es, die ungarischen Rebellen seien schon auf dem Weg nach Bayern. Man spricht von Plänen, wie sie weiter einen Ort nach dem anderen einnehmen könnten. Es kommen Sympathisanten von überall her. Sie bringen gute und schlechte Nachrichten. So berichten zwei Kelheimer Bürger im Parlament, ihre »Stadt sei wieder an die Kaiserlichen übergegangen«.

Kelheim also ist wieder verloren. Aber dafür ist man jetzt in Kraiburg, in Neu- und Altötting, sagen die Leute vor dem Gasthof Breuninger.

Sie reden von unmittelbar bevorstehenden Aufständen im Bayerischen Wald und in der Oberpfalz. Die baldige Befreiung Münchens fasziniert am meisten. Manche Besserwisser behaupten, die Stadt sei schon in der Hand der Aufständischen. Auch das Gerücht von einer Entführung der Prinzen ist bis hierher gedrungen.

Kuriere und Boten sprengen durch die Stadt und tragen zur Nervosität ihrer Bewohner bei.

An diesem 21. Dezember 1705 beginnt es zu schneien. Schneestürme kommen auf zwischen Braunau, Anzing und Tölz.

An dem Tag, an dem der Landesdefensionskongreß in Braunau seine ersten Beschlüsse faßt, an diesem 21. Dezember, schreibt ein amtsmüder Administrator an einen amtsmüden Prinzen Eugen über die Lage im Besatzungsland Bayern. Das Ganze sei »in eine solche Weitläufigkeit zerfallen«, daß den Besatzungsbehörden ein Überblick nicht mehr möglich ist. In München merkt man, daß es nicht nur um das Rentamt Burghausen geht. »Es wird sich dann ungezweifelt das ganze obere Bayern längs des Gebirges zu ihrem Haufen schlagen, wozu sie von den

Tumultuanten durch Patente bereits invitiert worden sind; sie können alsdann, wenn sie wollen, München alle Communication und Subsistenz nehmen und verhindern, daß der etwa aus Tirol kommende Succurs eintreffe und sich mit den hier stehenden Truppen conjungiere. Auf die preußische Cavallerie ist kein Conto zu machen.«

Was ist in diesen sechs Tagen nicht alles passiert. Seit dem Tag, dem 15. also, an dem Postmeister Franz Kaspar Hierner aus Anzing nach München gekommen war und an dem Kriegskommissar Matthias Ägidius Fuchs von Tölz aus nach Braunau signalisierte: »Alles vorbereitet«. Gewiß, zunächst zwei unbedeutende Kommunikationswege in einer aussichtslosen Zeit. Aber diese Zeit scheint plötzlich Sprünge zu machen.
Das befreite Rentamt Burghausen geht jetzt in die fünfte Woche. Einen zweiten Monat werden sich die Aufständischen halten können.
Die nächsten Tage und Stunden werden die Entwicklungslinien zum Höhepunkt führen. Halten wir diese kurz an, um Tendenzen und Trends zu kennzeichnen, um zu ermessen, was dann passiert. Und auch, um die unheimliche geschichtliche Stille zu begreifen, die Tausende von Menschen umgibt und mindestens drei Generationen prägen wird.

Man darf nicht vergessen, welches Unterfangen ein Aufstand zur damaligen Zeit ist. Erstens wegen der Besatzungstruppen, zweitens wegen der Isolation der auf dem Lande Lebenden – eine Welt, die das Wort Kommunikation nur als Nachbarschaft verstehen würde, und oft nicht einmal das. Und drittens verbietet absolutistisches Staatsverständnis das Wort Freiheit. Es gibt eben nur Untertanen.

Ausgerechnet dieser Aufstandsbewegung gelingt es, sich über die damaligen Verwaltungseinheiten hinaus zu organisieren. Immerhin über Strecken, die allein von der Kilometerzahl her beachtlich sind.
Der Aufstand ist inzwischen weit über Selbsthilfe hinausgewachsen. Er läßt die zweite Phase der Guerillataktik hinter sich und will »eine ordentliche Miliz« – wie es die Beamten des Rentamts in Burghausen formulieren.
Noch mehr: Diese Aufstandsbewegung gibt sich obendrein noch eine politische Führung. Die Dissonanzen innerhalb dieser politischen Führungsgremien sind lediglich ein Streit zwischen der Fraktion der Falken und der Fraktion der Tauben. Zum Bruch dieser Fraktionen kommt es nie – nur zu Belastungsproben. Das spricht für den Realitätssinn und den Integrationswert der politisch handelnden Figuren. Die militärische Strategie versteht sich vor dem Hintergrund der politischen Entwicklung. Erst die politischen Ziele machen den Marsch nach München verständlich.

Die Chancen für die Befreiung der Hauptstadt sind groß. Was aber würde danach passieren?
Zunächst wären die Verbindungswege zur Armee Prinz Eugen abgeschnitten. Kein Nachschub, keine Rekruten – die Armee würde ausgehungert.
Dann könnte Wien den Einmarsch fremder Truppen nach Bayern anordnen, vorausgesetzt, die alliierte Hilfestellung würde diesmal funktionieren. Vor diesem Schritt schreckte Wien bisher zurück. Man weiß dort, daß die große Auseinandersetzung dann erst recht losgehen wird. Schließlich hat dieser Volkskrieg in Bayern jetzt schon 30 000 Menschen mobilisiert. In den nächsten Tagen rechnet man mit 40 000. Diese Wider-

standsbewegung hätte dann noch mehr Menschen auf die Beine gebracht. Ob Frankreich daraufhin den Kriegsschauplatz wieder nach Bayern verlegt? Wird dieser Krieg dann hier entschieden?

Vielleicht zugunsten Frankreichs und damit zugunsten des Kurfürsten. Welchen Platz wird der Kurfürst in dieser neuen Konstellation einnehmen? Max Emanuel könnte statt seiner Weltmachts-Träume wenigstens europäische Träume realisieren. Er könnte sich das Versprechen des Sonnenkönigs einlösen, Kaiser in Wien zu werden. Oder auch König in Polen oder in Ungarn – beides war ihm angeboten worden. Frankreich wäre es dann gelungen, das Habsburgerreich in seine Einflußzone zu ziehen. Wien via München als Partner von Paris. Diese mitteleuropäische Interessenverflechtung wird aber erst ein Jahrhundert später stattfinden. Erst durch die Revolution von 1789 gelingt es Paris, die politische Initiative in Europa an sich zu reißen. Die patriotischen Bewegungen geben dann dem Reich den Rest. Erst Napoleon wird Bayern zum Königreich machen.

Es ist die Zeit, in der einzelne Kurfürsten versuchen, sich mittels einer Königskrone vom Kaiser zu emanzipieren.

Der Kaiser in Wien kann gar nicht ahnen, welchen historischen Fehler er begeht, als er ausgerechnet den protestantischen Brandenburger Kurfürsten 1701 zum König in Preußen macht. »König« – diesen Titel hätte der katholische Kurfürst Max Emanuel gern als Belohnung für die Rettung des christlichen Abendlands gehabt. Er wäre in diesem Krieg dann kaum auf die Seite Frankreichs eingeschwenkt. Der preußische König wird bald zum »Soldatenkönig«. Der bayerische König wäre ein »Blauer König« geblieben.

Potsdam und Wien – jeder kennt die Geschichte der Jahre 1848

bis 1866 und die Phasen, in denen ein Vakuum in Mitteleuropa ausgefüllt werden wird. Preußen wurde das Modell dafür, wie das erschöpfte Deutschland wieder in die europäische Geschichte hineingeführt wurde. Welche Rolle wird das befreite Bayern in den Augen des Kurfürsten spielen?
Max Emanuel würde sich nicht mehr und nicht weniger als vorher um Bayern kümmern. Es zeigt sich später, daß er es sogar gegen andere europäische Provinzen eintauschen will. Es ist anzunehmen, daß er den Dingen ihren Lauf gelassen hätte. Absolutismus konnte sich in Bayern nie so durchsetzen wie zum Beispiel in Preußen oder Österreich. Welche Chancen hätte dann eine von Braunau nach München verlegte gesamtbayerische Regierung?
Dieser Volkskrieg ist nicht mit dem Ziel geführt worden, den Kurfürsten wieder ins Land zu bringen. Max Emanuel hätte das Vorgefallene nicht außer acht lassen können. Der Historiker Max Spindler sieht mit dem Blick auf die Ereignisse im Rentamt Burghausen den »Keim einer unabhängigen bayerischen Regierung«. Aus kurfürstlichem Desinteresse hätte sie einige Zeit eine Überlebenschance gehabt.
Aber welche Chancen hätte das neue Gebilde: der vierte Stand? Der Absolutismus drängte den bisherigen Ständestaat zurück. Als Einheitsstaat schafft er erst die Voraussetzungen für egalitäre Entwicklungen.
Diesem absolutistischen Modell wird zum ersten Mal ein demokratisches entgegengesetzt: statt Staatsräson die Generalnorm, repräsentiert durch ein Parlament. Statt Arkanverhalten Öffentlichkeit, repräsentiert durch den Druck von der Straße. Statt Machtkonzentration auf eine Person Kontrolle durch Diskussion.
Ein Herrschaftsmodell transformiert sich.

Das Beispiel von Braunau hätte Schule machen können. Bayern hätte zu einem Modell einer neuen Staats- und Gesellschaftsform werden können: ein neues bayerisches Staatsgefühl, das sich von der dynastischen Idee entfernt.
Die Sprengkraft einer solchen Entwicklung wäre kaum auszudenken. Diese Form hätte die organisatorisch überalterte Struktur der Reichsstände auf der Reichsebene zusammenbrechen lassen und eine andere Entwicklung der Demokratie fördern können.
Man darf nicht vergessen, daß ja die demokratische Entwicklung in Deutschland früh begonnen und sich von unten nach oben entwickelt hatte: Die städtische Freiheit setzte die Selbstverwaltung der Bürger voraus. Hier hätte eine konsolidierende Weiterentwicklung vom dritten zum vierten Stand ansetzen können.
Zum ersten Mal wäre dann in einem ganz Land die Mehrheit der Bevölkerung von der politischen Willensbildung nicht völlig ausgeschlossen gewesen.
Wenn sich jetzt das Volk in den nächsten Tagen in Marsch nach München setzt, muß man eines beachten:
Der Volkskrieg 1705 auf 1706 ist kein Bauernkrieg. Nach dem Massaker gelingt es der Besatzungsmacht für Jahrhunderte, die Bedeutung dieses Volksaufstands propagandistisch herunterzuspielen. Dieser Volkskrieg, diese »Levée en masse« umfaßt alle gesellschaftlichen Schichten: Schüler, Studenten, Beamte, Adelige, Handwerker, Kaufleute, Bürger, Soldaten, Taglöhner und eben auch die bäuerliche Bevölkerung. So wie die Gesellschaft damals strukturiert ist, ist die Mehrheit der Bevölkerung im agrarischen Sektor tätig.
Der Kaiser persönlich spricht in einem vertraulichen Brief an den Administrator am letzten Tag des Jahres 1705 diesen Punkt

an. »Wir verspüren dabei aus allen Umständen, daß in diesem Aufstand mehr andere Leute als das bloße Bauernvolk verwickelt sind. Es geht dies klar aus dem hin und wieder im Oberland Baierns verkündeten nachdrücklichen und boshaften Patent hervor.«
Das macht die nächsten Tage so gefährlich. Eine ohnmächtige Besatzungsmacht starrt auf den Tag X. Auf das Losbrechen des Bayern-Aufstands.

12. Kapitel

Derselbe Montag, der 21. Dezember 1705, im südlichen Bayern

Aufgebotene der Landfahne versammeln sich vor der Pestkapelle in Gmund/Tegernsee. Bauern kommen hinzu. »Wo soll's denn hingehen?« fragt einer.
»Auf Minga« und meint damit München.
»Das trifft sich gut, da muß ich sowieso mal hin«, antwortet Melchior Höß. Es ist der Ort, wo er auch sterben wird.
»Und was machen wir dort?« fragt ein anderer.
»München befreien!«
Amtmann Bartholomäus Floßmann war heute nacht von einem Boten aus Tölz geweckt worden. Noch einmal hat man ihm einen Aufgebotszettel in die Hand gedrückt, nachdem doch schon Dr. Oberhammer vom Kloster Tegernsee alles ausgerichtet hatte.
Floßmann liest seinen Leuten das Patent aus Tölz vor: »Amtmann, gleich wenn du dies siehst, hast du die jungen Leute und Schützen bei Leib und Leben aufzubieten, daß sie sich gleich reisefertig machen. Es ist nicht die Absicht, daß man sie auf die Fleischbank führen wird, sondern um die Prinzen in München

und das liebe Vaterland zu erhalten. Wer sich widersetzen sollte, der sehe sich vor, daß sein Haus nicht in Brand gesteckt wird. Morgen früh komme ich sonst selbst vorbei.
Tölz in der Nacht des 20. Dezember 1705. Fuchs.«
Matthias Ägidius Fuchs hatte noch hinzugefügt:
»Diesen beiden Offizieren hast du an die Hand zu gehen und die Häuser, wo Schützen und junge Leute sind, zu zeigen. Die Landfahne hat auch zu erscheinen.«
»In Waakirchen wollten sie zwei Höfe anzünden, weil die sich geweigert haben, mitzuziehen«, ruft einer aus dem Haufen, der sich allmählich in Reih und Glied formiert.
»Wir wollen in Gottes Namen gehen; sie haben uns das letzte Mal schon gedroht, weil wir nicht zu ihnen gestoßen sind«, sagt ein Schütze und meint die Oktoberunruhen.
Ein anderer unterstützt ihn: »Wenn die Isarwinkler victorisieren, stehen wir dumm da.«
Das Abzählen beginnt.
»Sebastian Jocham«, ruft ein 30jähriger.
Chrysogon Mayr mit seinen 22 Jahren sagt »Mayr.«
»Hans Reiter«, der 60jährige Cramerbauer. Der Kohlhaufbauer aus Dürnbach nennt sich »Paur Aegidius.«
Eine lange Liste, die Bartholomäus Floßmann abhakt. In drei Tagen ist es die Todesliste.
28 Mann allein aus der Gemeinde Gmund werden nicht mehr heimkehren. Aus Waakirchen werden es 34 sein. Aus Egern 31, aus dem Ort Tegernsee 15. Allein 108 Tote aus dem Tegernseer Tal.
Gewehre werden verteilt. Der Todesmarsch soll morgen beginnen.
Ein Bauer geht in die Pestkapelle, kniet nieder und betet: »Wenn ich frisch und gesund nach Haus komm, dann werd ich

eine Heilige Messe stiften. Das gelobe ich hiermit vor dir, Heilige Maria.«
Während sich Schützen, Bauern, Handwerker und junge Leute auf den Dorfplätzen rund um den Tegernsee sammeln, schreibt der Geheime Kanzleidirektor Franz Joseph von Unertl an Abt Quirinus, Kloster Tegernsee: »Der Administrator hat vernommen, daß sich das rebellische Feuer auch um das Gebirg anzünden wolle. Der Abt, auf den er besonders confidiert, soll sich dessen Abhaltung angelegen sein lassen. Er möge den mitkommenden Consolationsbefehl sofort kundmachen und auch das Patent, das zwar hauptsächlich nur auf das Rentamt Burghausen stilisiert ist, den Untertanen bekanntgeben.«
Als dieser Eilbrief im Kloster ankommt, ist Klosterrichter Dr. Oberhammer mit seinen Leuten unterwegs über Thanning nach Schäftlarn.

Es ist jetzt 11.30 Uhr an diesem Montag, dem 21. Dezember. Drei Männer in Jägerkleidung reiten in den verschneiten Hof des Schlosses in Weilheim. Es ist der Sitz des Pflegers. Im ersten Stock öffnet sich ein Fenster.
»Ist der Graf da?« ruft einer der Reiter herauf. Es ist Adam Schöttl – der »Jägeradam«. »Wir müssen gleich mit ihm reden!«
»Der ist nebenan beim Gerichtsschreiber. Und der liegt im Bett. Kommens rein«, ruft die Frau des Pflegers.
Nur der Jägeradam steigt ab. Seine Begleiter warten draußen mit aufgerichtetem Gewehr.
Endlich kommt Karl Gottfried Freiherr von Berndorf, 38, in seinen Teil des Schlosses zurück. »Ja, der Herr Graf«, begrüßt ihn Adam Schöttl und zieht ein Taschentuch aus seiner Hose, legt es sorgfältig auseinander. Verschiedene gefaltete Zettel

sind darin. Einen nimmt er heraus: »Dies da ist für Weilheim bestimmt«, sagt er ungeduldig, »ich muß gleich weiter.«
Berndorf liest. Dann sagt er: »Aber das Ganze erfordert doch etwas Überlegung« . . .
»Ihr müßt gleich eine Resolution verfassen!«
»Das muß ich erst mit meinem Gerichtsschreiber bereden.«
Berndorf zieht den Jägeradam mit, treppauf, treppab durch das Schloß zur Wohnung des Gerichtsschreibers. Ein zögernder Graf und ein kranker Gerichtsschreiber – dies scheint für den Jägeradam nicht die richtige Voraussetzung für sein Vorhaben zu sein:
»Ich habe nicht so viel Zeit, mich hier lange aufzuhalten; wenn ich den Grafen nicht so gut kennen würde, so wäre ich nicht allein, sondern mit einem ganzen Haufen gekommen!«
Der Graf und der Bettlägerige blicken auf Adam Schöttl. »Und die hätten mit Gewalt nachgeholfen!« fügt der hinzu.
Nach einer Verschnaufpause: »Nehmt euch nur ein Exempel an dem Gerichtsschreiber von Wolfratshausen! Den haben wir gleich in Eisen und Banden mitgeschleppt.« Er meint den Gerichtsschreiber Gremmel, der von Fuchs und Dänkel eingesperrt wurde.
Begütigend klopft Berndorf dem Jägeradam auf die Schulter.
»Ist ja schon gut. Wenn das Gericht zusammenkommt, kann ich euch 2 000 Mann versprechen.«
»Das gibst mir schriftlich.«
»Das kann ich nicht. Da muß ich erst mit dem Rat und dem Bürgermeister von Weilheim reden . . .« Und etwas vertraulicher: »Der wird darin sowieso eine von Gott geschickte Gelegenheit sehen, dem Kurfürsten wieder zu seinem Land zu verhelfen.«
Jägeradam: »Habt ihr Gewehre hier?«

»Nein.«
»Ich weiß aber, daß Gewehre hier sind.«
»Nein, wenn ich's sage. Die sind bei der Bürgerschaft. Vielleicht drei oder vier Büchsen. Das übrige habe ich nach München schicken müssen.« Der Jägeradam wird ungeduldig. Ihm dauert das ganze Gespräch schon zu lange.
»Bevor ich's vergeß: In Weilheim befindet sich ein Herr namens Heim. Der schreibt viel nach München und berichtet alles, was so im Land passiert. Den müssens gleich festsetzen, sein Haus durchsuchen und eine Wache davorstellen!«
»Das kann ich doch nicht so einfach tun. Ich glaube auch nicht, daß dieser Herr so Sonderbares korrespondiert. Wahrscheinlich schreibt er seinen Verwandten ab und zu einen Brief.«
Jägeradam barsch: »Dafür laßts mir den Sohn des Lebzelters in Weilheim frei. Der sitzt schon seit Wochen im Gefängnis. Er war Dragoner. Und solche Burschen brauchen wir jetzt als Offiziere.« Sprach's und ist draußen.

An diesem Montag werden die letzten Patente verteilt. Im Schloß in Tölz arbeitet der militärische Stab unter Fuchs und der zivile Stab unter Dänkel fast rund um die Uhr. Sie schreiben Patente, schicken Boten übers Land, nehmen Nachrichten entgegen, schicken wieder Boten los. Fuchs hält sich geschickt zurück. Er will die Oberländer nicht bevormunden.
Das Aktionszentrum arbeitet bis zum Aufbruch. Noch gibt es Probleme: Von Miesbach erhofft man sich hier 400 Mann. Aber Reichsgraf von Hohenwaldeck will nur einige Bürger ziehen lassen. An Amtmann Stephan Eberl in Holzkirchen wird geschrieben. Er soll in Miesbach nach dem Rechten sehen. Und immer wieder das gleiche: »Treffpunkt Hohenschäftlarn am 22. Dezember.«

Miesbach. Tegernsee. Benediktbeuern. Weilheim. Aibling. Ja, bis Rosenheim kommen die Boten aus Tölz. Bürgermeister Stockinger, Rosenheim, ist Augenzeuge: »Nachdem ein Schreiber das Aufforderungspatent von Tölz gebracht und das Gericht das Aufgebot verwilligt hatte, geschah auch an den Markt das Begehren. Der Schreiber lieferte an sie ein Patent, in dem mit Feuer und Schwert gedroht war. Sie willigten keineswegs in die Stellung der Mannschaft, sondern fertigten den Schreiber mit dem Bedeuten ab, daß der Kurfürst, wenn er auch Mannschaft nötig hatte, solche doch nie von der Bürgerschaft begehrt habe.«

Der Bote aus Tölz ist Johann Adam Prindl. Von der Bürgerschaft des Marktes Rosenheim bekommt er eine Absage.

Augenzeugin Ursula Wundsam, 60, Rosenheim: »Der Gerichts- und der Marktscherge kamen zu mir und begehrten, mein Sohn solle gleich zum Pflegskommissär kommen; wenn er sich weigere, so würden sie ihn in Eisen und Banden hinführen.«

Aus Rosenheim braucht man eben noch einen Trommler. Und Georg Wundsam ist Trommler. Die Augenzeugin weiter: »Ich glaube, daß die Schergen die Schellen bei sich hatten, weil ich etwas scheppern hörte. Mein Sohn mußte auf solche Weise gezwungen gehen.«

Augenzeuge Franz Benedict Greschbeck, 53, Pflegkommissar in Rosenheim: »Der Amtmann kam aus Frucht und Schrecken dem nach, da eben am selben Tag von den unteren Rebellen, die zu Edling unweit Wasserburg standen, durch einen eigens von Kraiburg geschickten Boten das Aufgebot verlangt worden war, dem aber ebenfalls nicht nachgekommen ist.«

In Rosenheim machen sich die Aufgebote aus dem Ober- und Unterland Konkurrenz.

Eine Bäuerin wischt sich die Hände am Schürzentuch ab. Sie sieht jemanden den verschneiten Hang heraufreiten. Vor zwei Monaten waren hier auch die Husaren heraufgekommen, als sie den Hof überfallen hatten. Der Bote ruft von weitem: »Der Bauernbrief! Der Bauernbrief!« Die Bäuerin dreht sich zum Hauseingang und ruft ihren Mann. Aus dem Dunkel des Hofinnern kommt Georg Ellgrasser. Er blinzelt in den Neuschnee und reibt sich die Hände: »Auf gehts nach München!«
»Aber du kannst doch jetzt nicht weg, wo es soviel Arbeit im Haus gibt«, wehrt die Ellgrasserin ab. Der Bote beruhigt sie: »Er ist ja nur vier Tage weg. Solange kannst ihn schon hergeben.«
Ellgrasser tritt jetzt zum Reiter hin: »Für einen Ellgrasser ist es eine Familienehre, dabeizusein!«
Der Bote reitet weiter. Ellgrasser humpelt um seinen Hof. Von einer Stallecke mißt er seine Schritte im Schnee ab. Dann bleibt er stehen und schiebt mit der Hand den Schnee weg. An dieser Stelle hat Ellgrasser sein Gewehr vom Schloß Hohenburg vergraben.

In denselben Minuten, während Adam Schöttl zusammen mit Graf von Berndorf am Bett des Gerichtsschreibers steht, trifft der Jägerwirt im Münchner Vorort Lehel ein.
Obwohl er seit dem Samstag im Bett gelegen hatte (Johannes Jäger hatte zu viel getrunken), sitzt er wieder beim Bier. Diesmal beim Aumeisterwirt Franz Daiser, 70. Der Hofkoch Sebastian Engelhardt und Jägers Untermieter in der Löwengrube, Anton Passauer, 25, Jurastudent in Ingolstadt, haben ihn hierhin begleitet. Der Jägerwirt macht sich Sorgen.
Gestern waren Kittler und Senser nach Trudering vergeblich hinausgeritten. Franz Kaspar Hierner, den Postmeister von

Anzing, hatten sie nicht am vereinbarten Ort getroffen. Die Münchner und damit die Oberländer haben also keine Verbindung zu ihm und wissen nicht, ob und wann die Unterländer anrücken.

Die Runde spricht vom Stand der Aufstandsvorbereitungen in München. Daß es in drei Tagen losgehen soll. Daß die Tölzer Schützen beim Hofbräuhaus eindringen wollen. Hierfür muß der Stadt erst das Wasser abgegraben werden. Die Männer gehen in Gedanken den Stadtplan mit seinen Bächen durch: den Pfisterbach beim Rathausturm, den Glockenbach, den Besenbach vor dem Isartor und den Katzenbach, der unter dem Hofbräuhaus durchfließt.

Der Wirtssohn Max Daiser (er hatte die chiffrierte Nachricht des Grafen Törring zu den Waffenstillstandsverhandlungen nach Anzing gebracht) versteht gleich, als der Jägerwirt ihn bittet:

»Kümmere du dich darum, daß die Bewohner des Lehels und die Nachbarschaft wach bleiben, um der Stadt das Wasser zu nehmen. Du weißt, wie man das macht: einfach die Deiche abhacken und den Kanal abgraben.« Max Daiser kennt die Stellen und Schleusen. Und er will ein Netz von Leuten aufbauen, die das gleichzeitig tun werden.

Anton Passauer lehnt sich zum Max: »In der Stadt ist jetzt alles vorbereitet. Eine Rakete wird euch dann das Zeichen geben, wenn ihr die Kanäle umleiten sollt.«

Der Jägerwirt sagt: »Während des Angriffs will ich dann selber zum Administrator und werd' ihm auseinandersetzen, daß die Bürger die Prinzen in Verwahr nehmen und werd' drauf dringen, daß er kapituliert.« Johannes Jäger fühlt, wie bei ihm jetzt alle Fäden zusammenlaufen. Max Daiser ist beeindruckt. Er verspricht, alles zu tun.

Während Adam Schöttl von Weilheim aus mit seinen beiden Begleitern nach Starnberg weiterreitet und Johannes Jäger mit seinen beiden Begleitern in die Landeshauptstadt zurückkehrt, rücken 600 Tölzer aus – Richtung Hohenschäftlarn. Unter ihnen 150 Schützen. Etwa 150 Mann sind beritten. Die umliegenden Ortschaften stoßen dazu. Aus Wackersberg, aus Lenggries. Auch Ellgrasser ist dabei.

Freibier wird ausgeschenkt. Bierbrauerin Katharina Herrnbeck stellt allein Faßbier im Wert von 437 Gulden zur Verfügung.

Keine geordnete Mannschaft sind diese Bürger, Bauern, Landarbeiter, die durch die weite Schneelandschaft marschieren.

Keiner weiß so recht, wer kommandiert. Pfleger Josef Ferdinand Dänkel versucht, Ordnung in den Haufen zu bringen.

»Hiiiiier lang!« Dänkel fuchtelt mit seinem Stock herum.

»Auf miiich hööööören!« schreit er in die klirrende Kälte. »Die ganze Sache liegt auf miiiir.« Manchmal schlägt er auf den einen oder anderen ein.

Der Haufen folgt ihm jetzt. 600 Männer betreten die Weltbühne

Nach einer Stunde schieben sich die Offiziere Gauthier, Clanze, Aberle und Houys an die Spitze des Zugs. Zwei Kanonen aus Hohenburg werden mitgezogen. Von den versprochenen 800 Gewehren aus dem Schloß (von ihnen war im Franziskanerkloster am 18. Dezember die Rede) sind kaum welche zu sehen. Statt dessen veraltetes Material aus den Schwedenkriegen. Die Bauern tragen Spieße, Dreschflegel, Morgensterne und Sensen.

Fuchs bleibt in Tölz. Er will nachkommen.

Auf der Höhe von Königsdorf stoßen die Benediktbeurer dazu. An ihrer Spitze Klosterrichter Wendenschlegel. Auch sie bringen zwei Kanonen mit. Bis Wolfratshausen geht die Land-

fahne des Klosterbezirks Benediktbeuern den Leuten aus der Tölzer Gegend voran.
Wolfratshausen soll das erste Etappenziel sein. Dort soll übernachtet werden. Bei Bekannten, Verwandten, auf Bauernhöfen in der Umgebung. –
Jetzt kommt plötzlich Bewegung in den Zug.
Abseits vom Weg wird ein Kurier gestellt. Er wird vom Pferd gerissen, die Post wird ihm weggenommen. Wie es der Zufall will – ein Brief des Prinzen Eugen an die Administration ist dabei.
»Ein Kurier ist abgefangen«, sagt einer dem anderen weiter.
»Ein Kurier des Prinzen Eugen!«
Und wenig später heißt es: »Es geht um die Kurprinzen.«
Dänkel liest den Brief den Umstehenden vor:
»Solchemach wäre mit diesen Tumultuanten Strenge zu gebrauchen und endlich mit Feuer und Schwert aufs Schärfste zu verfahren, so daß man sich an die bairischen Prinzen halten, folglich durch dieses Mittel den tobenden Pöbel um so eher zur Ruhe und Gehorsam bringen könnte.« Die Moral des Zugs Tölz-Wolfratshausen-Schäftlarn-München ist gestärkt.

Immer noch Montag, der 21. Dezember 1705.
Der Jägerwirt ist wieder in der Stadt. Diesmal sitzt man konspirativ beim Maderwirt zusammen. Schweigend ißt jeder seine Bratwürste. Keinem schmecken sie heute so recht. Der Jägerwirt, Kittler, Senser und Hayd, der angetrunken zur Tischrunde gestoßen war:
»Stimmt es, daß Hallmayrs Frau von der Sache weiß?«
»Ja, ja«, sagt Johannes Jäger resigniert. »Sie weiß um die Sache.«
»Und daß sie mit einer Anzeige bei der Polizei gedroht hat?«

Hayd wird lauter.
»Sie macht so ein Geschrei von der Sach«, wischt Jäger diese unangenehme Sache vom Tisch.
»Ja, die Metzger auf dem Kälbermarkt reden auch schon davon«, will Senser wissen. Der Maderbräu kommt hinzu: »Die ganze Stadt redet doch schon davon.«
»Wovon?« ereifert sich Ignaz Hayd.
»Daß die Bauern kommen!« Mader geht wieder zum Ausschank.
»Wie kann man so was nur unter die Weiberleut kommen lassen!«
Hayd ist wütend, geht zur Tür und knallt sie zu.
Senser: »Die Administration weiß auch schon von den nächtlichen Treffs der Studenten und anderer in der Stadt.«
»Sei jetzt vorsichtig«, sagt Kittler zu Johannes Jäger.
Der gibt zu: »Man hat mich auch schon gewarnt.«
»Wer?« fragt Senser.
Jäger geht nicht darauf ein. »Wenn ich weiß, daß der Hallmayr seine Parole nicht hält, so fehlt nicht viel, daß ich ihn totschieß! Es geht ja auch um mein Leben!«
Kittler fragt: »Und wer richtet jetzt die drei Raketen her?«
Jäger: »Es gibt ja auch noch andere Leute. Senser, sieh zu, daß du das besorgst.« Nach einer Pause sagt Jäger, was ihn seit Stunden bedrückt: »Ich selber darf mich nicht mehr in München blicken lassen. Man weiß schon bei der Administration, daß ich hier 500 Mann kommandiere.«
Damit stellt Jäger in letzter Minute sein Konzept um. Er wird nicht die Münchner anführen. Nachdem sich Hallmayr etwas zurückgezogen hat, ruht der Ablauf des Aufstands in der Hauptstadt auf Kittler und Senser.
Das Netz wird enger. Die Administration wirft ihr eigenes

Netz über die Stadt – eines von Spitzeln und Informanten. Beim Hinausgehen sagt Jäger zum Maderwirt: »Alles wird bald besser werden ...«
Johannes Jäger geht nach Hause, zieht sich ein zweites Hemd über, bindet sich ein Halstuch um, füllt eine silberne Tabakdose. Dann verabschiedet er sich von seiner Frau Anna Maria, von Tochter Bärbel und den anderen fünf Kindern, zieht eine Lederweste über, steckt 70 Gulden ein.
Er wird Frau, Kinder und Haus nicht mehr sehen.
Johannes Jäger verläßt die Stadt. Er reitet über Bairawies nach Tölz. Dort trifft er nur noch den zurückgelassenen Fuchs an. Jäger übernachtet auch wie Fuchs im Krinnerbräu, während die Aufständischen des Oberlands schon in Wolfratshausen sind.
Es ist immer noch der 21. Dezember. Der Tag, an dem das Braunauer Parlament versucht, den Tag X vorzubereiten. Braunau blickt auf München. München weiß aber noch immer nicht, ob die Unterländer rechtzeitig zum Tag X da sein können.

13. KAPITEL

Streit im Kloster Schäftlarn

Wolfratshausen, 21. auf 22. Dezember 1705.
Die Tölzer, Benediktbeurer, Wackersberger und die, die sich unterwegs anschlossen, müssen in Wolfratshausen erst noch warten, bis sie ein Quartier bekommen. Die Wolfratshauser Gemeindeverwaltung rechtfertigt sich: »Wir haben nicht gedacht, daß so viele Leute kommen.«
Obwohl das Tölzer Patent hier schon längst eingetroffen war, hatte Wolfratshausen wenig vorbereitet. Noch in der Nacht muß ein Schlossermeister die versprochenen Kugeln gießen.
Fuchs ist jetzt dazugestoßen. Er bestellt auf 8 Uhr früh die Bürgermeister aufs Rathaus. Auf dem Platz davor finden sich immer mehr Leute ein. Durch den Marktschreiber läßt er das Tölzer Patent öffentlich verlesen. Dann fragt Fuchs die Leute von Wolfratshausen: »Wollt ihr kaiserlich oder kurbayerisch sein?«
Die Leute von Wolfratshausen antworten: »Wir wollen bayerisch sein!« Marktleutnant Andreas Seebauer ist Augenzeuge: »Nun machte der Bürgermeister den Handel mit Fuchs, daß der Markt nicht mehr als 100 Mann zu geben hätte; die Bäcker

zum Backen des Kommißbrots, die Metzger zum Nachführen des Fleisches, die Müller zum Kommißmehlmahlen und die Floßleute zum Nachführen des Proviants sollten zu Hause bleiben, aber in der obigen Zahl inbegriffen sein. Es sind 32 Mann gewesen; die übrigen 68 übergaben die Bürgermeister im Beisein des Marktschreibers schriftlich unterfertigt bei mir zu Hause.«

Dem Logistiker Fuchs ist die funktionierende Versorgung wichtiger als die Masse zusätzlicher – nur mit Hellebarden, Morgenstern oder Stecken bewaffneter – Leute. 32 Mann sollen die Versorgung der Marschierenden garantieren: Auf Flößen werden Bier, Brot und Schweinshaxen bis Thalkirchen transportiert.

Gegen Mittag ist wieder Appell. Zwei Trompeter aus Benediktbeuern blasen ihn.

Aufbruch zur nächsten Etappe: Schäftlarn, der Sammelplatz für das ganze Oberland.

Der Zug ist jetzt größer geworden. In Thanning stoßen 600 aus Dietramszell und Umgebung dazu. Sie haben sie hier abgewartet. Am Abend werden in Thanning noch die Tegernseer eintreffen und ihr Nachtlager aufschlagen.

Den Registraturadjunkt Ignaz Hayd plagt das schlechte Gewissen. Die Last bedrückt ihn. Jetzt, wo es zu spät ist, will er sie loswerden. Zuletzt hatte er noch beim Maderwirt die Tür hinter sich zugeknallt. Hayd geht zum Jägerwirt. Er trifft aber dort nur dessen Tochter Bärbel an, die sich im dunklen Treppenhaus mit dem Studenten Anton Passauer herumdrückt.

Hayd will Jäger ein Papier aushändigen. Das Abmahnungsschreiben, das die Administration in diesen Stunden durch Stafetten über das ganze Land vertreibt. Er möchte auch erzäh-

len, daß Graf Törring die Verfasser des Manifests über den Kammerdiener Volkum warnen ließ.
»Passauer übernahm willig diese Commission«, sagt Hayd später. Anton Passauer reitet mit dem Hofkoch Sebastian Engelhardt den Aufständischen entgegen. In Wolfratshausen treffen sie auf die, die sie sonst erst in München gesehen hätten. Engelhardt versteht es, mit dem Schanzenschlüssel die Aufmerksamkeit der Tölzer Schützen zu erregen. Damit – so verspricht er ihnen – wird er sie durch den Hofgarten direkt in die Residenz führen. Die Tölzer nennen ihn ab jetzt »Springinsfeld«.

Fast auf dem selben Weg wie Passauer und Engelhardt waren in dieser Nacht elf Reiter Richtung Kloster Schäftlarn unterwegs. Mit demselben Abmahnungsschreiben, das auch Passauer von Hayd bekommen hatte.
Um 5 Uhr 30 in der Früh erreichen sie das Kloster. Die Mönche sind ganz durcheinander, als statt der Aufständischen der Corporal Gottfried Winter vom Kürassier-Regiment Leiningen vor ihnen steht und das Papier der Administration aushändigt. Das Kloster schickt die Soldaten zu einem Platz, wo sie erst mal Quartier nehmen sollen. Dort werden sie von der Vorhut der Aufständischen – es sind Reichersbeurer – gefangengenommen und nach Wolfratshausen transportiert.

Noch eine andere Beute machen die Aufständischen: Post vom Kloster Tegernsee an die Administration fangen sie auf. Abt Quirin schreibt an den Geheimen Kanzleidirektor Franz Joseph von Unertl nach München. Der Abt bestätigt ihm den Eingang seiner Abmahnung und berichtet dann »in höchster Eile, daß um das Gebirg schon alles in motu steht«. Beilage:

das Tölzer Patent, auf Grund dessen an diesem Tag Klosterrichter Dr. Oberhammer ausgerückt ist. Abt Quirin will sich absichern.
Auch Graf Berndorf, Pfleger in Weilheim, hat die Abmahnung aus München bekommen. Zunächst hatte er ja dem Bürgermeister und dem Rat der Stadt Weilheim das Aufgebot des Jägeradam vorgelesen und sie tatsächlich dazu bewegen können, mitzuziehen.
»Ja, es wurde vom Rat beschlossen, sie wollten das, was das Landgericht tun werde, auch tun. Dies geschah vor dem Eintreffen des kaiserlichen Patents.«
Graf Berndorf schildert dann die Wende: »Nachdem dies angelangt und ihnen publiziert worden war, resolvierten sie sich, lieber sich verbrennen zu lassen als mit den Rebellen zu halten. Bei diesem Schluß ist es auch verblieben. Auch vom Landgericht hat sich kein Mann bei ihnen eingefunden.«
Die Weilheimer reagieren auch nicht auf den Hilferuf, den die Marschierer noch von Baierbrunn aus losschicken.
2000 Mann hätten es aus Weilheim und Umgebung sein können.

Schäftlarn, 22. auf 23. Dezember 1705.
Am Abend erreicht der Zug Hohenschäftlarn. Wieder wird einquartiert, in Höfen und Scheunen. Das Kloster Schäftlarn an der Isar unten wird zum Hauptquartier des »kurbayerischen Feldlagers«.
Abt Melchior will angesichts der Münchner Abmahnung nichts von den Rebellen wissen. Er geht zu Bett und spielt krank. Die Gicht würde ihn plagen. Dies läßt er den Aufständischen sagen.
Zwei Tage und zwei Nächte lang wird sein Kloster zum hekti-

schen Mittelpunkt. Noch in der Nacht zum 23. Dezember schickt Fuchs um 1 Uhr nachts einen Fähnrich mit 10 Mann nach Miesbach, um ein letztes Mal an das Aufgebot zu erinnern.
Eine weitere Erinnerung geht zur selben Stunde an den Pfleger von Starnberg, Johann Josef Oettlinger, mit der Aufforderung, »in unser Campament nach Schäftlarn eine ergiebige Mannschaft, die sich, im Fall sie nicht alle mit Geschoß versehen, gerade Sturmsensen, die aber lang sein müssen, beizuschaffen«.
In dieser Nacht hat Fuchs noch immer keine Nachricht von den Unterländern, ob sie und wann sie kommen werden. Deshalb hatte er in Absprache mit Jäger noch von Wolfratshausen Post nach München geschickt.

Vier Stunden später: 5 Uhr früh am Mittwoch, dem 23. Dezember 1705.
Oberst de Wendt hat jetzt auf seinem Rückzug von Mühldorf über Haag den Ort Anzing erreicht. Hier übernimmt Baron Kriechbaum das Kommando über die Reichstruppen. Oberst de Wendt wird sofort in die Stadt München beordert.
Die Reichstruppen sind in jener Nacht in Anzing eingetroffen. Das hier vor 10 Tagen geschlossene Waffenstillstandsabkommen ist jetzt auch offiziell abgelaufen ... – wenn es eingehalten worden wäre.
Eine Husarenabteilung nähert sich vorsichtig dem Gasthaus »Post« in Anzing. Sie umstellen das Haus. Der Truppführer klopft hart an die Tür. Oben sieht Posthalter Franz Kaspar Hierner aus dem Fenster.
»Wo ist der Postmeister Hierner?« fragt der Soldat von unten herauf. Hierner beugt sich weiter hinaus, um den Eingang zu sehen. »Das bin ich.«

Der Husar sagt barsch: »Runterkommen!«
Eine Minute vergeht. Dann dreht sich der Schlüssel, und bevor Hierner etwas sagen kann, packt ihn ein Soldat am Arm: »Sie sind verhaftet! Wir müssen Sie nach München abführen. Machen Sie sich fertig!«
Hierner fängt an zu jammern.
»Aber ich kann nicht. Ich bin doch so krank. Ich hab mein Bein gebrochen. Kommt erst mal rein und wärmt euch auf. Ich hol inzwischen meine Arznei.«
Den Husaren ist das nur recht nach dem Ritt durch die Winterkälte. Sie betreten hinter einem hinkenden Postmeister die Wirtschaft. Hierner holt Gläser:
»Ich würd' ja schon nach München mit . . . aber zu Fuß schaff' ich das nicht. Wenn ich auf einem Pferd in die Stadt rein könnte, dann wäre das was anderes . . .«
Jetzt kommt der Postknecht dazu. Verschlafen, so als ob er von dem nächtlichen Stühlerücken in der Wirtschaft geweckt worden wäre. Der Truppführer sagt: »Wir haben kein Pferd für dich.«
Hierner nach einigem Nachdenken zum Postknecht:
»Du, geh und sattle mir mein schlechtestes Pferd. In meinem Zustand kann ich ja nicht auf meinem hitzigen Gaul reiten.«
Der Postknecht hat verstanden.
Hierner schenkt Schnaps aus. Öfters müht er sich zum Fenster hin, um zu sehen, ob der Postknecht nicht bald sein Pferd vorführt. Er beruhigt die Husaren und schenkt nach.
Als Hierner wieder zum Fenster hinkt, sagt er: »Jetzt ist er soweit.« Die nächtlichen Gäste treten in die Kälte hinaus. Sie sehen ein hinkendes Pferd mit verbundenem Bein und einen hinkenden Postmeister, der sich mit Hilfe des Knechts auf das Pferd zwingt.

Der Trupp geht los, Richtung München. Der Postmeister trabt hinterher. Auf der Höhe von Neufahrn ruft Hierner nach vorne:
»Kann ich mal absitzen, ich muß mal!«
»Was?» ruft einer zurück.
»Pieseln.«
Hierner rutscht vom Pferd und pieselt in den Schnee.
Die Husaren reiten zu ihm zurück.
Als er fertig ist, schaut sich Hierner den Verband des Pferdes an: »Ich glaub, mit dem Fuß ist etwas nicht in Ordnung.« Hierner nimmt dem Pferd den Verband herunter, streichelt und klopft das Pferd: »Ohne Verband ist es wohl besser.«
Umsichtig reitet Hierner wieder hinter dem Trupp her.
Plötzlich gibt er seinem Pferd die Sporen und galoppiert in den verschneiten Wald. Die Husaren sprengen hinter dem Flüchtenden her, laden ihre Gewehre, schießen. Sie verfehlen Hierner.
Einige Stunden später wird Hierner, als Knecht verkleidet und einen Mistkarren schiebend, seine Posthalterei erreichen. Hierner braucht Schreibzeug und Papier.

In den Stadeln von Hohenschäftlarn regen und strecken sich die Leute. Sie denken an ihr Zuhause und daran, worauf sie sich eingelassen haben. Es heißt, man soll zum Kloster herunterkommen.
Unten im Klosterhof werden Waffen verteilt. Gruppen stehen zusammen. »Wer nit bayerisch ist, den hol der Teufel!« sagt einer.
»Am Christtag soll das Land wieder bayerisch werden«, ein anderer. Zwei Bauern unterhalten sich. Jeder auf seinen Stekken gestützt: »Für das Geld kriegst meine Kuh nicht.«

»Wirst schon sehen, in der Stadt kriegst auch nicht mehr dafür«, sagt der andere. Bier wird angezapft. Eine Menschenschlange bildet sich vor dem Faß. Ein Knecht hat endlich seinen Krug voll und geht in die Klosterwirtschaft. Am Tisch beim Eingang sitzen »bessere« Bauern.
»Es gibt keine Herren mehr!« pöbelt er sie an. Die Bauern beachten ihn gar nicht. Nur einer sagt: »Was will denn der bei uns?«
Der gleichmäßige, dumpfe Schlag einer Trommel ist von weitem zu hören. Die Leute drehen ihre Köpfe zum Weg zwischen Wirtschaftsgebäuden und Klosterkirche.
»Die Valleyer kommen!« Und mit ihnen die Leute von Aibling und dem Gerichtsbezirk Rosenheim. 1000 Mann marschieren ein. An ihrer Spitze schwenkt Balthasar Riesenberger die geweihte Fahne.
Die Tölzer, Wackersberger, Arzbacher, Benediktbeurer, Dietramszeller, Reichersbeurer lesen: »Zu Dir hoffen wir Himmelskönigin.« Jeder, der diese unkriegerische Muttergottes-Botschaft aus der Valley liest, glaubt, bei einer heiligen Sache dabeizusein.
Georg Ellgrasser erinnert sich an die Begeisterung in den Türkenkriegen. An den Tag, bevor sie Belgrad eroberten.
Manch einer dankt jetzt schon der Patrona Bavariae. Die Trommel hört auf zu schlagen.
Ellgrasser sieht jetzt erst die Masse Menschen auf sich zukommen. Er sagt zu seinem Nachbarn: »Wo soviele sind, da kann's nit g'fehlt sein.«
Auch Anton Thalhamber aus der Mangfallgegend spürt die Stimmung im Klosterhof. Er nimmt einem, der am Munitionswagen den Gewichtsinhalt aufmalt, den Pinsel weg und schreibt auf die mitgebrachte Gotzinger Trommel:

»Lieber bayrisch sterben als in des Kaisers Unfug verderben.« Die Leute schütteln sich vor Freude die Hände, hauen sich auf die Schultern. Sie verstehen jetzt, was es bedeutet, wenn die Offiziere von ihnen verlangten, »für einen Mann zu stehen«. Bald darauf marschiert ein neuer Haufen ein. Die Starnberger haben sich gleich, nachdem sie das Patent erhalten hatten, auf den Weg gemacht. Wieder 200 Mann mehr im Klosterhof.
Das Erscheinen eines Mannes weckt Neugierde.
»Hast du ihn gesehen?« fragt ein Weilheimer.
»Wen?« fragt Ellgrasser, der daneben steht, zurück.
»Den!« Er meint den Starnberger Pfleger Oettlinger.
»Warum soll der nicht dabei sein?«
»Ja, der spielt sich doch sonst so auf bei den Kaiserlichen.«
Dann treffen die aus dem Tegernseer Tal ein. 150 Mann. Auch sie führen zwei kleine Kanonen mit.
Manche stehen mit dem Bierkrug in der Hand herum. Sie reden von München, von dem Parlament in Braunau und wann und wo die Unterländer zu ihnen stoßen werden.
Die sechs Kanonen werden aneinandergereiht. Pulver wird verteilt. Man bewundert die Fahnen.
Dann wird zum Appell gerufen: »Abzääääahlen!!!«
Dorfschaften suchen sich. Rufe werden laut: »Ja Leut, wo seids denn?« Waffen- und Sensenklirren. Die Männer stellen sich in einer Reihe auf. Das Abzählen beginnt.
Mit dem Abzählen beginnt auch die Sache ernst zu werden. Ein paar versuchen jetzt, sich abzusetzen. Die Größe des Haufens wird für viele ein Maßstab für die Größe der Gefahr. Georg Ellgrasser hört hinter sich jemanden sagen: »Um Gottes willen, wo so viele Leute sind, da schraub ich ab!«
Zwei Männer von den dreien, die in Königsdorf dabei waren, gehen nach Hause: Franz Jäger, der Bruder des Jägerwirts

(»Ich fühle mich krank«) und Anton Fiechtner. Er läßt dafür seinen Knecht da. Nur Hans Michael Schandl bleibt da. Tölzer Schützen werden an der Brücke postiert. Sie umstellen das Klosterareal. Jetzt kann keiner mehr zurück.

Durch das Fenster der Prälatur des Klosters Schäftlarn beobachten Fuchs und Jäger das Abzählen. Ungeduldig warten sie auf die Endzahl. Einer ruft von unten herauf:
»Zweitausendsiebenhundertundneunundsechzig Mann.«
»Und wie stehts mit der Bewaffnung?« fragt Fuchs in den Hof.
»Knapp neunhundert haben Gewehre.«
»Wieviel sind beritten?«
»Etwa dreihundert.«
Der Rest hat nur Spieße, Hellebarden, Morgensterne, Sensen oder Mistgabeln. Der Rest – das sind 1 500 unbewaffnete Menschen.
Fuchs gibt diese Zahlen in das Innere des Prälatenzimmers weiter, in dem sich die militärische und zivile Führung des Marsches nach München eingefunden hat.
Die Organisatoren machen lange Gesichter. Gauthier, Clanze, Aberle und Houys überschlagen noch einmal die Zahlen und rechnen Fuchs vor: »Die Tegernseer sind also 150 Mann stark, aus Benediktbeuern sind es 200, Aibling, Rosenheimer Gegend und Valley ungefähr 1 000, aus dem Isarwinkel 600, Wolfratshausen 100, aus Miesbach kommen 100 und aus Starnberg 200. Der Rest hat sich unterwegs aus verschiedenen Dörfern angeschlossen.«
»Wo bleiben denn die 2 000 Weilheimer?« ruft Fuchs zum Jägeradam herüber. Der aber ist in ein Gespräch mit den Zivilleuten dieses Unternehmens vertieft: dem Pfleger Josef Ferdinand Dänkel aus Tölz, dem Pfleger Franz Caspar Frei-

herr von Schmidt aus Aibling, dem Pfleger Maximilian Alram von Valley, dem Pfleger Johann Josef Oettlinger aus Starnberg. Die Klosterrichter Wendenschlegel von Benediktbeuern, Dr. Oberhammer von Tegernsee und der Klosterrichter von Dietramszell, Amtsleute aus Miesbach, Reichersbeuern, Holzkirchen, Tölz und Gmund stehen herum. Etwa 30 Leute haben sich an diesem Mittwochnachmittag des 23. Dezember 1705 in der Prälatur zusammengefunden.

Klosterrichter Wendenschlegel unterhält sich mit dem Starnberger Pfleger Oettlinger. Er erzählt ihm von seinen guten Kontakten mit Brüssel über seinen spionierenden Schwager Wolfgang Schmidt und was er deshalb von der Administration schon alles einstecken mußte. Dann unterrichtet Wendenschlegel den Neuling in diesem Kreis von dem konspirativen Treffen im Franziskanerkloster am 18. Dezember und was dort alles besprochen worden war:

»Beamte und Offiziere dürfen mit Gnadenerweisen und Beförderungen durch den Kurfürsten rechnen. Und nach der Einnahme Münchens bekommen die Mannschaften eine neue Montur. Die dürfen dann gleich wieder nach Hause, da wir dann genug Geld haben. In München sorgt die Bürgerwehr dann für Ordnung!«

Oettlinger ist erstaunt, läßt es aber nicht merken. »Ja, kommt der Kurfürst bald zurück?« »Bald«, versichert Wendenschlegel, »mit französischer Hilfe.«

Anton Passauer und Sebastian Engelhardt halten sich in der Nähe des Jägerwirts auf. Sie helfen beim Sortieren der Patente. Draußen ist es schon dunkel geworden. Es ist jetzt 17 Uhr.

Fuchs sagt zu Jäger: »Die Dachauer bleiben aus.«

Adam Schöttl kommt hinzu: »Dann müssen wir eben noch ein Patent nach Dachau schicken.«

Fuchs bittet Jäger: »Mach du das!«
Der Jägerwirt diktiert Passauer:
»Von der oberen Landesdefension hat man sich zwar erhofft, es würden diejenigen Gerichte, welche wir im ganzen Land aufgefordert haben, eine größere Mannschaft stellen ... Also ist an das Landgericht Dachau unser dienstliches Ersuchen ... Actum Haubt Quartier Schöfftlarn, den 23. Dezb. 1705.«
Passauer drückt das kurfürstliche Siegel darauf.
Pfleger Alram hält dem Jägeradam vor, was er denn alles auf der Tölzer Versammlung versprochen hätte: 8000 Gewehre aus dem Schloß Hohenburg, 20000 Mann aus dem Oberland. Jetzt sind es nur knapp 3000. »Viele sind bereits durchgegangen und von den vorhandenen sind nur ein Drittel bewaffnet! Wie soll das alles übereinstimmen mit dem, was uns Beamten versprochen wurde!«
Plötzlich ruft Leutnant Houys: »Ist das nicht der Mayer?«
Der Jägeradam atmet auf: »Da kommt die Verstärkung!«
Fuchs geht auf Matthias Mayer zu: »Ja tatsächlich, der Mayer ist es.« Der Jägeradam erklärt seiner Umgebung, daß der 38jährige Matthias Mayer Kommandant der kurfürstlichen Leibgarde war und daß er ursprünglich mit Fuchs über St. Gallen nach Brüssel zum Kurfürsten wollte. Beide wären in Pfronten verhaftet worden. Sie hätten entkommen können. Fuchs sei draufhin in seine Oberpfälzer Heimat gegangen, und Mayer sei im Kloster Polling untergetaucht.
Mayer und Fuchs umarmen sich. Mayer klopft Fuchs auf die Schulter. »Weißt noch, wie wir der Wache Tabak gegeben haben und sie dann besoffen machten. Und das Gewehr der Wache haben wir gleich mitgenommen, und auf und davon!«
Fuchs hält jetzt wenig von Erinnerungen: »Wieviele Leute bringst du mit?«

»Leut'?«, sagt Mayer verlegen und stützt sich auf seinen Stekken. »Leut' bring ich keine mit. Ich bin allein gekommen. Der Prälat von Bernried und der von Polling bitten um Verzeihung, daß sie keine Leute schicken. Sie haben dort Angst, die Tiroler fallen ihnen ins Land, wenn sie weg sind und nach München ziehen.«
Um die Enttäuschung der Umstehenden zu unterlaufen, sagt Fuchs:
»Jetzt haben wir den Oberkommandierenden gefunden!«
Mayer überhört das und fragt:
»Was habt ihr denn hier alles vorbereitet?«
Der Münchner Jägerwirt sieht seine Stunde gekommen, nachdem sich die Münchner bisher hier kaum bemerkbar machen konnten – außer durch wichtigtuerische Aktivität.
»Mit diesem Manifest wollen wir vor München ziehen«, er streckt das Münchner Generalmanifest Mayer vors Gesicht.
Mayer schaut sich das kurfürstliche Siegel an und überfliegt das Papier.
»Das ist mir jetzt zu weitschweifig. Das mag ich gar nicht lesen.« Er gibt es dem verdutzten Jägerwirt zurück. Peinliche Pause.
»Wann soll es denn losgehen?« fragt Mayer.
Jäger fängt sich wieder: »Gleich – und in der Heiligen Nacht um 1 Uhr sind wir vor München.«
»Und wer führt den ganzen Haufen?«
»Die Führung übernimmst du!« sagt Jäger.
»Nein, nein, nein, das kann ich nicht«, antwortet Mayer heftig.
Jetzt mischt sich Gauthier ein. Er erinnert sich seiner Rolle.
»Eh bien, mais ihr müßt doch einen haben, der das Kommando führt!«
Clanze pflichtet ihm bei: »Mayer kennt sich in diesen Dingen

aus. Der war schon in den Türkenkriegen und in Höchstädt dabei.«
Mayer sagt: »Ich schlag euch den Franzosen Gauthier vor.«
Worauf sich Jäger empört: »Aber der kann doch kein Wort deutsch!« »Das ist doch gleich«, meint Mayer zynisch.
»Ihr seid ja sowieso alle voll.« Tatsächlich redet bei dieser Beratung über die weitere Kriegsführung das Bier mit.
»Dann schlag ich Houys vor«, sagt Mayer in die Runde.
»Der soll Unterkommandant werden«, meint Dänkel.
Mayer antwortet: »Wenn ich gefangengenommen werde, bekomme ich als Rädelsführer den Prozeß gemacht.«
Dann geht Jäger auf Mayer zu und spricht leise, aber bestimmt auf ihn ein:
»Mein Wort gilt viel bei den Tölzern. Nimm dich in acht vor denen, du«, er bohrt seinen Zeigefinger in Mayers Jacke.
»Du übernimmst das Kommando. Der Houys wird Unterkommandant. Und ich übernehm die Leitung bei der Erhebung der Hauptstadt.«
Einige Anführer der Tölzer Schützen, die inzwischen in die Prälatur gekommen waren, drängen bedrohlich auf Mayer zu.
Mayer: »Ich kann schon mitgehen. Aber als Kommandant?«
Mayer beobachtet in diesem Augenblick, wie ein aufgeregter junger Mann – es ist Passauer – Jäger einen Zettel übergibt. Der Jägerwirt liest und wird blaß. Adam Schöttl kommt dazu, liest den Zettel auch und gibt ihn Oberhammer weiter. Mayer nimmt ihn dann und liest:
»Die Unterländer stehen noch zu Kraiburg und wollen vor Wasserburg gehen, allwo sie uns erwarten. Sie können unmöglich eintreffen, da in Anzing das Corps des General Kriechbaum eingerückt ist. Kelheim ist gefallen!« Nach dieser Hiobsbotschaft wendet sich Mayer an Jäger: »Von wem ist das?«

»Vom Hierner, dem Postmeister von Anzing.«
»Korrespondiert ihr so mit den Unterlandsdefendierern? Ich rate euch dringend: Zieht euch zurück. Ihr seid viel zu schwach! Ihr habt keinen Proviant! Ihr habt keine Munition! Kein Gewehr! Die meisten von euch sind doch nur mit Stecken und Sensen bewaffnet!« Freiherr von Schmidt, Aibling, wirft ein: »Wenn die Unterländer jetzt nicht kommen und die Kaiserlichen in Anzing sind, können auch die Gerichtsbezirke Haag, Erding und Schwaben nicht kommen. Und die Weilheimer, die Dachauer und die Murnauer schicken auch keinen einzigen Mann!«
Amtmann Bartholomäus Floßmann, Gmund, sagt vor sich hin: »Kehren wir um, dieser Aufruhr nimmt kein gutes Ende.«
Jäger engagiert sich: »Wir brauchen doch nur vor München zu rücken und etwas feindselig tun. Dann werden die Bürger zum Gewehr greifen und den Herrn Grafen Löwenstein bitten – damit ein guter Accord wird.« Jetzt mischt sich Pfleger Maximilian Alram, Valley, ein.
»Allein, ohne Unterländer, können wir München nicht befreien. Und auf die Münchner allein können wir uns nicht verlassen. Außerdem hat man uns viel mehr Leute versprochen. Wir Beamten, die wir die Verantwortung für unsere Leute tragen, sind hinters Licht geführt worden! In welch miserable Situation sind wir geführt worden. Das ist vor Gott und der Welt nicht zu verantworten!«
Es ist ganz still in der bisher hektischen Prälatur geworden.
»Jeder hat für das Vaterland das Beste tun wollen, das gebe ich zu. Aber jetzt schaut doch alles ganz anders aus. Wir können die Besatzungstruppen weder aus München noch aus dem Rentamt, noch aus Bayern vertreiben. Geschweige denn den Prinzen helfen. Wir werden eine totale Niederlage erleben.«

Einige Beamte nicken: »Ja so ist es.«
»Das Ganze ist doch eine fingierte Sache! Die Administration weiß doch von unserem Vorhaben. Wir können von zwei Übeln nur noch das Kleinere wählen: zurück über die Schäftlarn-Brücke, bevor die Armee Kriechbaum und de Wendt kommen und uns den Rückweg abschneiden!« Alram ist jetzt in Fahrt. Er scheint, wenn man die Gesichter der Umstehenden anschaut, den meisten aus dem Herzen zu sprechen:
»Ich mache euch einen Vorschlag. Wir ziehen uns nach der Valley zurück. Dort verschanzen wir uns und warten, bis die Unterländer sich mit uns verbinden können. Dann können wir uns verstärken und uns inzwischen mit Waffen versehen. Für Lebensmittel werde ich dort schon sorgen.«
»Richtig, der sagt's, wie wir denken«, stimmen ihm jetzt auch einige Offiziere zu. Alram weiter:
»Wenn wir uns mit den Unterländern vereinigt haben, können wir immer noch nach München.«
Jäger ist nervös geworden. Er schimpft darauflos:
»Ich bin gegen jeden Aufschub. Der Kurfürst wird uns das übelnehmen.« Dänkel macht einen Zwischenruf: »Hoffentlich verdient der Kurfürst, daß wir uns um ihn sorgen!«
Jäger überhört es: »Eine solche Gelegenheit, München zu nehmen, wird nicht so leicht wiederkommen. Es ist doch alles vorbereitet. Die Bürgerschaft wird unter dem Schein, zur Christmette zu gehen, das Gewehr unter den Mänteln mitbringen!«
Im Saal ist es jetzt sehr unruhig geworden.
Der Jägerwirt: »Außerdem transportieren die Reichstruppen 14 Kanonen nach München. Wenn die erst in München sind, ist die Eroberung viel schwerer!« Alram meldet sich wieder zu Wort: »Seid vernünftig. Erwägt meinen Vorschlag, wir geben

uns doch nur dem Feind preis und liefern uns auf die Schlachtbank. Wir haben doch vom Postmeister von Anzing gehört, daß die Unterländer nicht kommen können. Die Kaiserlichen stehen doch nur drei Stunden vor München. Die Unterländer sind aber noch in Kraiburg! Was wir jetzt können: uns verschanzen und auf die Unterländer warten. Dann können wir vielleicht die Administration zwingen, wenigstens die Prinzen in der Residenz zu lassen.«

Alle Beamten und Offiziere geben Alram recht: »Dieser Vorschlag gefällt uns.« Dann meldet sich Gauthier: »Fort bien, fort bien, fort bien.«

Er plädiert für eine »Diversion«, damit die »anmarschierende bayerische Armee um so weniger auf Widerstand stößt«, und fährt fort: »Wir müssen dann eine eilige Abordnung zu den Unterländern schicken und ihnen sagen, daß sie ihren Heraufmarsch und die ›Cojunction‹ mit uns beschleunigen.«

Es wird ein langes Hin und Her. Keiner weiß mehr in dieser Nacht, ob morgen gegen München marschiert wird oder nicht. Oder wer den Zug anführen wird. Es ist jetzt 21 Uhr. Gauthier spielt die Rolle eines Agenten des französischen Königs und Passauer die eines Abgesandten eines Kavaliers in München. Seine ganz schwarze Kleidung und seine langen Haare sind für viele ein Indiz dafür.

Manche sprechen über das Für und Wider der Abmahnungsschreiben der Administration. Der Abt Melchior hatte es den Rebellen in seinem Kloster weitergegeben. Andere erwähnen die abgefangene Post des Prinzen Eugen und des Abts Quirin von Tegernsee. Zurück könne man jetzt schlecht. Jetzt sei für die kaiserlichen Trupps klar ersichtlich, wer Haus und Hof verlassen hatte. Hier läßt man sich den Ablauf des Aufstands in München erzählen. Und dort stellt man sich immer wieder die bange Frage: Kommen die Unterländer rechtzeitig? Bei den Tölzern überwiegt jetzt wieder die Meinung, auf weitere Nachrichten aus dem Unterland brauche man nicht zu warten. Die würden schon kommen.

Als einer der ersten verläßt der Pfleger Oettlinger aus Starnberg die Versammlung in der Prälatur. Jäger ist der einzige, dem das auffällt.

14. Kapitel

Der Marsch

Pfleger Johann Josef Oettlinger hat das Klosterareal in dieser Nacht zum 24. Dezember mit den Worten verlassen: »Ihr Narren, was tröstet ihr euch auf den Kurfürsten. Seiner Lebtag kommt kein Bein mehr von ihm ins Land.« Keiner hat es gehört.
Oettlinger hat sich einen der gefangenen Reiter der Administration genommen und versucht, durch die Wälder nach München zu kommen. Etwa um Mitternacht erreichen sie das Wirtshaus von Forstenried. Der Wirt kommt heraus und leuchtet mit einer Laterne den späten Gästen ins Gesicht. Oettlinger nimmt blitzschnell seinen Hut ab und stülpt ihn über das Licht. Der Wirt sieht nichts mehr. Er hört eine Stimme fragen: »Wo sind wir jetzt?«
»Am Wirtshaus von Forstenried«
Oettlinger fragt wieder: »Wie komm ich von hier am schnellsten in die Stadt?«
Der Wirt erklärt den Weg.
Einer der dramatischsten Tage beginnt: der 24. Dezember 1705. Der Heilige Abend.

Morgendämmerung über Schäftlarn. Einige schlafen ihren Rausch aus. Einige sind schon seit langem wach. Die Organisatoren treffen sich wieder. Eine der Hauptfiguren fehlt: Oettlinger. Des Jägerwirts Kommentar: »So geht's, wenn man das kaiserliche Geld frißt . . .«
Es wird weiter beraten: das Für und Wider erörtert. Jetzt muß eine Entscheidung gefällt werden. Hauptmann Mayer läßt sich doch breitschlagen, er übernimmt unter Vorbehalt die Führung. Ein Degen wird ihm in die Hand gedrückt. Der Entschluß, den Marsch zu wagen, fällt manchem dadurch leichter. Um 12 Uhr mittags an diesem 24. Dezember soll es losgehen. Jäger verspricht, die Kontakte mit der Stadt und den Unterländern nochmals aufzugreifen. Er schreibt drei Briefe. Einen an Kittler in die Stadt, einen an den Postmeister Hierner in Anzing und einen dritten an Max Daiser, den Aumeister-Wirtssohn.
Im Hauptquartier erhofft man von dieser eiligen Nachrichtenaktion einen Durchbruch in letzter Minute. Vorsorglich fragt Jäger in seinem Eilbrief an Kittler nach einem Ersatzmann für Mayer. Von einem Hauptmann Schwaiger ist die Rede. Houys schnappt dies auf: »Hauptmann Schwaiger? Der war vor fünf oder sechs Monaten doch noch bei der Stockel-Mayerin.« Genaueres weiß Houys auch nicht.
Die Marschstationen werden festgelegt. Um 16 Uhr wollen sie in Baierbrunn sein. Dann Pause in Thalkirchen und von dort nach Sendling. Aufbruch in Schäftlarn.

Max Daiser sitzt in der Stube. Er denkt an die Stellwerke. Und in welcher Reihenfolge er die Holzröhren abhacken wird.
Es klopft ans Fenster. Der Aumeister-Max sieht einen Mann mit rotem Bart. Eine große Fuchsmütze hat er tief in die Stirn

gezogen. Eiszapfen im Pelz und im Bart. Gaureiter Barthel Siegel ist außer Atem. Max Daiser geht zur Tür.
»Mich schickt der Jägerwirt«, Siegel steckt ihm zwei Briefe zu. »Der ist für dich, lies ihn gleich!« Max öffnet den Brief.
Barthel Siegel drängt: »Mir pressierts. Zeig mir den kürzesten Weg zum Hierner nach Anzing. Der Jägerwirt sagt, du kennst dich aus.« Max Daiser liest: »Führ du den Barthel über die Isar und übergib dann baldigst den anderen Brief an Kittler. Und halte dich an die Verabredung mit dem Wasser!«
Max Daiser packt seine Sachen und führt den Boten über die Isar. »Wo sind jetzt die Oberländer«, brennt es den Aumeistersohn zu fragen. »Die gehen jetzt los in Schäftlarn und wollen gegen 4 Uhr nachmittags in Baierbrunn sein.«

Allmählich formiert sich der Zug. Der Jägeradam und Leutnant Houys reiten an der Spitze. Hinter ihnen das Fußvolk. Dann die sechs Kanonen und die Munitionswagen. Dann die Reiterei. Pfleger Dänkel befehligt sie.
Hauptmann Mayer holt Jäger ein: »Was erwartet uns eigentlich wirklich in München?« will er wissen. Auch wenn er nur widerwillig das Kommando übernommen hat, muß er sich jetzt in die unbekannte Situation München hineindenken.
»Ja«, holt Jäger aus, »also ich gehe zum Administrator, und dann geht's um den Accord.«
Mayer will Genaueres wissen: »Nein, ich meine, was die dort tun, wenn wir kommen!«
»Von der Stadt aus werden drei Raketen aufsteigen«, sagt Jäger. »Das ist das Zeichen: auf geht's! Beim Weißen Bräuhaus haben sich die Brauleute und die Studenten, bei den Franziskanern die Bürger und vor der Residenz die Hofbediensteten versammelt.«

»Und dann?«
»Dann wird der Stadt das Wasser gesperrt. So können wir beim Bräuhaus einfach in die Stadt rein und dort Posten fassen.«

Bauern, Handwerker, Hofarbeiter marschieren. Was erhoffen sie sich? Bringt die Befreiung der Stadt oder des Landes eine Verbesserung ihrer persönlichen Situation?
Das Marschieren sind sie nicht gewohnt. Mal treten sie sich gegenseitig auf die Füße, dann gehen sie wieder im Gänsemarsch. Sie folgen den Parolen ihrer Vorgesetzten. Diese Parolen sind die einzigen Informationen, die sie haben.
»Ich habe gehört, es sind nur 500 Mann Soldaten in der Stadt«, sagt Balthasar Riesenberger zu Georg Ellgrasser. Seit den Türkenkriegen marschieren sie zum ersten Mal wieder Seite an Seite. Seit damals vor zwanzig Jahren hat Riesenberger den Spitznamen »Schmiedbalthes« behalten und Ellgrasser ein kaputtes Bein. Ellgrasser nickt und humpelt weiter.
»Wenn die uns anrücken sehen«, sagt Riesenberger, »dann werfen die gleich ihr Gewehr hin!«
»Ja«, sagt Anton Thalhamber, der hinter den beiden geht, »ja, morgen kehren wir in München ein.«
»Und übermorgen, da könnts bei mir einkehren!« meint der Wirt aus Häuserdörfl.
»Wenn alles gut geht«, sagt Georg Ellgrasser. Er ist müde.

In München sind an diesem Heiligen Abend nicht nur Kinder oder Kurfürstenkinder, sondern viele Bürger voller Erwartung, was dieser Abend für Überraschungen bringen wird.
Der Löwe vor der Residenz ist heute mit Eichenlaub geschmückt.
Militärstreifen patrouillieren durch die Straßen. Dem Aumei-

stermax fällt das nicht weiter auf. Er ist jetzt im Tal und geht zum Kittlerwirt, findet ihn nicht in seiner Wirtschaft. Max Daiser will später wiederkommen, da er den Brief persönlich übergeben möchte. Als er die Wirtschaft wieder verläßt, spricht ihn jemand von hinten an: »Wo willst denn hin?« Max Daiser dreht sich erschreckt um. Er ist froh, daß es nur der Pastetenkoch Kaspar Eckart ist.
»Ich such den Kittler. Ich muß ihm dringend diesen Brief geben!« Beide gehen zusammen weiter. Beim Maderbräu schaut Hayd zum Fenster heraus.
Max Daiser geht zu ihm. Kaspar Eckart verspricht, inzwischen nach Kittler zu suchen. Wenig später kommen beide. Kittler öffnet hastig den Brief des Jägerwirts. Franz Mader, der Wirt, kommt hinzu. Kittler liest vor:
»Gebt mir um Gottes willen Kundschaft, wie es in der Stadt steht. Haltet euch an die Verabredung, nämlich am Weißen Bräuhaus zusammenzukommen, und laßt die drei Raketen steigen. Fragt den Hauptmann Schwaiger, ob er nicht zu uns rauskommen kann . . .«
Kittler, Hayd, Eckhart, Mader und der junge Daiser schauen sich ratlos an. Je weiter Kittler liest, um so mehr ahnen sie, wie ernst es jetzt wird. Kittler zieht seine Schürze aus und versucht, die letzten Zeilen des eilig geschriebenen Papiers zu entziffern:
»Und werden dieselbe Nacht unter dem Schutz Maria anrükken. Tut in der Stadt das Eure, wir tun das Unsere!«
Hayd wird energisch. Er redet auf Kittler ein: »Ich habe es euch gesagt! Ich habe es euch gesagt. Ich habe euch ja das Abmahnungsschreiben der Administration zum Lesen gegeben. Wir müssen dem Jägerwirt zurückschreiben, wir und auch kein Bürger der Stadt werden was tun können. Man observiert heute alles genau!«

»Wir müssen dem Jägerwirt sofort schreiben«, sagt Kittler noch aufgeregter.
Franz Mader geht in seine Stube und kommt mit einem Bogen Papier »in der Größe eines Argumentsblättels« zurück. Kittler diktiert. Hayd schreibt: »Bitte nicht anrücken . . .!«
Eckart fällt ihm ins Wort: »Maxl, reit du dem Jägerwirt entgegen und bring ihm unsern Brief raus.«
Max Daiser bindet sein Pferd los. Kittler, Hayd, Eckart und Mader schauen dem Jungen nach, der jetzt alles noch stoppen soll. Hayd ruft ihm nach, er droht sogar mit dem Zeigefinger: »Warn ihn ja, wenn du ihn triffst. Es steht aber alles im Brief drin . . .«
Max Daiser nimmt nicht den direkten Weg. Er reitet über das Lehel. Er will seinem Vater sagen, wo er bleiben wird. Und er möchte sich nicht verdächtig machen. Dann reitet er den Oberländern entgegen. Der Schweinebraten, den ihm sein Vater zusteckt, ist bald verschlungen.
Im Wirtshaus in Solln, denkt sich Max, will er sich erkundigen, wie er zu den anmarschierenden Oberländern finden kann. Dort trifft er schon Sebastian Engelhardt. Noch vor drei Tagen war der zusammen mit Jäger und Passauer bei ihm im Lehel. Die Situation sieht jetzt anders aus; Max fragt nach dem Jägerwirt.
»Der ist noch in Baierbrunn. Dort sind die Vornehmen zusammen und schreiben noch Briefe aus, damit mehr Leute kommen.«
Die Nachrichten aus der Stadt erschüttern Engelhardt nicht. »Der Jägerwirt wird bald hier sein. Ich geb ihm dann gleich den Zettel«, sagt Engelhardt und steckt die Warnung ein.
Die Münchner können den Marsch nicht mehr stoppen. Als Max Daiser wegreitet, marschieren die Tölzer Schützen an.

Engelhardt ruft nach: »Daß die Münchner ja auf ihre Positionen gehen!«

Es ist schon dunkel geworden, als Jäger in die Sollner Wirtschaft kommt. Engelhardt gibt ihm den Brief aus München. Passauer kommt neugierig dazu: »Von wem ist der?«

»Vom Kittler! . . . Bitte nicht anrücken.« Jäger wird von Wort zu Wort leiser. »Vom Hauptmann Schwaiger wissen wir nichts. Wenn ihr dennoch anrückt, tun wir herinnen das Unsere. De Wendt steht vor dem Tor. Auf eure Gefahr rückt ihr an!« Dann sagt Jäger: »Diese schlimme Nachricht dürfen wir nicht aufkommen lassen!«

Hauptmann Mayer muß die drei beobachtet haben. Jäger kann ihm diese zweite Hiobsbotschaft nicht verheimlichen.

»Es ist doch Wahnsinn, unter diesen Umständen München anzugreifen!« schreit er los. »Ich lege den Säbel nieder! Die Leute werden doch nur auf die Schlachtbank geführt. Die Offiziere und Beamten werden von den Leuten nur so fortgeschoben. Ich rate euch jetzt zum Rückzug!«

Mayer ist dieses Unternehmen absurd geworden. Einmal die Warnung des Postmeisters von Anzing, und jetzt die Warnung Kittlers aus München. »Dann soll Alram den Oberbefehl übernehmen«, rufen einige Beamte und Offiziere, denen der Überblick über das Vorhaben immer schwerer fällt. Alram sagt es nicht laut, aber die Leute um ihn herum können seine Worte hören: »Bei solch widersinnigen Köpfen trachte ich in keiner Weise, Kommandant zu sein.«

Rittmeister von Schellenberg ist aus München abgeschickt worden, um die Aufständischen zu »rekognoscieren oder ihnen data occasione einen Streich zu versetzen.« 80 Reiter begleiten den Rittmeister.

Am Ortsrand Forstenried, Richtung Solln, entdecken sie plötzlich die Vorhut der Aufständischen: die Schützen aus Tölz, die sich dort zum Campieren verteilten.
Der Aufklärungstrupp aus München beobachtet die Aufständischen. Dann schickt der Rittmeister zwei Husaren aus. Sie sollen um die Schützen herumgehen, um die Größe der ganzen Marschkolonne auszumachen. Sie brauchen nicht weit vorzustoßen, da sehen sie auch den schlechtbewaffneten Haufen.
»Die sehen ja aus, als ob sie eine mittelalterliche Rüstkammer ausgeraubt hätten«, macht sich der eine Husar lustig. Sein Begleiter ruft plötzlich: »Da!«
Berittene Schützen jagen seitlich auf die beiden Husaren zu. Die drehen schnell ab, Richtung Trupp. Die Schützen setzen nach, holen die beiden ein und schießen. Zwei Husaren sind tot. Der überraschte Trupp kann nicht mehr helfen. Rittmeister von Schellenberg flieht in Richtung München.
»Wir haben gesiegt! Wir haben gesiegt!« jubeln die Tölzer Schützen. In Schäftlarn hatten sie die erste kaiserliche Patrouille gefangengenommen. In Forstenried haben sie jetzt ihren zweiten »Sieg« erringen können.
Darüber vergessen sie die ersten Toten an diesem Heiligen Abend.

Die Nachricht von diesem Zwischenfall verbreitet sich schnell. Auch in das Wirtshaus in Solln. Dort freilich wird das Siegesgefühl nicht geteilt. Viele Aufständische werden Zeuge einer peinlichen Situation.
Alram greift die Nachricht auf: »Die kaiserlichen Trupps werden uns gleich in den Rücken fallen. Sie werden den Angriff vergelten. Deshalb rate ich noch einmal dringend zum Rückzug! Wir machen doch unseren Leuten nur was vor! Sagt

ihnen, woran sie wirklich sind. Zeigt ihnen die Abmahnungsschreiben der Administration, die in ihren Heimatorten auf sie warten und die ihr in Händen habt. Lest sie ihnen vor!«
Alram hat die Münchner Gruppe im Blick: Jäger, Passauer und Engelhardt. »Laßt mich den Leuten das sagen. Daß künftig keiner behaupten kann, er sei verführt worden. Was die draußen dann beschließen, das soll auch durchgeführt werden.«
Beamte und Offiziere nicken. Auch die Leute, die sich inzwischen vor den Fenstern und in den Türen drängeln, fassen zu diesem Mann Vertrauen.
Einige rufen: »Alram soll sprechen!«
Aber jetzt redet Jäger: »Wozu denn Angst haben? Es wäre doch eine Schande, wenn man eine Sache angefangen hat und jetzt wieder zurückgeht. Außerdem . . .«, jetzt wendet sich Jäger an die Leute vor der Wirtschaft, »außerdem wartet in Thalkirchen neuer Proviant auf euch. Wollt ihr den einfach liegenlassen?«
Der Jägerwirt wird unterstützt von einigen Tölzer Schützen. Sie feiern noch immer ihren Sieg.
Augenzeuge Alram berichtet: »Sie führten sich so auf, als ob sie die Stadt München schon erobert hätten. Sie sagten, nun werden die Kaiserlichen gleich die Flucht ergreifen und München verlassen.«
Hauptmann Matthias Mayer verläßt den Raum, schwingt sich draußen auf sein Pferd.
Mayer reitet ein großes Rund um die vor der Wirtschaft Versammelten. Dann gibt er das Kommando: »Befeeeeehl zurüüüüüüück! Zurüüüüückmarschiiiiiieren!«
Daraufhin nähert er sich wieder dem Wirtshauseingang und brüllt zu Houys: »Häng die Schützen hinten an. Die Stängler schick' nach Haus!«

Mayer wiederholt seinen Befehl. Im Rückzug sieht er die einzige Überlebenschance. Er reitet wie besessen um die erstaunten Leute, die jetzt wieder in ihre oberbayerischen Dörfer zurückkehren sollen. Ohne in München gewesen zu sein.
Mayer schreit auf die Leute ein: »Die Schützen sollen wieder auf ihre Posten im Isarwinkel. Die unbewaffneten Leut' sollen über die Brücke bei Schäftlarn nach Hause gehen!«
Wird der Marsch jetzt ganz zu Ende sein? Nicht mal ein Rückzug in die Valley?
Der Jägerwirt steht fassungslos in der Tür. Passauer neben ihm fängt an zu weinen. Die Schützen murren.
Tatsächlich: Der Zug dreht um. Die Oberländer marschieren den gleichen Weg zurück. München soll nicht mehr befreit werden.
Eine halbe Stunde lang gehen sie schon aufs Gebirge zu. Sie sind auf der Höhe von Pullach.
Der Jägerwirt reitet neben dem Jägeradam. Sie besprechen, wie sie den Zug doch wieder nach München umdirigieren könnten. Passauer macht den Anfang: »Nein, nein, nein! Nicht zurück! Wir müssen nach München!« schreit er plötzlich und reitet wild durch die Leute. Dann formieren sich die Schützen. Sie drängen auf Hauptmann Mayer zu. Er wird vom Pferd gestoßen. Die Perücke wird ihm heruntergerissen. Jemand nimmt ihm den Degen ab. Dann befiehlt ihm der Jägeradam, zu Fuß weiterzugehen. Jetzt kommt Jäger dazu. Er faucht ihn an: »Wenn du zurückgehen willst, bekommst du's mit den Schützen zu tun!«Die Schützen rücken bedrohlich nah an ihn. (Alram: »Gar zu brutal und furios«). Einer fährt ihn an: »Wir schlagen dir Arm und Bein entzwei! Das ist unsere letzte Warnung. So geht es jedem, der noch einmal das Wort Rückmarsch ins Maul nimmt!«

Jäger und Passauer versuchen jetzt, den Zug zu stoppen: »Wir lassen die Münchner nicht im Stich!« ruft Jäger. Und Passauer schreit: »In München ist doch nur eine kleine schlechte Garnison, die wegen mieser Bezahlung nur darauf wartet, das Gewehr hinzuschmeißen.« »Wer ist das?« fragen sich da einige und deuten auf einen schwarzen jungen Mann, den sie zum ersten Mal beachten. »Ich bin von den Unterlandsdefensoren geschickt, die sich mit euch vor München vereinigen wollen«, lügt er sie an. »Dann befreien wir die Stadt und das Rentamt München und damit Bayern!«
Die Leute nennen ihn ab jetzt »Greifan«.
Aus dem Abgesandten eines Kavaliers aus München ist ein Abgesandter Plingansers geworden.
»Vorwärts«, schreit Jäger. Und tatsächlich: Der Haupthaufen dreht. Die Leute marschieren wieder Richtung München.
Mayer bleibt beharrlich: »Ihr führt die Leute auf die Schlachtbank. Laßt sie zurück!«
Da mischt sich der Jägeradam ein. Die beiden streiten. »Wir Schützen sind auch allein im Stand, ohne euch Offiziere, ohne die Hilfe der Münchner oder Unterländer die Kaiserlichen nicht bloß aus der Stadt, sondern aus dem ganzen Land zu verjagen!«
Mayer brüllt ihn an: »Geht jetzt zurück zum Kloster Schäftlarn!« Passauer kommt dazu, hinter ihm der Jägerwirt.
Auch Passauer legt sich mit Mayer an: »Es gibt kein Zurück mehr, sondern nur ein Vorwärts. Auf nach München! Wenn jeder so eine alte Hure wäre wie du, gingen die Leute wohl alle zurück!« schreit er dann in die Menge.
Zum zweiten Mal erreichen die Marschierer den Ort Solln. Allerdings ohne eigentliche Führung und etwas spät. Es ist jetzt 21 Uhr.

Können sie überhaupt noch rechtzeitig – wie ausgemacht – München erreichen? Immer mehr zweifeln an dem Unternehmen. Im Schutz der Dunkelheit versuchen einige, sich auf und davon zu machen. Den meisten ist inzwischen klar geworden, daß der Marsch nach München keine »Parade« werden wird, wie früher gesagt worden ist. Der Tölzer Oberschreiber Johann Adam Prindl, der selbst die Patente ausgeritten hatte, ist Augenzeuge:

»Etliche Gerichte wollten wieder zurück und nach Hause. Auch ich setzte mich aufs Pferd, um heim zu reiten. Da kam der Hussenmeissl, ein lediger Bauernkerl von den Isarwinklern, die noch alle beisammen standen und nicht mehr zurückgehen wollten, herangesprungen und rief mir zu, er wird mich, wenn ich wegreiten würde, sofort vom Pferd herunterschießen.«

Wider Willen folgen die Offiziere und Beamten dem harten Kern des Marsches: Jägerwirt, Jägeradam, Passauer, Engelhardt und den Schützen aus Tölz.

Noch mehr als in Tölz hat sich ein Mann in den letzten Stunden zurückgehalten: Kriegskommissar Matthias Ägidius Fuchs. Der Mann, der das ganze Unternehmen eingefädelt hatte.

Er kann einfach nicht glauben, daß die Unterländer ihn im Stich lassen werden. Er faßt den Entschluß, auf eigene Faust den derzeitigen Standort der Unterländer auszukundschaften und sie dann vor München zu führen.

Eine letzte Chance für die Leute aus dem Oberland?

Erst gegen 22 Uhr erreichen die Marschierer Thalkirchen. Dort machen sie wieder Station.

Die Kleinbauern, Handwerker und Bürger packen ihren letzten Vorrat aus. Aus Schnupftüchern wickeln sie altbackene

Nudeln und Topfenkäse. Unten an der Floßlände wird Kommißbrot und Bier verteilt.
Die Stimmung ist gedrückt.
Ellgrasser denkt an zu Hause: »Was sie jetzt daheim machen?«
Nach einer Pause fügt er hinzu: »Ich habe meinem Enkel ein Pferd geschnitzt. Er war so an unserer Asta gehangen, die man uns weggeführt hat. Ich hab's ihm in die Strümpf' gesteckt. Jetzt müßte er es gefunden haben.«
Die anderen um ihn herum schweigen. Ellgrasser sieht im Fackellicht ein Kindergesicht.
»Ja, wer bist denn du? Du sagst gar nichts. Wie alt bist denn?«
»Dreizehn.«
»Wie heißt denn?«
»Ich bin der Georg Hechensteiner aus Egern. Ich bin statt meinem Vater da.«
Zuerst sind es nur einzelne Stimmen. Dann werden sie lauter. Neue fallen ein. Dann erreicht das Gebet auch die Gruppe um Ellgrasser. Er stimmt mit ein: » . . . zu uns komme Dein Reich, Dein Wille geschehe . . .« Die Leute aus Tölz, Wackersberg, Arzbach, Reichersbeuern, Tegernsee, Kreuth, Rosenheim, Valley, Aibling, Starnberg, Wolfratshausen beten das »Vater Unser«.
Es ist nicht mehr das »Bauern-Vater-Unser«, wie sie es in den Wirtschaften damals im Oktober gesungen hatten.
In dieser Nacht wird es zu einem traurigen Lied.

Wieder Aufbruch. Balthasar Riesenberger schwenkt seine Fahne. Auch die anderen Fahnenträger richten sie auf, so auch der Wirt von Baierbrunn. Jäger hält sich jetzt in der Nähe der Tölzer Schützen auf. Mayer geht neben seinem Pferd her. Jäger sagt ihm vorsorglich: »Hüte dich vor den Schützen. Die haben

was gegen dich. Die schießen dich gleich über den Haufen, wenn du noch einmal anfängst.«
Der Zug marschiert gegen die Landeshauptstadt. Wie auch im Unterland ein Querschnitt durch alle gesellschaftlichen Schichten: Maurer, Zimmerer, Schneider, Schmiede, Bäcker, Häusler; der weitaus größte Teil stammt aus den Mittel- und Unterschichten. Eigentliche Bauern sind es nur zu etwa 12%. Die Beamten gehören der Oberschicht an.
Die meisten sind um die dreißig Jahre alt. Der Jüngste ist zwölf, der älteste ist achtzig.

Kurz vor Mitternacht erreichen sie den Ort Sendling. Der letzte Standort wird bezogen. Hauptquartier ist der »Große Wirt«. Von Alram war der Vorschlag gekommen, man soll doch die Sendlinger »ersuchen, daß sie ein Lagerfeuer so lange wie möglich abbrennen lassen, um die Kaiserlichen glauben zu machen, als ob sie noch vorhanden wären«. Unterdessen könnten sie abhauen. Die allerletzte Chance wird in den Wind geschlagen.
Es werden zwar Lagerfeuer entlang der Sendlinger Höhe angezündet. Sie dienen aber dazu, die Zahl der Oberländer größer erscheinen zu lassen.
Bange Minuten beginnen. Werden die Unterländer noch eintreffen? Sternenhimmel über München. Der Schnee macht die Nacht heller.

In diesen Stunden schreibt der Administrator Graf Löwenstein an Prinz Eugen in Oberitalien:
»Wir haben vor einigen Tagen durch Expressen einen Bericht gesandt. Nachdem aber die Nachricht eingelangt ist, daß der Kurier von den Tumultuanten zwischen München und Mitten-

wald abgefangen worden, haben wir für unumgänglich nötig gehalten, ein Duplikat zu übersenden, um so mehr, weil das Werk von Tag zu Tag ärger verfällt. Das Corps ist nur drei Stunden von hier postiert und man ist keine Stunde sicher, daß es nicht gezwungen werde, sich in die Stadt hineinzuwerfen; die Rebellen haben nunmehr auch Wasserburg attackiert und die übrigen Gerichte längs des Tiroler Gebirgs stehen gleichfalls auf. Von diesen soll bereits ein Haufen zu Schäftlarn, 4 Stunden von hier, stehen. Man hat gegen sie den Rittmeister von Schellenberg mit etlichen 80 Reitern abgeschickt. Er ist eben zurückgekommen mit der Nachricht, daß er zu Forstenried, 2 Stunden von hier, auf die Schützen getroffen. Weil sie zu stark und wohl bewehrt waren, habe er zurückgehen müssen.

Ferner kommt der Pflegkommissar von Starnberg hierher, der den ganzen Tag bei ihnen gewesen und berichtet, daß sie 500 Schützen hätten und in allem 4500 Mann wären, von denen 1000 zu Fuß wohl bewehrt und etwa 250 auch wohl bewehrt zu Pferd wären; sie hätten die Absicht, sich eine halbe Stunde von hier zu postieren. Der Pflegkommissar sagt aus, daß sich bei den rebellierenden Bauern zu Schäftlarn ein Franzose befinde.

Es wird dies vielleicht der letzte Brief sein, den wir noch durchzubringen vermögen, da wir stündlich erwarten müssen, von diesem losen Gesindel umringt und eingesperrt zu werden.«

Dieser Pflegkommisar aus Starnberg, der Verräter Oettlinger, hatte nicht einen ganzen Tag, wie der Administrator schreibt, sondern nur eine Nacht bei den Oberländern verbracht. Sein Eindruck von deren Stärke war zu diesem Zeitpunkt noch größer. Dennoch: Die Administration weiß jetzt über Zahl,

Anführer, Ziel und Zeitplan Bescheid. Nicht aber über den derzeitigen chaotischen Zustand.

Seit der Aumeister-Max heute am frühen Nachmittag die Stadt Richtung Solln verlassen hatte, hat sich die Situation in München vollkommen verändert.
Kittler hatte es zuerst zu spüren bekommen. Als er vom Maderbräu zurückkommt, begegnet ihm im Treppenhaus wieder Leutnant Fraun. Diesmal beginnt der Leutnant:
»Dich wird man bald anders beim Kopf nehmen und eine Wache ins Haus bekommen.«
Soll das eine Warnung sein? Kittler ist beunruhigt.
Noch mehr beunruhigt ist er, als er später in den Münchner Straßen verschiedene Anschläge sieht:
»Jedermann hat sich bei Leib- und Lebensstrafe vor Erfindung von Unwahrheiten zu hüten. Jener, der einen solchen Lügenerdichter und Zerstörer der inwendigen Ruhe ansagen und offenbar machen wird, erhält einen Recompens von 100 fl.
Vacchiery, Bürgermeister.«
Nachdem sich Senser den ganzen Tag nicht blicken läßt, schickt Kittler nach ihm. Erst dann kommt Senser. Kittler gibt ihm den Zettel, den Max Daiser heute mittag brachte. Senser wird immer blasser. Kittler bietet ihm ein Glas Wein an. Senser lehnt ab. Er geht deprimiert weg. Kittler sagt hinter ihm her:
»So geh in Gottes Namen dahin. Die Bürger tun nichts . . .«
Als dann Max Daiser in der Dämmerung von Solln in die Stadt zurückkehrt, sucht er die Verschwörer zuerst beim Maderwirt. Dieser steht draußen im Gespräch mit seinem Nachbarn, dem Bacherbräu.
»Sind die andern noch drin?« fragt er außer Atem.
Franz Mader verweist ihn kühl an den Kittlerwirt.

Dort sitzen der Weißbräuwirt Späth, der Pastetenkoch Eckart, ein Geistlicher und Kittler. Sie spielen Karten. Sie hatten gehofft, ihre Warnung an den Jägerwirt hätte gefruchtet. Max Daiser sagt: »Sie kommen!«
Die vier sind wie vom Blitz getroffen. Da hören sie von der Straße eine laute Stimme:
»Ab 18 Uhr alle Häuser schließen! Niemand darf sich ab dann mehr auf den Gassen blicken lassen! Alle Gewehre sind abzugeben! Die mitternächtliche Christmette ist abgesagt!«
Sie stehen alle am Fenster.
»Oh mein Gott, jetzt ist alles aus!« sagt Kittler. Der Aumeister-Max beeilt sich, noch rechtzeitig durch das Isartor nach Hause zu kommen. Weißbräumeister Späth läßt sein fünftes Glas Wein stehen. Kittler denkt an die Warnung seines Untermieters Leutnant Fraun.
Späth, Kittler und der Geistliche gehen zum Weißbräuhaus. Späth legt sich in seiner Wohnung erst einmal ins Bett. Kittler geht unruhig auf und ab. Hier sollen in wenigen Stunden die Schützen durch den Katzenbach in die Stadt. Dann geht Kittler auf den Speicher. Von einer kleinen Plattform auf dem Dach aus sieht er auf die Straße hinunter. Ein Soldat geht unten von Haus zu Haus und überprüft, ob die Türen geschlossen sind. Die Stadttore werden verriegelt. Die Außenwerke sind verstärkt. Auf den Frauentürmen stehen zwei Kanonen schußbereit. Die Turmwächter werden observiert. Die Administration ruft, zusätzlich zu den Truppen, die de Wendt in die Stadt gebracht hatte, Verstärkung: Das gesamte kaiserliche Corps unter General Kriechbaum soll jetzt nach München geworfen werden.
Die Münchner stehen in dieser Nacht hinter den Fensterläden und Vorhängen. Kaum ein Bürger geht schlafen.

Nur wenige liegen im Bett: Senser, Hallmayr, Späth und Hayd. Ignaz Hayd betet, bevor er sich hinlegt. Er war heute schon in zwei Heiligen Messen.
Wieder Kommandos auf der Straße: »Wer da? Halt qui vive!«
Nur Kittler ist auf der Wacht. Wieder steigt er auf die Dachplattform. Er blickt Richtung Sendling. Er glaubt, viele Feuer zu sehen. »Sie sind da!« ruft er nach unten ins Weißbräuhaus, »sie kommen!«
Aber nicht die Aufständischen.
Es ist 23 Uhr in Anzing. General von Kriechbaum schreibt an den Administrator:
»Nach dem an mich Abgelassenen finde ich es höchst nötig, mich mit dem ganzen Corps gegen München zu ziehen, denn wenn wir ein Unglück hätten, ginge alles über den Haufen. Ich werde alsogleich aufbrechen und hoffe, noch vor Tag in der Nähe von München zu stehen, wo ich dann schon persönlich eine gehorsame Reverenz machen werde.«
Der einzige, der die verabredete Position in dieser Nacht bezieht, ist Max Daiser.
Er hackt die Röhren ab und sperrt die Kanäle.

15. KAPITEL

Das Massaker

25. Dezember 1705.
Auf diesen Tag wird später das Ereignis »Sendlinger Schlacht« datiert. Die ersten zehn Stunden dieses Tages werden zeigen, daß das Wort »Schlacht« die rechtfertigende Sprache der Siegermacht war.
Gewiß fanden Kämpfe statt. Aber diese Kämpfe werden nicht in Sendling sondern an anderen Plätzen um München stattfinden.
Was in Sendling passiert, wird keine Schlacht sein, sondern ein in der Geschichte der Menschheit kaum vergleichbares Massaker.
Die Geschichtsfälschung der Wiener Reichskanzlei ist bis heute wirksam geblieben.
Eher stimmt der Ausdruck »Sendlinger Mordweihnacht«. Unter diesem Namen ist das Ereignis bei der Bevölkerung eingestuft worden. Es ist richtig: Am Weihnachtsfest 1705 wurde in Sendling gemordet. Und nicht nur in Sendling.
Wie kommt es zu diesen Morden, zu diesem Vergeltungsschlag des Heiligen Römischen Reichs Deutscher Nation gegen die

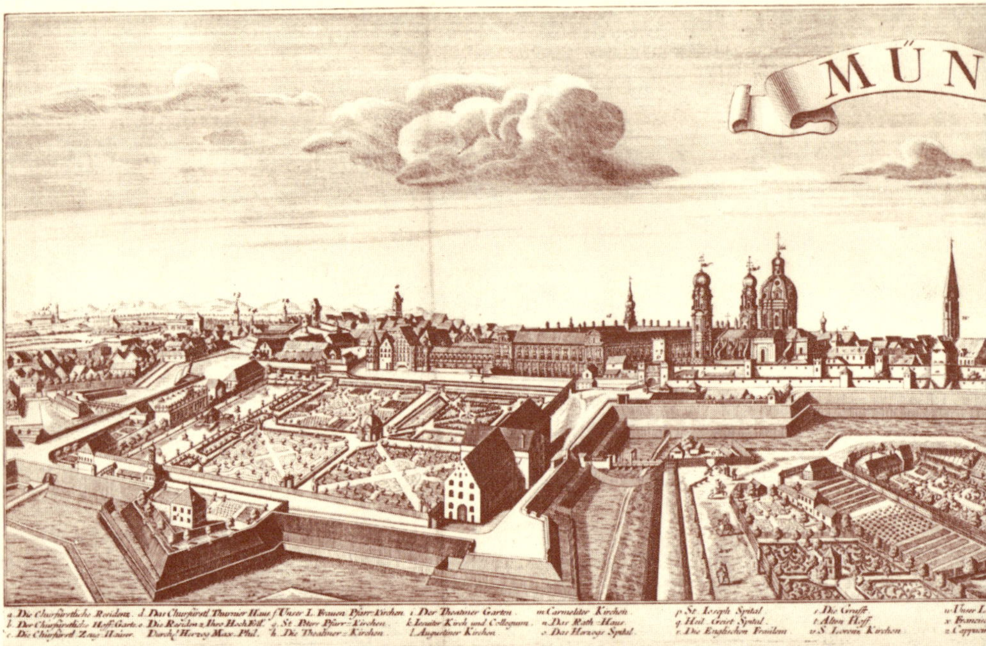

Abb. 13 Der Sternmarsch nach München sollte in der Nacht vom 24. auf den 25. Dezember 1705 mit der Befreiung der Landeshauptstadt auch die Befreiung Bayerns von der Besatzungsmacht bringen. Gesamtansicht München von Nordwesten her. Georg Balthasar Probst um 1700

bayerischen Rebellen, die ihre eigenen politischen Vorstellungen hatten und durchsetzen wollten?
Der Administrator in der Herzog-Max-Burg spricht von »letzten Nachrichten«, die aus der Stadt gehen. Er rechnet in dieser Nacht mit seiner Festnahme. München hat er aufgegeben.
Er beobachtet die Truppenbewegungen der 16000 Aufständischen von Mühldorf über Wasserburg. Richtung München. Er weiß auch den Tag, an dem das Konzept der Aufständischen in die Tat umgesetzt werden soll. Der Informant war Pfleger Oettlinger aus Starnberg. Außerdem erfährt er von seinem

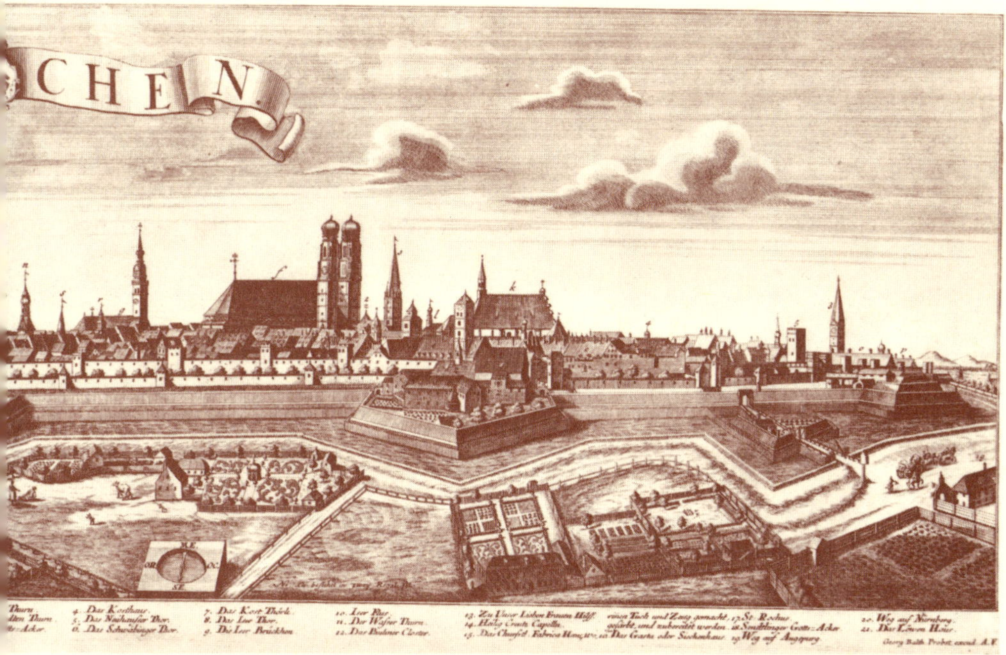

Aufklärungstrupp, daß die Oberländer bis »eine halbe Stunde« vor die Stadt rücken werden. Er kann sich ausrechnen, wann sich die Punkte im Koordinatensystem dem Nullpunkt nähern. Der Nullpunkt ist München. Und der Punkt im Fadenkreuz innerhalb Münchens ist er, Graf Löwenstein.

In den nächsten Stunden wird sich zeigen, ob das Konzept der Braunauer Strategen und des Kommissars Fuchs doch noch funktionieren wird. In den nächsten 60 Minuten soll der Sternmarsch auf München sein Ziel erreichen.

Die Unterländer vom Osten her; die Aufständischen aus den Gerichtsbezirken Haag, Erding und Schwaben stoßen dazu; die Oberländer vom Süden her.

Sie alle sollen den Ring um München von Rosenheim über Dachau bis Tölz schließen.

Noch vom Hauptquartier in Sendling richten die Oberländer

einen letzten Aufruf an das Landgericht Dachau. Werden sie kommen?
Der Aufstand ist auf seinem Höhepunkt angelangt. Mehr als 40 000 Leute wollen jetzt Bayern befreien, nachdem Neu- und Altötting, Schärding, Kraiburg, Vilshofen, Braunau und Burghausen »befreit« sind und fast das gesamte Rentamt München unterwegs ist.
Eine Frage der Zeit, bis sich die übrigen Rentämter anschließen. Die Anstrengungen dazu laufen parallel. Die Aufstandsbewegung war ja stets darauf bedacht, ihre Strategie auch politisch-administrativ abzudecken.
Das Corps der Aufständischen bewegt sich in Richtung München über die Orte Haag, Hohenlinden und Anzing. So der Plan. Dahinter steckt das Konzept, den Reichstruppen die Verbindung nach München abzuschneiden. Doch die Reichstruppen sind schneller.
Der Sprung dieser Reichstruppen bis Anzing durchkreuzt das Vorhaben. Ausgerechnet das Anzing, das den Oberländern und den Münchnern als Nachrichtendrehscheibe dienen sollte. Die Jagd auf Postmeister Hierner ließ diese Verbindung am 23. Dezember auffliegen. Verkleidet versieht Hierner weiter seinen »Dienst«. Seine letzte Botschaft am selben 23. Dezember war eine Warnung an die Oberländer, den Marsch nach München jetzt nicht zu wagen, da der neuberufene General von Kriechbaum die Strategie der Aufständischen durcheinanderbrachte. Im Grunde heißt Hierners Nachricht: Abwarten!
Der Beauftragte des Braunauer Parlaments für den Marsch auf München, Hoffmann, reagiert so: Ursprünglich wollte er denselben Weg, den die Reichstruppen nach München nehmen, auch gehen. Jetzt muß er das Gelände erst neu sondieren. Er teilt die Aufständischen. Die einen sondieren den Raum Haag

bis Ebersberg. Die anderen schwenken über Gars ab, streifen Wasserburg und stoßen über Edling am 24. Dezember nach Ebersberg vor. 16 000 Mann sind jetzt dort im Hauptquartier Steinhöring. Hoffmann schickt an diesem 24. Dezember einen Vortrupp Richtung München unter südlicher Umgehung der Armee Kriechbaum. Gelingt es ihnen, mit den Oberländern Kontakt zu bekommen? Hoffmann hofft, daß die Warnung Hierners die Oberländer stoppt.

Aber wie gehen die Kontaktversuche der Oberländer auf ihrem Marsch nach München aus? Wird der Brief des Jägerwirts, den Barthel Siegel am 24. nach Anzing bringen will, Hierner erreichen? Und wird Hierner diese Nachricht an Hoffmann weitergeben können? Und dann der letzte Versuch einer Kontaktaufnahme? Als Kriegskommissar Fuchs etwa um 21 Uhr zwischen Solln und Thalkirchen den Entschluß faßt, auf eigene Faust die Unterländer zu suchen? In der Dunkelheit und in verschneitem Gelände?

Hoffmann wartet dringend auf Nachrichten. Er muß eine Verbindung herstellen. Er wirft den Vortrupp sogar bis Zorneding – nur 25 Kilometer vom Hauptquartier Sendling entfernt.

Die südliche Umgehung von Anzing deutet auch das Ziel an, sich schon südlich von München mit den Oberländern zu vereinigen. Funktioniert der Plan der Befreiung der Stadt in letzter Minute? Noch bevor Kriechbaum mit seinen Truppen München erreicht?

Wie werden die Würfel fallen? Die nächsten Minuten können die Lage in München, in Bayern und in Mitteleuropa ändern. Die Schicksalslinien zweier konträrer Intentionen laufen aufeinander zu. Ein fataler Wettlauf beginnt. Er wird mit einer Tragödie enden.

Und wie ist die Situation im Sendlinger Hauptquartier um Mitternacht? Weniger Leute als erwartet, keine Führung, die Warnung aus München, die Warnung der Unterländer und die Gewißheit, daß der Suchtrupp der Administration in die Hauptstadt zurückgekehrt ist.

Im »Großen Wirt« in Sendling ist man sich in diesen Minuten der ernsten Lage bewußt. Die Entscheidung, die jetzt getroffen wird, zeigt, daß erhöhtes Risiko auch erhöhten Einsatz verlangt: Der Haufen der Aufständischen wird dreigeteilt.

Die Schlechtbewaffneten bleiben beim Hauptquartier. Die Schützen sollen versuchen, über den Roten Turm zum Isartor vorzudringen. Eine dritte Abteilung soll sich am Angertor postieren, um den Einlaß für die noch in Sendling Stehenden zu sichern.

Vor Mitternacht marschieren etwa 1400 Mann in Richtung Hauptstadt. Sie ahnen, daß sie nicht mehr mit der Hilfe der Unterländer rechnen können. Nach 40 Kilometern Marsch sind sie müde. Und jetzt wird von ihnen eine Aktion verlangt, die ein trainiertes Sonderkommando voraussetzt: die nächtliche Überrumpelung ihrer Landeshauptstadt.

Die 1400 marschieren die heutige Thalkirchenerstraße entlang. Die Formation unter Aberle bleibt am Glockenbach mit Auftrag Angertor. Die zweite Formation unter Houys mit den Schützen aus Tölz und der Valley biegt in die heutige Geyer- und Baumstraße zur Isar, an ihr entlang zur heutigen Zweibrückenstraße: insgesamt nochmal zehn Kilometer.

Angertor, Isartor, Kosttor – die Stadt soll vom Süden und Osten angegriffen werden.

Vor dem Roten Turm, der eine halbrunde Schanze vor dem Isartor zur Isar hin abschließt, formieren sich die Schützen. Und die, die mit ihnen mitgezogen sind, verteilen sich entlang der Stadtbefestigung. Sie verstecken sich im Gehölz.

Alles ist still.
Manche wundern sich, daß keine Glocken zur Christmette läuten.
Vor dem Roten Turm fahren die Aufständischen zwei Kanonen auf. Jetzt sind sie bereit. Sie warten auf den einen Glockenschlag. Um 1 Uhr soll es losgehen. Trotz der Warnung aus der Stadt – Kittler hatte versprochen, seine Leute wollten auf ihren Posten sein.
So wie die Oberländer jetzt »das Ihre tun«: Vom Isartor aus wollen sie sich über die trockengelegten Stadtbäche einschleichen, vorstoßen über den Katzenbach zum jetzigen Hofbräuhaus. Dort wollen sie sich zusammentun mit den wartenden Studenten und Brauereiangestellten. Das soll ja die Überraschung sein: plötzlich mitten in der Stadt zuzuschlagen.
Vom Platzl wollen sie dann zum Kosttor ziehen. Dort sichern sie den östlichen Zugang zur Stadt. Dann erfolgt der Befreiungscoup der Prinzen.
Sebastian Engelhardt will vom Kosttor zu der Stelle vordringen, wo der Zwinger des Christophturms der Residenzanlagen die Stadtmauer berührt und die Befreier in die Residenz schmuggeln. Gleichzeitig überwältigen dann die beim Franziskaner versammelten Bürger die patrouillierenden Besatzungssoldaten und bereiten sich auf die Geiselnahme der hohen Offiziere und des Administrators bei ihrem Kirchgang vor: Die Tore gesichert, die Prinzen unter ihrem Schutz, die Besatzung in Schach gehalten und die Aufständischen vor der Stadt . . . Nur noch wenige Sekunden bis 1 Uhr. Gespannt warten sie vor dem Roten Turm: Hofkoch Sebastian Engelhardt, Pfleger Maximilian Alram, Leutnant Houys, Schmied Balthasar Riesenberger, Jäger Adam Schöttl.
Jetzt der Glockenschlag vom Alten Peter.

Ein Uhr.
Jetzt ist es soweit.
Stille.
Die Leute aus der Valley und aus Tölz starren auf das Tor.
Es öffnet sich nicht.
Keine Rakete steigt am Himmel auf.
Sind die Münchner nicht bereit?
Stille.
Einige Schützen laufen jetzt den Roten Turm an. Ein greller Kommandoschrei von dort: »Halt qui vive!«
Der erste Schuß.
Das Feuer ist eröffnet.
Die Besatzung des Roten Turms richtet Kanonen gegen die Angreifer. Thomas Messerer, Egern, ehemals kurfürstlicher Bombardier, erwidert das Feuer aus der Tegernseer Kanone.
Geschrei.
Die ersten Verwundeten.
Von den Wällen wird heruntergeschossen. Aus dem Gehölz wird heraufgeschossen.
Den Angreifern gelingt es, die Besatzung des Roten Turms in die Defensive zu bringen. Sie muß in die Dunkelheit schießen. Die Aufständischen haben den Vorteil, auf ausmachbare Konturen zu zielen. Dann plötzlich räumt die Besatzung den Roten Turm: 30 Reiter und 15 Scharfschützen verlassen ihn und ziehen sich zum Isartor zurück. Sebastian Engelhardt besetzt den Turm mit 50 Mann. Andere rücken nach und versuchen, bis zur Zugbrücke vorzustoßen. Sie ist jetzt hochgezogen. Dahinter sehen sie das Isartor gegen den Nachthimmel.
Von Sekunde zu Sekunde wird ihnen klarer: Die Tore werden sich nicht öffnen. Sie müssen sie erst erobern. Nur die Bäche sind abgestellt. Aber wie zu den Bächen kommen?

Die Schützen schieben sich Richtung Isartor. Sie beschießen die Stadtbefestigung. Sie versuchen, den Wall am Isartor zu stürmen.

In der Herzog-Max-Burg sammelt der Administrator die wichtigsten Dokumente und Briefe. Er übergibt sie seinem Sekretär. Dieser soll sie noch aus der Stadt herausbringen. Diese letzte Post soll der Privatsekretär nach Augsburg befördern, wo sich der Sohn des Administrators derzeit nach Hilfe für München umsieht.
In den Gassen der Stadt haben die Soldaten Sperrketten aufgehängt. Die Pechpfannen brennen heute die ganze Nacht.

Abb. 14 Es gelingt den Aufständischen, den Roten Turm zu erobern und sich zum Isartor vorzukämpfen. Gemälde von Joseph Stephan, 1760

Im Eckhaus Färbergraben/Sendlinger Gasse hört Frau Senser Lärm aus der Sendlinger Gasse. Sie kann nicht schlafen. Sie sagt zu ihrem Mann: »Steh du mal auf, und schau nach, was die heut nacht so durch die Gassen reiten und fahren.«
Senser geht zum Fenster. In der Ferne hört er Schüsse. Er legt sich wieder hin.
Auf der Plattform des Speichers vom Hofbräuhaus stehen Kittler, Späth und der Geistliche. Sie blicken in Richtung Isartor und Kosttor.

»Verrat! Verrat!«
Verzweifelte Rufe. Angst beschleicht die Leute vor der Stadt. Andere schreien im Trommelfeuer: »Die Prinzen retten! Die Prinzen retten!«
Vom Isartor und von den Wällen wird aus allen Luken geschossen. Auf dem Roten Turm hat Sebastian Engelhardt die beiden Kanonen in Richtung Stadt umgedreht. Die Stadtbeschießung beginnt. Das Isartor soll freigesprengt, der Ringwall freigeschossen werden. Eine Stunde lang dauert dieser Ansturm auf München. Immer noch kein Raketenzeichen. Immer noch öffnet sich kein Tor. Immer noch keine Unterstützung durch die Landesdefension aus dem Unterland.
Was Sebastian Senser und Frau in ihrem Schlafzimmer hören, ist die Verstärkung, die an den Osten der Stadt geworfen wird. Den Besatzungstruppen gelingt es, die anstürmenden Aufständischen vom Isartor abzudrängen. Weiter zurück bis zum Roten Turm. Und auch den erobern die Besatzungssoldaten wieder zurück.
Die Schützen wollen es nicht glauben.
Pfleger Alram schreit: »Zurück! Zurüüüüück! Verschont euch um Gottes willen!«

Adam Schöttl erwidert: »Laßt uns weiter vorwärts. Wir sind ja schon am Isartor und gleich in der Stadt!«
Er will nicht merken, wie er Meter um Meter zurückgedrängt wird.

Um 2 Uhr räumen Engelhardt und seine Leute den Roten Turm. Das Schießen geht weiter. Um 3 Uhr gelingt es dem Sekretär des Administrators, aus der Stadt herauszukommen. Er wird dem Sohn des bedrängten Grafen Löwenstein melden: »Die rebellischen Bauern hatten sich in der Nacht um drei Uhr bereits zum Meister der Isarbrücke gemacht. Es ist also München vermutlich völlig eingesperrt!«
Einen genauen Überblick hatte er nicht. Aber nicht nur er.

In der Nacht werden Bäume gefällt. Barrikaden werden errichtet. Der Jägerwirt ruft den Tambour, der die Übergabe der Stadt einleiten soll.
Ähnlich wie der Administrator die wichtigsten Papiere für seinen Sekretär sammelt, händigt Jäger das Wichtigste aus: die Übergabepapiere. »Das ist das Manifest«, sagt er, »das übergibst du am Tor. Aber zuerst liest du das da vor!«
Gegen 6 Uhr trifft der Tambour vor dem Sendlinger Tor ein. Die Stadt soll jetzt zur Kapitulation aufgefordert werden. Er schlägt die Trommel und liest dann laut vom Blatt ab:
»Aus dem Manifest ist zu sehen, was uns zu einem Aufstand, zur Aufforderung der Stadt München, zur Übergabe und zur geplanten Besitznahme dieser, sowie zur Liberierung des ganzen Rentamts von der feindlichen Gewalt bewogen hat.«
Der Tambour schaut von seinem Blatt auf, ob sich das Tor öffnet. Nichts. Er redet gegen die roten Mauern.
»Zu diesem Ende sind wir bereits nahe an die Stadttore ange-

rückt, und wir zweifeln nicht, die in bayerischen Pflichten stehenden Räte und Hofbedienten werden unser, ihnen zu Hilfe und Trost gereichendes Unternehmen danknehmig erkennen. Nichts desto weniger gebieten wir ihnen hiermit ernstlich, wenn es zu wirklicher Tätlichkeit und Gebrauch der Waffen kommen sollte, uns mit allen Kräften an die Hand zu gehen . . . «

Da öffnet sich das Tor.

Mehrere Soldaten kommen auf den weiterlesenden Tambour zu. ». . . damit wir im widrigen Fall nicht bemüßigt werden, die Renitenten durch Feuer und Schwert, sowie Konfiskation ihrer Habe und Güter dazu anzuhalten.«

Ein Soldat reißt ihm das Papier aus der Hand.

Der Tambour ist verhaftet.

Das Manifest, das in den Münchner Amtsstuben erstellt worden war, kehrt in die Amtsstuben der Stadt zurück.

Die Stadt kapituliert nicht.

Noch immer fallen Schüsse entlang der Mauer zwischen Kosttor und Rotem Turm. Ein Stellungskampf. Die schlechter Bewaffneten weichen entlang der Stadtmauer Richtung Glockenbach zurück. Gegen 7 Uhr morgens an diesem Weihnachtstag steigt Jäger zur nächsten Anhöhe. Er ruft aufgeregt: »Es steckt schon eine weiße Fahne auf dem Frauenturm!« Ein anderer läuft hinauf. Er bestätigt es: »Eine weiße Fahne an der Frauenkirche!«

»Sie kapitulieren. Sie kapitulieren!« ruft der Jägerwirt. Unten weiß man, was das bedeutet: »Die Unterländer sind da. Die Unterländer sind da!«

Und tatsächlich – vom Gasteigberg sind Kanonenschläge zu hören. In Sendling, am Glockenbach, am Roten Turm hören daraufhin die Schüsse auf.

»Da wieder. Hör doch! Die Unterländer sind da!« schreit Balthasar Riesenberger.
»Aber das sind doch keine Kanonen von uns!« brüllt Houys. Lähmendes Entsetzen.
Nicht die Landesverteidiger aus Burghausen und Braunau sind da. Am Gasteig schießen kaiserliche Truppenverbände als Zeichen ihres Erscheinens dem Administrator in die Stadt.
Die Armee Kriechbaum ist da.
Wie hatte er noch nachts um 23 Uhr an den Administrator geschrieben: » . . . und hoffe noch vor Tage in der Nähe der Stadt zu stehen, wo ich persönlich dem Administrator meine Reverenz machen werde . . . «
General Kriechbaum macht seine Reverenz.
Mit 4000 Mann.
Schlagartig ändert sich die Situation an den Wehranlagen. Die Belagerer werden jetzt nach zwei Seiten kämpfen müssen.
Pfleger Alram schreit in die Kämpfenden: »Wenn ihr jetzt auf andere keinen Regard machen wollt, dann verschont euch selber. Noch ist es Zeit, zu retirieren!«
Nur wenige hören auf ihn. Balken, Baumstämme werden herangeschleppt. Den Posten so nahe an München wollen sie behalten.
Die Kavallerieabteilung der Armee Kriechbaum unter Oberst Johann Graf von Eckh sprengt die Abhänge zur Isar herunter und versucht, zwischen heutiger Reichenbachbrücke und Ludwigsbrücke überzusetzen. Sie wollen den Belagerern den Rückweg abschneiden. Um 8 Uhr öffnen sich die Pforten des Isartors. Die Zugbrücke geht nach unten. De Wendt läßt 200 Mann aus der Stadt. Er will der anrückenden Armee den Weg in die Stadt freihauen.
Die Oberländer fliehen entlang der Stadtmauer.

Abb. 15 Überlebende, die »bei der Revolution vor München« (wie es im Text heißt) dabei waren, stiften eine Votivtafel und halten die

Schrecken des Massakers fest. Votivtafel Kalvarienberg über Lenggries. 1706

»Eine so lustige Hötz«, nennt es später einer dieser Besatzungssoldaten und gesteht, daß sie die Belagerer »wie die Hasen in Graben hinunter geschossen« hätten. Und ein Stabsoffizier: »Bei Gott, hundert solcher Männer sind furchtbarer als eine Armee pomadeduftender Franzosen!«

Ungarische Kampfrufe aus dem Regiment Lehozky in Eckhs Reiterei verfolgen die Männer aus Oberbayern.

Sie werden in die Zange genommen. Die Kriechbaum-Infanterie im Rücken, die Wendtschen Stadttruppen vor sich.

Entlang der Stadtmauer wollen die Rebellen flüchten: entlang der heutigen Rumford- und Müllerstraße, vorbei am Angertor, wo die Leute um Aberle versuchen, einen schmalen Keil für den Fluchtweg offenzuhalten. Entlang dem Mühlbach suchen sie den Durchbruch zurück nach Sendling. Manche springen auch in die kalte Isar, um ihr Leben zu retten. So Michael Püchl, Egern:

»Ich wurde in die Isar gesprengt, wo ich unter größter Lebensgefahr durchsetzte. In der Mitte hat mich das reißende Wasser gleich zweimal herumgetrieben. In dieser Todesgefahr gelobte ich, eine Hl. Messe zu stiften. Gleich darauf wurde ich ans Ufer getrieben und hielt mich dort hinter Stauden versteckt, bis ich dann fliehen konnte.«

Metzger Schäbel, Miesbach, kann sich bis Oberföhring schleppen. Blut im Schnee auf der Kohleninsel, auf der Praterinsel, am Rand der Isar und am Glockenbach.

400 Tote.

Houys, Schöttl, Alram, Riesenberger und Aberle kommen durch.

Teile der Armee Kriechbaum marschieren schon nach 8 Uhr durch das Isartor in die Hauptstadt ein. Gegen 9 Uhr sprengen 150 Mann Kavallerie durch das Sendlinger Tor hinaus.

Eine unmenschliche Verfolgungsjagd beginnt.
Mit neuem Einsatzbefehl marschieren dann wieder Teile der Armee Kriechbaum aus der Stadt. Der Wettlauf zwischen Aufständischen und kaiserlicher Kavallerie beginnt. Die Schlechtbewaffneten bleiben auf der Strecke.
Gegen 10 Uhr erreichen einige das Dorf Sendling. Sie stoßen zu den Schanzen und Barrikaden des am schlechtesten bewaffneten Teils. Hinter Heuwagen und Holzstämmen warten hier etwa 1200 Mann. 1000 überlebende Flüchtlinge stoßen dazu.
Die kaiserlichen Armeeteile nehmen Aufstellung im Norden von Sendling zwischen dem heutigen Bavaria-Denkmal und der Sendlinger Kirche. Was bisher stattgefunden hatte, waren Kämpfe an der Stadtmauer und eine entsetzliche Verfolgungsjagd. Aber keine Schlacht. Was sich jetzt formiert, sieht zunächst nach Schlacht aus. Aber es wird ein Schlachten durch einen Gegner, der alle Regeln der Kriegskunst, der »Ritterlichkeit« abendländischer Kriegshandwerkstradition und des Völkerrechts bricht.
Die letzte Phase des zehntägigen Befreiungskampfes im Oberland ist angebrochen. Oberst de Wendt und General Kriechbaum sind aus der Stadt dazugekommen und sehen sich persönlich den letzten Akt an. Stille vor dem Sturm.
Plötzlich ein Trommelwirbel.
Hauptmann Mayer, Clanze und Aberle treten aus den Barrikaden heraus. Sie gehen der kaiserlichen Kavallerie entgegen.
Der Trommelschlag bedeutet »Chamade«. Er kommt von der Gotzinger Trommel. Es ist das Zeichen der Ergebung.
Von der Front der Kaiserlichen schreit jemand:
»Die Kommandanten heraustreten. Die Waffen niederlegen!«
Wieder Stille.
Mayer, Clanze und Aberle kommen näher. Mayer sagt mit

fester Stimme: »Wir – die Kommandanten sind schuld! Wir haben die Leute zum Aufstand gezwungen!«
Die drei Offiziere legen jetzt die Waffen nieder.
Die Leute von den Bergbauernhöfen, Dörfern und Märkten Oberbayerns kennen nicht die Regeln der Offiziere. Sie sind besorgt, ihre Offiziere würden sie jetzt im Stich lassen.
Mayer, Clanze und Aberle werden festgenommen.
Ein kaiserlicher Kommandant schreit über das verschneite Feld:
»Ihr habt Pardon. Legt eure Spieße nieder!«
Dann sagt er: »Bildet einen Kreis. Enger. Enger! Kniet nieder!«
Die Bauern, Handwerker und Bürger des Oberlandes werfen ihre Stecken, Sensen und Morgensterne weg. Aus ihren Hosentaschen ziehen manche den Rosenkranz. Sie strecken die gefalteten Hände den Besatzungssoldaten entgegen.
Ein Pistolenschuß.
Ein Husar macht mit höhnischen Bewegungen ein Kreuzzeichen über die Knienden. Er sprengt nach vorne, andere ihm nach. Sie setzen durch den Haufen hindurch.
Dann der Befehl: »Feuer!«
2000 Infanteristen von vorne. 650 Mann Kavallerie von hinten. Die Rebellen werden wie Vieh zusammengetrieben. Blutspuren hinter Flüchtenden. Säbelschwingen auf Betende. Unter Pferdehufen zerspritzte Gehirne. Darunter der 62jährige Melchior Möß aus Gmund, de sowieso einmal nach München wollte.
Der Husar schreit: »Wer noch lebendig, stehe auf!«
Die Überlebenden glauben: Jetzt ist es überstanden. Sie versuchen aufzustehen. Sie rutschen auf dem eisigen Boden aus. Georg Ellgrasser hält sich an einem Strauch fest.
»Befehl Feuer!«

Wieder wird geschossen und gesäbelt.
Dann heißt es: »Rosenkränze raus und beten!«
Die Überlebenden beten.
»Feuer!«
Die Zuschauer Kriechbaum und de Wendt reden aufeinander ein. Kriechbaum macht de Wendt Vorwürfe wegen des unkontrollierten Vorgehens. Sie schieben sich jetzt gegenseitig die Schuld zu. Sie fangen an zu streiten. Kriechbaum kann sich nicht durchsetzen. Die Jagd und das Morden gehen weiter.
»Schlacht« wird man es später nennen.
Jäger gelingt die Flucht. Er schleicht sich in den Gasthof »Großer Wirt«. Er zieht sich aus. Er legt sich in ein Bett. Er spielt einen Kranken.
Der Student Passauer gibt seinem Pferd die Sporen und flüchtet ebenso. Ein Husar verfolgt ihn. Das Pferd scheut vor einem Zaun. Der Husar holt Passauer ein, der sich geistesgegenwärtig umdreht und den Husaren, das Gewehr an seinem Hals, erschießt.
Auch Houys flieht. Ebenso Gauthier. Die Führer des Aufstands können ihr Leben retten.
Viele fliehen in Sendlinger Häuser. Und manche auf den Hof der Kirche von Sendling.
Hinter der Friedhofsmauer glauben sie Schutz zu finden.
»Wir verteidigen uns bis auf den letzten Mann!« spornt Schmiedbalthes sie an. Mit Gartenzaunlatten sind sie bewaffnet. Balthasar Riesenberger streckt die Fahne hoch über die Mauer: »Zu Dir hoffen wir Himmelskönigin.« Die Soldaten beginnen das Plündern.
Lodenmäntel. Lederhosen. Schließen. Ledergürtel. Schuhe. Hemden. Rockknöpfe. Augenzeuge Ägidius Götschl, Elmau: »Ich wurde ganz gefährlich im Gesicht verwundet und bekam

einige Schüsse ab, dann haben sie mir die Kleider ausgezogen.«
Ebenso dem Sebastian Jad, Oberhof, der noch 14 Stunden in seinem Blut liegen wird.
Auch Antonius Sürth, Tegernsee: »Als ich die erste Salve überstanden hatte, wurde ich der Kleider beraubt, dann nochmal gehaut und gestochen.«
Augenzeuge Pfleger Franz Caspar Freiherr von Schmidt, Aibling:
»Zwar möchte mir das Mark in den Beinen zerfließen, die Nerven erstarren, das Blut in den Adern verstocken, mein Herz vor Furcht entfallen und alle Kräfte entweichen bei dem Unternehmen den weiteren Verlauf auf das Papier zu stellen, wenn nicht die Feder selbst eine Elefantennatur angenommen hätte und mich anmahnte, durch Ansehung des vergossenen Blutes ihre Eigenschaft zu vergessen und jetzt mit Blut zu schreiben.
Gleich wie aber eine angezündete Fackel je länger, je heftiger brennt, so auch der Zorn je länger, je mehr wütet. Dieses Wüten vermochte weder die demütige Niederwerfung noch flehentliches Bitten zu lindern, sondern alles Bitten und Beten diente dem unauslöschlichen Zornsfeuer zu einer angenehmen Speise und Aufenthaltung. Also ergriffen die Soldaten hierauf die Schwerter und gab es abermals ein unbarmherziges Metzgen und Töten; ja zwei verwegene Gesellen suchten sogar unter den Toten herum, der eine mit einer Holzaxt in der Hand, der andere mit einem Waidmesser versehen; sie versetzten den Toten, Halbtoten und Verwundeten ohne Unterschied einen Streich auf die Hirnschale und den Kopf oder einen Hieb in die Gurgel und machten so vielen unmenschlich den Garaus . . .«
Der Kirchhofseingang wird weggesprengt.

Balthasar Riesenberger stirbt auf dem Friedhof. Die Fahne aus der Valley liegt blutüberströmt im rot gefärbten Schnee. Einige retten sich in die Kirche. Auch dort wird geschossen und gemordet.
Während die Toten am Glockenbach gesammelt werden, bleiben sie hier lange liegen. »Pro terrore«, wie es offiziell heißt. Totentanz. Eine abendländische Apokalypse. Zuletzt auf dem Friedhof. Einige überleben das Massaker.
Peter Mittermaier, Rottach: »Bei dem falschen Versprechen nach Pardon machte ich mich unter dem Haufen hervor, sah aber nichts als Schießen, Hauen und Umbringen um mich herum. Ich ergriff die Flucht und versteckte mich im nächsten Haus im Backofen.«
Simon Erhard, ebenfalls Rottach: »Ich sah zur rechten und zur linken Seite nur Tote und Verwundete in ihrem Blut daliegen. Ich selbst bin ohne irgend eine Wunde bei dem Leben erhalten.«
Gabriel Hüsch, Egern: »Ich lag neun Stunden bei den Toten. Dann kam ein Reiter und sagte. ›Steh auf, du hast Pardon‹.«
Bilanz des Massakers: 1100 Tote.
600 Verwundete.
500 können fliehen.
Genau so viele Überlebende wie Tote.
In den Berichten über das Massaker gehen die Zahlen auseinander: Kriehbaum und der Administrator sprechen von 2000 Toten, de Wendt von 3500. Pfarrer Soyer, Sendling, von 2–3000 Toten. Mönch Meichelbeck, Benedikbeuern, von 3000. Und die Landschaftsverordnung spricht von 2500 Toten.
Der Gesamtverlust der kaiserlichen Armee: 40.

52 Männer werden nicht mehr in die Gemeinde Neukirchen

zurückkehren, 24 nicht mehr nach Osterwarngau, 15 nicht mehr nach Tegernsee, 31 nicht mehr nach Egern, 28 nicht mehr nach Gmund, 28 nicht mehr nach Königsdorf, 22 nicht mehr nach Dietramszell, 13 nicht mehr nach Greiling, 31 nicht mehr nach Lenggries.

Georg Ellgrasser gilt als vermißt.

Die Liste wird ergänzt in den Sterbebüchern der Gemeindepfarreien. Im Tölzer Gebiet sind es 144 Tote.

Der zehnte Tag der Aufstandsbewegung in Oberbayern hat die Wende gebracht. Sie verändert die Situation tausender Familien. Sie verändert nicht die Situation im Land.

Beobachter Schmidt, Aibling: »In wenigen Stunden wird ein volkreiches Revier seiner Einwohner beraubt, mit toten Leibern angefüllt und wie eine verlassene Insel in einem Fluß aus lauter Blut umgeben. Soviel Weiber rufen ihren Ehemännern und soviele arme Waisen schreien nach ihren Vätern, die doch keine Stimme mehr haben, Antwort zu geben.

Will man sagen, man habe die Soldaten nicht mehr innehalten können und man hätte sich solchen Unfall nicht eingebildet, so hätte man dies vorher mehr überlegen und sein Wort den mit Rachgierigkeit entzündeten Kriegsgurgeln nicht so füreilend geben sollen.

Ein General ist, weil er den Degen an der Seite trägt, eben nicht der Meister über Leben und Blut der Menschen.«

16. Kapitel

Das restliche Weihnachtsfest

Ein schwarzer Freitag ist dieser 25. Dezember 1705, der höchste Kirchenfeiertag der Christenheit. Der Tag, an dem die Muttergottes, die Patrona Bavariae, vor 1705 Jahren ein Kind geboren hat. Heute gehen viele Gebete zu ihr: Todesschreie aus dem ganzen Land.

Sendling ist das Epizentrum.

Die Administration berichtet dem Kaiser in Wien: »Gegen Abend sind unter den Toten noch etwa dreihundert hervorgekrochen, doch dergestalt tödtlich verwundet, daß von Minute zu Minute will derselbe hinsterben und wenig überbleiben dürften.«

Es wird in der Geschichte Bayerns kaum einen Tag geben, an dem sich zunächst so viel Hoffnung und dann so viel Angst, Schrecken, Entsetzen und Lähmen verbreitet haben wie an diesem Freitag.

Während die Toten noch Stunden im Schnee liegenbleiben und Hunderte von Überlebenden auf der Flucht sind, durchkämmen Husaren die Schlupfwinkel in den Sendlinger Häusern.

Es ist 10 Uhr vormittags.

Zimmer für Zimmer durchsuchen sie auch im »Großen Wirt«, bis vor wenigen Stunden Hauptquartier der Rebellen.
Ein Soldat reißt die Türe auf. Ein Mann liegt im Bett. Der Soldat schreit: »Los aufstehen!«
Der Mann im Bett röchelt: »Ich kann nicht. Seit zwei Tagen lieg' ich schon schwerkrank hier darnieder!«
»Wer bist du?« faucht der Soldat den Kranken an.
»Ich bin aus Mittenwald«, weicht der aus.
Der Soldat geht zu dem Stuhl, auf dem die Kleider des kranken Mannes liegen. Er nimmt sie ihm weg. Nur das Hemd läßt er dort.
Jetzt hat Johannes Jäger nichts mehr anzuziehen.
Der »Große Wirt« hilft ihm mit einer eigenen Hose und Strümpfen aus. Johannes Jäger gibt ihm seine Tabakdose, den goldenen Ehering und 70 Gulden in Verwahrung.
Jäger bleibt noch einige Minuten liegen, schleicht sich dann zum Fenster und beobachtet, wie die Soldaten das Haus verlassen. Mit neuen Kleidern rennt er vom Gasthaus in den Pfarrhof von Mittersendling. Dort wird er die Nacht verbringen.

Pfarrer Simon Soyer ist in seiner Pfarrkirche St. Margarethen. Er besieht sich den Schaden. Dann geht Pfarrer Soyer nach Hause. Er will für den Bischof in Freising einen Brief aufsetzen. Er will ihm von dem »abscheulichen Blutbad« berichten, wo Leute »niedergehaut, massacriert und blessiert« wurden. Und daß seine Kirche durch das Blutvergießen im Kircheninnern entweiht sei. Pfarrer Soyer bittet den Bischof, die Kirche wieder »in den vorigen guten Stand« setzen zu lassen.

An diesem 25. Dezember schreibt der Sohn des Administrators, Max Karl Anton Graf zu Löwenstein, aus Augsburg an

Prinz Eugen in Oberitalien: »Mein Vater hat seinen Sekretär mit einigen Schreiben hierher geschickt, um sie von hier aus durch Stafette laufen zu lassen. Es ist also München vermutlich völlig eingesperrt.«

In München zitiert sein Vater zur selben Stunde die Münchner Bürgermeister zu sich in die Herzog-Max-Burg. Es geht um Wasserbedarf, Lichtbedarf, Entwaffnung, Ruhe und Ordnung in der Stadt. Auch General Kriechbaum kommt in die Gesprächsrunde und berichtet hautnah von seiner »Schlacht«.
Ein Häuserviertel weiter bringen Pferdegespanne die Verwundeten durch das Neuhauser Tor.
Arme, Beine, Köpfe hängen über die Bretter der Wagen. Röcheln und Stöhnen kommen in die Stadt. Am Collegium und an der Jesuitenkirche werden die Schwerverwundeten von den Wagen heruntergezogen, über den Boden geschleift und dort liegengelassen.
Verwundet, ausgeplündert und halbnackt auf dem verschneiten kalten Pflaster, Körper neben Körper.
Auch hier, laut Bürgermeister Vacchiery: »Zur Abschrekkung.«
Die Hl. Messe, die Max Josef Kajetan von Vacchiery nach der Audienz beim Administrator besucht, ist aus. Weinachtslieder verklingen aus der Kirche auf die Neuhauserstraße.
Die Münchner Gesellschaft hat an diesem Tag kommuniziert.
Sie geht an den Halbtoten vorbei.
Der Stummel eines Arms reckt sich Bürgern entgegen.
»Wasser, Wasser«, stammelt einer. Es ist Georg Ellgrasser.
Aus der Umgebung des Bürgermeisters fällt jemand in Ohnmacht. Ein anderer schimpft: »Es geschieht euch recht, ihr Lumpenhund!«

Ein anderer Bürger: »Warum fangt ihr solche Händel an! Das ist nur billig so – der Lohn eurer Untreue!«
Der Bürger geht weiter.
Es gibt auch andere, die in der Dämmerung Decken bringen und den Verwundeten notdürftig erste Hilfe leisten.
Infanterie, Kavallerie kommt in die Stadt zurück. Erbeutete Fahnen, erbeutete Geschütze. Immer wieder Gefangene. Und auf den Bahren die Verwundeten.
Erst drei Tage später wird die Administration erlauben, sie in die Spitäler zu schaffen. In das Heilig-Geist-Spital kommen 36. Bei den Augustinern kommen 15 unter. 21 nehmen die Jesuiten auf. Im St. Elisabeth-Spital sind es sogar 264 und im St. Josephs-Spital 232, im Bruderhaus 17 und im Anger-Krankenhaus 24.
Manche brauchen nicht mehr dorthin. Sie sind inzwischen tot.
Während die Opfer des Massakers in den verschiedenen Spitälern der Stadt liegen, verkaufen Soldaten deren Kleider.
Lodenmäntel. Lederhosen. Schließen. Ledergürtel. Schuhe. Hemden. Rockknöpfe.
Durchstochen und durchschossen.
Jemand will die braune Jacke, die Weste und die Hose des Jägerwirts erkannt haben. »Der Jägerwirt ist tot!« Gerüchte in der Stadt. Schnell ist diese Nachricht in der Löwengrube bei Anna-Maria Jäger.

An diesem schwarzen Freitag reitet der Vater des Aumeister-Max, Franz Daiser, durch die Isarauen in die Stadt. Er will einen Gottesdienst besuchen. Er wird erschossen.
Der Radlwirt in der Au, Karl Anton Daller, 37, versteckt sein vorbereitetes Brot und das bereitgestellte Bier. Es war für die Versorgung der Rebellen gedacht.

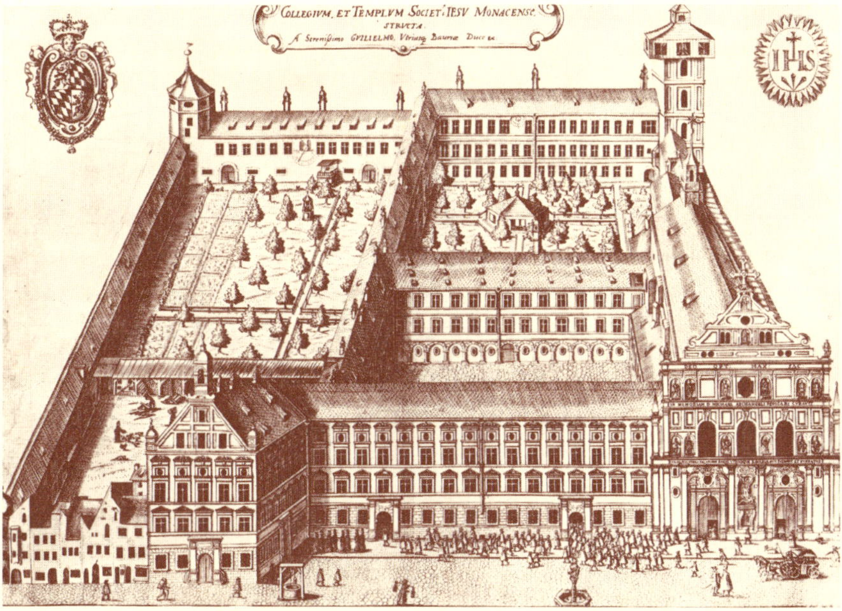

Abb. 16 Drei Tage lang müssen die Schwerverwundeten vor der Jesuitenkirche liegenbleiben. Jesuitenkolleg München. Stich von Johann Smissek

Der Kaiserwirt, Josef Rudolf Kaiser, 32, versteckt ebenfalls seinen Brotvorrat. Heute sollte bei ihm gefeiert werden.
Die Stadttore werden verbarrikadiert.
Marktleutnant Andreas Seebauer, Wolfratshausen, erfährt erst jetzt, was passiert ist:
»Am 23. abends 4 Uhr bin ich nach Baierbrunn gekommen. Hier stießen wir auf einen kaiserlichen Tambour. Der sagte uns, Oberst de Wendt wollte mit 1000 Pferden uns in den Rücken fallen. Ich wurde mit meiner Bürgerschaft an die Brücke beim Kloster Schäftlarn kommandiert. Dort blieb ich, bis die Kundschaft kam, daß sie verloren hatten. Tags drauf bin ich dann geflohen.«

Neun Wochen wird sich Seebauer versteckt halten. Wie viele in diesen Tagen.
Einige tauchen in Klöstern unter. Wie Johann Georg Kittler, Georg Hallmayr und Sebastian Engelhardt. Ihm gelang es in dieser Nacht, mit Hilfe des Schanzenschlüssels in die Stadt zu kommen. Die drei können sich noch rechtzeitig in das Franziskanerkloster neben der Residenz retten.
Die Menschenjagd und Verhaftungswelle der Polizei ist angelaufen. Johann Friedrich Graf von Seeau, für Finanz- und Steuerfragen und die Rekrutierung bei der Administration zuständig, wird die ermittelnde Hauptperson. Die Amtsstuben haben Hochbetrieb. Aussagen werden mit Aussagen verglichen.
»Kittler muß im Franziskanerkloster sein«, ermittelt die Polizei. Es ist 20.30 Uhr.
Soldaten umstellen das Klostergebäude. Es läutet am Klostertor.
Franziskanerpater Michael Pletz öffnet. Der Platzmajor fragt nach dem Pater Guardian. Soldaten drängen durch das Klostertor.
»Geduld, Geduld! Ich hol' schon den Guardian«, sagt Pater Michael. Sie folgen ihm ins Kloster.
In seiner Zelle ist der Guardian nicht. Pater Michael schaut in alle Türen hinein. Dann gelingt es ihm, aus dem Gesichtsfeld der Soldaten zu verschwinden. Er rennt zu dem Versteck: das Krankenzimmer des Klosters. Pater Michael stürmt herein: »Offiziere sind da. Ich weiß nicht, was sie wollen! Ich glaub', sie suchen euch!«
Kittler, Hallmayr und Engelhardt werden kreidebleich.
Pater Michael rennt zurück. Die Offiziere haben inzwischen selbst Pater Guardian ausfindig gemacht.

»Wir bestehen darauf! Kittler muß ausgeliefert werden!«
Von den beiden anderen wissen sie nichts, denkt sich Pater Michael.
»Ja, Kittler ist bei uns«, gibt jetzt der Guardian zu. »Aber ausliefern werden wir ihn nicht!«
»Wir wollen ihn nur sehen«, sagt der Offizier.
»Das können wir euch nicht abschlagen«, antwortet der Guardian.
Er macht sich auf den Weg zum Krankenzimmer. Pater Michael berichtet: »Ich gehe hinter dem P. Guardian und sehe, daß er die Hand auf den Rücken legt und einen Schlüssel zeigte. Mir kam gleich in den Sinn, was dies bedeutete.«
Pater Michael nimmt den Schlüssel, rennt durch die Gänge zur Bibliothek und schließt von deren Hintereingang aus das Krankenzimmer auf.
»Ihr müßt schnell weg!« Die drei folgen durch die Bibliothek, die Treppe hinunter, über einen Holzverschlag und eine Leiter in den Kreuzgang über der Pforte.
Im Kloster ist lautes Schimpfen zu hören.
»Wir wissen, Kittler ist hier!«
Auch Kittler kann es hören.
Jetzt kommt die ermittelnde Hauptperson, Graf Seeau, persönlich ins Kloster und herrscht die Mönche an:
»Wenn Kittler nicht ausgeliefert wird, verjage ich euch alle aus diesem Kloster und mache einen Steinhaufen daraus!«
Wieder wird das ganze Kloster durchsucht.
Pater Michael wird zum Guardian gerufen. Graf Seeau ist anwesend.
»Sie wissen, wo Kittler ist. Bringen Sie ihn her! Der Administrator und ich geben Ihnen das Ehrenwort, daß wir Kittler nicht aus dem Kloster wegnehmen. Wir werden ihn nur bewa-

chen. Wir werden aber den Bischof von Freising um die Auslieferung bitten. Solange bewachen wir ihn.«

Ein Kommissar begleitet Pater Michael. Wieder muß er diesen abschütteln, damit er die beiden anderen nicht preisgibt.

Kittler hat Angst. Der Pater beruhigt ihn. Sie hätten es versprochen, er würde ja nicht ausgeliefert werden.

Hallmayr und Engelhardt reden ihm zu. Dann geht Kittler mit. Er erscheint vor Graf Seeau mit Schlafhaube und Pantoffeln. Als er die Offiziere sieht, steigt seine Angst. Kittler wird in ein Gastzimmer des Klosters geführt. Eine Wache im und vor dem Zimmer. Alle anderen Wachposten werden abgezogen. Pater Michael weiß zu berichten: »Dann praktizierten wir Hallmayr und den Hofkoch aus dem Kloster.«

In bessere Verstecke.

Am nächsten Morgen besucht Pater Michael Kittler. Der Wirt gibt dem Pater den Schlüsselbund seines Hauses im Tal Nr. 30. Der Mönch wird ihn Frau Kittler zustellen.

»Um 10 Uhr vormittags, als alles ohne weiteres Bedenken in den Chor ging – denn wir und die Administration hatten eigene Boten an den Bischof geschickt –, kam der Platzmajor mit einiger bewehrter Mannschaft ohne unser Wissen ins Kloster, geht zu Kittler ins Zimmer und beruft ihn, mitzukommen.«

Kittler muß mit. Er wird wieder Graf Seeau vorgeführt, verhört und im Falkenturm inhaftiert, dem Stadtgefängnis für politische Häftlinge. Dort sind schon Mayer, Aberle und Clanze.

Die Administration wartet die Antwort des Bischofs nicht ab. Daß der Bischof von Freising kurz darauf die Auslieferung verweigert, interessiert die Administration nicht mehr . . .

Menschenjagd auch in Anzing. Wieder wird die »Post« durchsucht.
Hierner gelingt die Flucht ins Kapuzinerkloster Erding. Dann wechselt er zu den Franziskanern ins Freisinger Kloster. Dorthin flüchtet auch Heckenstaller, der Mitverfasser des Münchner Manifests. Und die vielen anderen?
Pfleger Maximilian Alram, Valley, hält sich zwei Monate lang in »Laubhütten und Heustadeln« auf. Dann taucht er im Kapuzinerkloster Traunstein unter.
Auf der Flucht ist auch Adam Schöttl, der »Jägeradam«.
Ebenso der Klosterrichter von Dietramszell und der Hofmarksrichter Eder von Reichersbeuern.
Josef Ferdinand Dänkel, der Pfleger von Tölz, wird abgesetzt. Auch er ist flüchtig. Aus dem Untergrund schreibt er am zweiten Weihnachtstag ein Bittgesuch an die Administration: »Die Mitgewesenen erkennen aber ihren Fehler, indem sie von den Abgeordneten des Unterlandes hinters Licht geführt wurden.«
Auch die vier Tölzer Bürgermeister werden abgesetzt. Unter ihnen der Vater des Münchner Jägerwirts. Sein zweiter Sohn Franz flüchtet rechtzeitig.
Verhaftet werden zwei Tölzer Teilnehmer am Königsdorfer Treffen: Fiechtner und Schandl.
Franz Caspar Freiherr von Schmidt, Pfleger von Aibling, Pflegsverwalter Franz Benedict Greschbeck, Rosenheim, und der Pfleger von Weilheim, Karl Gottfried Freiherr von Berndorf, werden bald nach München zitiert und bestraft.
Nur Pfleger Johann Josef Oettlinger, Starnberg, bleibt auf seinem Posten.
Bittgesuche. Denunziation. Verrat. Steckbriefe. Suchkommandos.

An die Klöster Tegernsee, Benediktbeuern und Schäftlarn, an die Märkte Wolfratshausen, Tölz, Aibling und Rosenheim gehen Strafmandate. Abt Quirin, Tegernsee, soll 12000 Gulden zahlen. Ebenso Abt Eliland von Benediktbeuern. Abt Melchior von Schäftlarn 8000 Gulden.

Abt Quirin schreibt nach München. Er hofft, daß das Konventsmitglied Benno von Unertl seinen Bruder, den Geheimen Kanzleidirektor Franz Joseph von Unertl, gnädiger stimmen kann.

Der Tegernseer Klosterrichter Dr. Oberhammer, der noch am Weihnachtstag von Sendling nach Tegernsee zurückgekehrt war, muß Witwen und Waisen Rede und Antwort stehen.

Verhöre auch im »Tegernseer Hof« in München, wo 107 Gefangene verarztet und überprüft werden.

Polizeiprotokolle über das Phänomen »Marsch«:

Da berichtet Hammerich Kraft, 19, aus Helfendorf, von Beruf Knecht: »Wir hatten Brot auf zwei Tage mitgenommen. Nachdem dieses verzehrt war, bekamen wir nichts mehr. Jedes Haus im Dorf mußte einen Mann stellen.«

Die untersuchenden Kommissare fragen auch Balthasar Fackler, 22, aus Aibling, von Beruf Seiler: »Bürgermeister Harter gab uns Pulver und Blei und ging mit bis Schäftlarn. 28 Mann waren wir und noch zwei Brauer, der eine hieß Aman, der andere Rockinger. Der erste ging von Schäftlarn wieder zurück, der andere blieb mit allen übrigen von Aibling tot.«

Wieder neue Namen. Neue Erkenntnisse.

Max Kellerer, Valley: »Ich war dabei, als die Fahne geweiht wurde.«

Andreas Soyer, Achental, liegt mit Schußwunden durch Hals und Mund noch 14 Wochen im Spital von München. Ebenso Jakob Glockner. Und viele andere.

Der Schock des Massakers läßt sie wenig sagen.
Ihre Verwandten kommen aus den Bergdörfern angereist. Sie fragen sich in der Stadt durch. Sie fragen fremde Menschen: »Wo liegt mein Sohn? Bitte helfen sie mir!«
49 werden in den Krankenhäusern an den Folgen ihrer Verletzungen sterben.
Ursula Fränkin, Wiessee, vermißt ihren Sohn, Frau Barbara Ellgrasser, Lenggries, ihren Mann. Keiner der Heimkehrer weiß von ihnen. Sie fragen weiter.
Viele Heimkehrer werden tagelang in der Stubenecke hocken und kein einziges Wort sagen. Manche weinen tagelang vor sich hin.
Dörfer sind nicht wie ausgestorben. Sie sind ausgestorben.
Frauen und Kinder haben ihren Ernährer verloren. Sie fürchten sich vor Vergeltungsmaßnahmen. Sie flüchten in die Wälder und schlagen sich bettelnd durch.

Ignaz Hayd betet um 11 Uhr in der Heiliggeist-Kirche. Er hofft, daß der Kelch an ihm vorübergeht. Graf Törring hatte ihn nach dem Massaker noch einmal warnen lassen: Er soll sich absetzen, da er auf der Fahndungsliste stünde. Ignaz Hayd bekommt bittere Vorwürfe von seinem Bruder Anton Kajetan zu hören. In was er ihn durch das Manifest-Abschreiben da hineingezogen habe.
Die Messe ist aus. Hayd geht durch das Kirchenportal. Jemand zischt: »Hayd.«
Hayd sieht sich um. Ein Junge winkt ihn herbei.
Hayd reagiert nicht.
Der Junge ruft leise: »Ich soll etwas vom Jägerwirt ausrichten.«
Hayd reagiert wieder nicht.

Das ist sicher eine Falle – denkt sich Hayd. Der Jägerwirt ist tot. Die Kleider, die in der Stadt verkauft wurden, beweisen es. Hayd läßt den Jungen stehen. Es ist der Sohn des »Großen Wirts« aus Sendling. Er sollte Hayd eine Nachricht Jägers zuspielen.
Johannes Jäger verbrachte nur eine Nacht im Sendlinger Pfarrhaus. Zu Fuß geht er zunächst nach Dießen, wo er am zweiten Weihnachtstag eintrifft. Von dort reitet er Richtung Wessobrunn nach Rauhenlechsberg.
Dort ist Anton Passauer zu Hause, der Sohn des verstorbenen Gerichtsschreibers von Rauhenlechsberg. Antons Schwester und Bruder leben auch dort. Jäger versteckt sich jetzt bei seinem Münchner Untermieter.
Von hier schreibt Johannes Jäger seiner Frau: »Meiner lieben Ehewirtin Anna Maria Jägerin, Weingastgeberin zu selbst liebwertesten Händen. Cito München. Liebs Weib, frag den Herrn Hayd, ob er es gut fände, wenn ich in die Stadt in ein Kloster in aller Stille käme, damit ich meine Sachen oder das Haus in Ordnung bringen kann. Du darfst keinem Menschen anvertrauen, wo ich bin. Mein Gott, schreib mir doch, wie man mit meinen Leuten zu Tölz umgeht. Sie sind gar unschuldig.
NB. Es ist besser, du sagst den Kaiserlichen Leuten, ich sei tot. Du weißt nichts um mich. Sei fleißig mitsamt den Kindern und gebt aufeinander acht. Sprich der Bärbel gut zu. Kein Gewand darfst du mir jetzt schicken, wenigstens diesmal nicht. Heut habe ich Hr. Passauer wieder angetroffen. Ich habe gemeint, er sei auch verloren. Wir sind jetzt zusammen.«
Nachdem Johannes Jäger den Brief geschrieben hat, liest er ihn noch einmal durch. Dabei streicht er das Wort »Passauer« durch.
Dieser Brief wird Anna Maria nie erreichen. Jäger wollte ihn

über eine Bekannte in der Schießstätte vor dem Neuhauser Tor seiner Frau zuspielen. Der Brief wird von der Post abgefangen. In der Stadt ist der Mann inzwischen verhaftet, den Anna Maria um Rat fragen sollte: Ignaz Hayd.

Er macht seine Aussage schriftlich. Er belastet alle. Er berichtet über die Tage vor dem fehlgeschlagenen Aufstand in der Stadt: »Einer versuchte vom anderen zu erfahren, welcher Partei er angehörte. Dabei versuchte man Neuigkeiten zu erfahren. Das Ganze war ein recht plumpes Narrenstück gewesen.«

Hayd wird Straffreiheit versprochen, wenn er voll aussagt. Auf diese Weise erfährt die Administration von sämtlichen Mitverschworenen und vom Plan des Komplotts.

Seine Aussage löst eine zweite Verhaftungswelle aus: Senser, Mader, Kaiser, Eckart, Brix, der Aumeister-Max und Törring werden festgesetzt.

Matthias Ägidius Fuchs hatte nichts von seinen Logistik-Kenntnissen verlernt.

Die Unterländer waren näher als ausgemacht.

Fuchs reitet nicht Richtung Anzing. Dort wäre er ja in Kriechbaums Hände gelaufen. Er umgeht die Reichstruppen südlich. Er hat nur knapp den Vortrupp der Unterländer verfehlt ...

Am Weihnachtstag erreicht Fuchs Rosenheim. Bei Kastner Gropper, dessen zwei Söhne mit nach München gezogen waren, erfährt er vom Fehlschlag. Dort schläft er sich aus und entschließt sich, nach Braunau zu gehen. Am 26. Dezember stößt er erst in Edling bei Wasserburg auf die Unterländer, die schon vom Hauptquartier Steinhöring östlich zurückmarschieren.

Die Kunde vom Massaker hat ihre Wirkung getan: Von den 16000 Mann sind nur 4000 übriggeblieben.

Während die Befreiungsarmee Hoffmann am 27. Dezember Schnaitsee passiert und in Trostberg Quartier macht, trifft Fuchs zunächst in Burghausen ein. Er meldet sich bei dem Direktoriumsmitglied der provisorischen bayerischen Regierung, Prielmayr:

»Der Kommissär Fuchs kam hierher zu mir und erzählte, die Bauern seien vor München geschlagen worden. Es waren viele Bauern dabei, die haben wollten, daß Fuchs mustern soll. Da zog Fuchs das Manifest aus dem Sack und stellte es mir aus. Der Seiler und andere Umstehenden sahen dies und sagten gleich, sie wollten es auch lesen.«

Fuchs bringt also das Münchner Manifest nach Burghausen. Es wird dort publik gemacht.

Die Situation aber hatte sich hier spürbar geändert, seitdem Fuchs dieses Revier Anfang Dezember verlassen hatte. Fuchs ist in eine Welt zurückgekehrt, in der es nicht mehr um Umfassungsschlachten geht, sondern um Dinge wie etwa die »Heimhausische Anleihe«, finanzpolitische Regierungsvorlagen des führenden Direktoriumsmitglieds von Baumgarten.

Auch Georg Sebastian Plinganser gesteht: »Weder ich noch die Bauern wußten oder verstanden, was das sei; es war ein Vorschlag der Herren, um Geld zur Hand zu bringen. Der Vorschlag kam aus Burghausen.«

Es geht schlicht um die Sicherung eines Mindestbudgets, um wenigstens ein Landesdefensionsregiment aufstellen zu können.

Der Parlamentsbeschluß vom 21. Dezember wird am 25. ausgeführt – ausgerechnet am Tag der Niederlage vor München. Die Regierungsbehörden von Burghausen publizieren dies als »einhelligen Beschluß« des Parlaments in Braunau an die vier anderen Rentämter. Mit Datum vom Weihnachtsfest.

D'Ocfort wird an diesem Tag als Oberkommandierender General über das ganze Kriegswesen des Rentamts Burghausen vereidigt.
Jeder zehnte Hof hat einen gerüsteten Mann zu Pferd zu stellen.
Alle Beamten werden vor der Landesdefension vereidigt.
Das heißt: Der Kampf ist verloren. Der Kampf geht weiter.
Die Administration wird sich später fragen: »Warum pressierte dies so heftig?«
In einem abschließenden Bericht der Untersuchungskommission über die Vorgänge in Braunau gibt sich die Administration selbst die Antwort:
»Als einmal das Gerücht erschollen, die Bauern hätten München eingenommen, sei in obscuro gemunkelt worden, nun könne man sich von Braunau hinwegbegeben . . . «
Und über die Regierungsbehörden in Burghausen urteilte der Untersuchungsausschuß: »Die Publikation der Kongreßpunkte und alles, was von den Rebellanten begehrt wurde, hat sie mit solchem Eifer, Applikation und Geschwindigkeit befördert, daß auch die heiligsten Zeiten und die späte Nacht zu Ratssitzungen und Verfügung der Expeditionen dienen mußte.«
Die »Gesamföderierte Gemain des Landes Ober- und Unterbayern«, wie sich diese provisorische Regierung Gesamtbayerns derzeit nennt, hat es eilig.

17. Kapitel

Reaktionen in Brüssel, Wien, Rom und München

Georg Ellgrasser war also doch in die Landeshauptstadt gekommen. Drei Tage und Nächte war er in der Neuhauserstraße gelegen. Leute hatten den Armstummel notdürftig verbunden. Die linke Hand war abgeschlagen. Georg Ellgrasser war lange bewußtlos. Im St. Josephs-Spital war er wieder aufgewacht. Obwohl ihr Krankenhaus total überfüllt war, hatten die Schwestern bald einen Überblick über die Verwundeten, die in den Hausgängen und in den geräumten Zimmern der Schwestern lagen.

Jetzt hatte Ellgrasser seine zweite Kriegsverletzung. Im Türkenkrieg den Beinschuß. Jetzt im »Volkskrieg« eine abgeschlagene Hand und Stichwunden. Er wird noch Wochen liegen müssen.

Einer seiner Zimmergenossen ist aus Arzbach, zwischen Tölz und Lenggries. Er wird an Silvester entlassen werden. Er verspricht, zum Ellgrasser Hof zu gehen und dort zu sagen, der Girgl sei noch im Spital in der Stadt, es ginge ihm gut, er käme bald heim.

In der ersten Novemberwoche hatte sie sich auf den Weg gemacht. Jetzt, am 26. Dezember, erreichte sie ihr Ziel: Brüssel. Eine einfache Frau aus Bayern klopft im Schloß an. Sie möchte den Kurfürsten sprechen. Unter ihrem Arm trägt sie einen Packen Wäsche.
»Was ist da drin?« fragen sie die Offiziere und Adjutanten. Jetzt wo sie am Ziel ist, kann sie es sagen.
»Briefe.«
»Briefe? An wen? Von wem?«
»An bayerische Offiziere und Saldaten, die bei euch dienen.«
Die Sache wird dem Kurfürsten vorgetragen.
Die Frau aus dem Volk wird vorgelassen. Max Emanuel hat den französischen Botschafter hinzugebeten.
»Hier«, sagt Max Emanuel, »schauen Sie nur.« Er greift nach einem der 300 Briefe, die die Frau vor ihnen ausgebreitet hat. »Hier steht es – 25 000 Mann sind in Bayern bewaffnet!«
In diesen Briefen werden vereinzelte Aktionen in Bayern geschildert. Noch nicht aber der große Aufstand in diesen Tagen. Auch von Plänen in Böhmen ist die Rede.
Der französische Botschafter wird an Ludwig XIV. berichten, daß die Neuigkeiten von einem Aufstand in Böhmen Max Emanuel »ein außerordentliches Vergnügen« bereiteten. Auch Paris ist jede Entlastung des italienischen Kriegsschauplatzes willkommen.
Wenig später klopft wieder jemand in Brüssel an und möchte zum Kurfürsten. Wieder fragen die Offiziere und Adjutanten: Warum?
»Ich komme von den bayerischen Aufständischen. Mein Cousin ist bei denen Kommandant. Ich bin beauftragt, dem Kurfürsten persönlich zu berichten, auch schriftliche Instruktionen einzuholen.«

Der Mann wird vorgelassen. Eine Stunde redet er auf den Kurfürsten ein:
»Wir brauchen einen Aufruf an die Aufständischen und auch an die Aufständischen in Ungarn, damit sie miteinander Kontakt aufnehmen.«
Man will sichergehen und konfrontiert die Frau mit dem »Kurier der Aufständischen«. Doch dieser verstrickt sich in widersprüchliche Aussagen. Er behauptet, Braunau bei der Einnahme kommandiert zu haben. Der Kurier wird als Agent des Wiener Hofs entlarvt. Er gesteht seinen geheimdienstlichen Auftrag: Hat der Kurfürst direkten Kontakt mit den Aufständischen, da diese immer wieder mit kurfürstlichen Patenten beeindruckten?
Den Kurfürsten interessieren weniger die Nachrichten aus Bayern, als die Verschiebung des militärischen Gleichgewichts; also die militärischen Auswirkungen dieser Aufstandsbewegung auf die außerbayerischen Kriegsschauplätze.
Die Briefe, die beim Münchner Adel aus der in Brüssel weilenden Verwandtschaft eingehen, besagen, »daß der Kurfürst auch an der Eroberung von Burghausen und Braunau keinen Gefallen, sondern ein großes Mißvergnügen hatte«, so bestätigt es Törring dieser Tage in einem der Verhöre.
Der Kurfürst baut jetzt ein eigenes Nachrichtennetz auf. Auch der frühere Gerichtsschreiber von Abensberg, Wolfgang Schmidt, wird dazu auserwählt. Er hält sich seit Wochen in Brüssel auf und hatte von hier aus mit dem Kloster Benediktbeuern korrespondiert, bis dieser Kontakt aufflog.
Schmidt nimmt für diesen Auftrag seinen ebenfalls in Brüssel weilenden früheren Schreiber Lorenz Kirchmayer mit. Ihr Auftrag lautet, bestätigt Schmidt: »Ich mußte berichten, wie das Rebellionswesen geführt wird. Wer es kommandiert und

was dabei intendiert wird. Ob man vielleicht ein freies Land wie die Schweiz daraus machen wolle.«
Die Nachrichten sollen, sobald die beiden in Bayern sind, an die Deckadresse »Kaufmann Ancillon, Brüssel« gerichtet werden. Ein Code wird vereinbart. Er hat 100 Zahlen. Schmidt berichtet: »Wenn man nur sechs bis acht Zeilen schreiben wollte, füllte man einen ganzen Bogen damit an. Sobald es geschrieben war, konnte ich es selbst nicht mehr lesen, wenn ich den Schlüssel nicht dabei hatte.«
Wolfgang Schmidt, 42, und Laurentius Kirchmayer, 21, reisen von Brüssel ab und erreichen in den ersten Januartagen den schweizerischen Ort Rorschach. Schmidt wird wie früher wieder dort bleiben. Er gibt Kirchmayer die Anweisung, zuerst Benediktbeuern anzulaufen. Dann Burghausen und Braunau, um »sich zu informieren, was den Rebellen an Geschütz, Munition und sonst abgehe«.
Ein Paß wird Kirchmayer ausgehändigt von den Behörden in St. Gallen auf den Namen Jakob Alois Glasmayer.
In Rorschach hören die beiden Agenten vom Massaker vor München. Chiffriert übermittelt Schmidt diese Nachricht nach Brüssel. Sie trifft gleichzeitig mit zwei weiteren Bayern ein, die zum Kurfürsten wollen. Ihnen war der Aufenthalt in München verboten worden. Sie waren abgeschoben worden: ein Edelknabe des Hofs namens de Belmont und Kammerdiener Dulac. Derselbe Dulac, der das Gerücht von der bevorstehenden Prinzenentführung an Graf Törring weiterberichtet hatte. Dieser Kammerdiener der Münchner Residenz wird jetzt am Hof in Brüssel von Staatsminister Korbinian von Prielmayr, dem Vater des Burghauser Prielmayr, mit der Betreuung der Agenten beauftragt: Dieser Dulac verbirgt sich jetzt hinter der Deckadresse »Ancillon«.

Die Kommunikation Rorschach – Brüssel funktioniert gut. An jedem Posttag gehen die Nachrichten weg. Zu berichten gibt es viel: über die Prozesse gegen Hayd, die Rädelsführer oder gegen Törring. Der Nachrichtenstoff der Briefe Schmidts an Dulac stammt von Reisenden aus Bayern, die in die Schweiz kommen, und von Kirchmayer alias Glasmayer. Dieser sucht, wie vereinbart, das Kloster Benediktbeuern auf, trifft dort jedoch auf einen entsetzten Abt Eliland: »Ich will damit nichts zu tun haben. Ich komme sonst in höchste Leib- und Lebensgefahr.«

Auch Schmidts Schwager Wendenschlegel, der Klosterrichter, kann nichts ausrichten; denn auch ihn beobachtet die Verfolgungsbehörde.

In München hatten inzwischen am 28. Dezember die ersten Verhöre der Rebellanten begonnen. Als erster war Matthias Mayer vorgeführt worden. Die Kommissare interessieren sich für seine früheren Kontakte mit Matthias Ägidius Fuchs und vor allem für den Marsch nach München.

Mayer sagt aus und geht in die Offensive: »Ich blieb bei dem Haufen in der Meinung, für die Leute zu bitten, wie ich dann dreimal Chamade schlagen ließ. Es war doch den Leuten Pardon versprochen, wenn sie auf den Knien herankämen. Das taten sie auch, wurden aber von den Reitern umringt und massakriert!«

»Den Leuten war kein Pardon versprochen«, unterbricht ihn der Kommissar, »es wurde lediglich gesagt, sie sollen herauskommen. Dann werde man schon sehen, was zu tun sei.«

Mayer nimmt die Verlorenen weiter in Schutz:

»Dann muß es der Tambour falsch ausgerichtet haben. Ich hörte doch von General Kriechbaum, als er die Leute massakrieren sah, er habe dies nicht haben wollen. Ich habe es doch selbst gehört!«

Nur in den internen Papieren dringt der Begriff »Massaker« in die Amtssprache.
Am nächsten Tag wird Clanze vorgeführt. Dann Aberle und am 30. Dezember Kittler. Einzelheiten des Komplotts werden jetzt den Behörden bekannt.
Besonders die Zusammenhänge zwischen Ober- und Unterland; denn dort ist die Lage noch unverändert gefährlich.
Den Hintermännern und den Fäden des Netzes wird nachgegangen. Kaiser Joseph läßt am 31. Dezember an die strapazierte Administration in München schreiben:
»Wir stellen es Eurer Vernunft und Vorsicht anheim, ob es ratsam sei, die Unwahrheit und falsche Erdichtung öffentlich kund zu machen oder nur dem einen oder anderen Wohlgesinnten, der bei dem Bauernvolk in einigem Credit steht, vorzustellen und zu erkennen zu geben, daß wir erst durch dergleichen boshafte Lügen veranlaßt, wo nicht genötigt werden könnten, die Prinzen von München weg und in bessere Verwahrung bringen zu lassen. Inmittelst habt Ihr bei den Gefangenen und sonst scharf zu inquirieren, wer solche Patente aufsetze und schreibe, und wenn dergleichen Leute zu Haft gebracht werden können, sie anderen zur Abscheu exemplarisch zu bestrafen.«
Strafe als Abschreckung. Anscheinend genügten das Massaker und die in der Kälte liegenden Opfer noch nicht. Zwei Tage später gibt Kaiser Joseph der Strafverfolgungsbehörde noch genauere Anweisungen:
»Bei Bestrafung der gefangenen Anführer ist, um mehrere Blutstürzung zu verhüten, zuvorderst gegen die Urheber, Directores, Schriftsteller und Rädelsführer nach Gestalt ihrer Qualität und Verbrechen mit der Schärfe zu verfahren und zwar sind vor anderen jene noch exemplarischer zu bestrafen,

die eigentlich unter das angesessene Volk nicht gehören, folglich mit Wahrheitsgrund nicht vorgeben können, daß sie durch erlittene allzu große Beschwerden und Drangsale zur Desperation gebracht worden seien, sondern die sich vielmehr mutwillig dazugeschlagen, andere aufrührerisch gemacht und angeführt oder bei ihrer Missetat gesteift oder die ausgegangenen aufwieglerischen Schriften aufgesetzt oder befördert haben.«
Nach den ersten Verhören wird den Behörden klar, was hinter diesem »losen Bauerngesindel« steckt:
»Die eingeschickten Schriften sind also gestellt, daß daraus leicht abzunehmen ist, daß sie von keinem gemeinen, sondern im Schreiben, in Staats-, Kriegs-, Regierungs- und ökonomischen Sachen ebenso erfahrenen als boshaften Leuten aufgesetzt sind.«
Stück für Stück erfährt Wien, wie der Plan ablaufen sollte. »Dieses Komplott war so gefährlich«, berichtet die Administration, der der Boden unter den Füßen weggezogen werden sollte, nach Wien.
Dann überstürzen sich neue schlimme Nachrichten aus der Provinz. Kaum haben die Geheimräte die ersten Dossiers geordnet, gibt es wieder bedrohliche Meldungen.
»Von der Waldseite gegen Böhmen sind gestern weit gefährlichere Berichte eingelaufen, als ob sich dort das rebellische Gesindel rottiere, schon auf Tausende angewachsen sei und ein Absehen auf Cham habe«, berichtet die Herzog-Max-Burg an die Wiener Reichskanzlei. In der Oberpfalz ist Alarmstimmung.
Ein Oberviechtacher Kaplan soll das unruhige Volk kommandieren, heißt es. Und am 31. Dezember aus Amberg: Cham ist besetzt! Weitere Orte sind bedroht. Rebellen stehen 25 km vor Amberg, und:

»Der Pfarrer Müller streut überall aus, München und Ingolstadt seien seit Weihnachten aufs neue von etlichen Tausend Mann eingeschlossen; die hiesigen Untertanen, denen man zwar das Gegenteil täglich versichert, macht dies ganz wirr.«
Dieser Müller, Pfarrer von Beruf und Adeliger von Geburt, wird dort zum neuen Schrecken der Besatzungsbehörden. Mit vollem Namen nennt sich der Freund von Matthias Ägidius Fuchs jetzt:
»Kurf. Dchlt. in Baiern wirklicher Brigadier und Kommandant allhier Fhr. Sigm. Maxim. Edler Herr von Ammerthal und Fronhofen«.
Pfarrer Florian Sigmund Maximilian Müller, 39, konspirierte lange Nächte im Franziskanerkloster in Neukrichen mit Patres, Pfarrern und Bürgern.
Von militärischer Seite ist die Oberpfalz das Revier des Oberst d'Arnan. Er beschwört seine Vorgesetzten in München: »Hieraus könnte aber ein unauslöschliches Feuer und die größte Gefahr für Böhmen und Österreich, sowie eine Konjunktion mit den ungarischen Rebellen entstehen.«
München schreibt ebenso beschwörend nach Wien: »Die Aufrührer könnten auf das schon vor längerer Zeit von dem Kurfürsten von Bayern gefaßte dissegno geraten, die Rebellion in das Königreich Böhmen zu bringen . . . Die Lage ist gefährlich.«

Fürstbischof Freiherrn von Eckher auf Kapfing und Lichteneck mit Sitz in Freising beunruhigt dieses politische Durcheinander um die Bezirke seines Bistums.
Gern war er deshalb vor Weihnachten der Bitte der Administration nachgekommen, den Gläubigen von der Kanzel bei der Messe und ins Ohr bei der Beichte ins Gewissen zu reden. Die

fürstbischöflichen Hirtenbriefe erreichten aber nur die in den Dörfern zurückgebliebenen Frauen und Kinder. Die Männer und Väter waren ja schon unterwegs.
Fürstbischof Eckher schreibt jetzt an seinen Dienstherrn, Papst Clemens XI., in Rom. Hatte er es nicht vorausgesagt: »Es wird nicht ohne ungeheure Schlacht ablaufen und bei Inanspruchnahme und Verwüstung der ganzen Provinz ist zu fürchten, daß auch meine Erzbischöflichen Einkünfte darunter leiden und kaum Lebensnotdurft übrig bleibt.«
Und jetzt die Quittung: verwüstete Kirchen, wie der Brief des Sendlinger Pfarrers Soyer beweist, oder Wortbruch bei der Asylzusage an Kittler im Franziskanerkloster München.
Am 5. Januar schreibt der Bischof an den Heiligen Stuhl: »In diesen betrübtesten Zeiten schweben wir alle in äußerster Gefahr vor so viel tausend verschworener Bauern, welche in der Christnacht München zu umlagern wagten, des Isarturms sich schon bemeisterten, während von der andern Seite vier Tausende die Stadt zu ersteigen und mit wenig Ausnahmen alles ausmorden und Hab und Gut zu rauben, darnach aber auch mein Freising auf dieselbe Weise heimzusuchen gedachten.
Aber der gütige Gott hat diese Vorhaben vereitelt, daß sie den schon eroberten Turm wieder aufgeben mußten, andererseits durch die losgelassenen ungarischen Husaren über 2000 Bauern umgebracht, andere blutwund als Gefangene in die Stadt geschleppt und der Rest zerstreut wurde. Gleichwohl hört man, daß sie bei 17000 Mann sich wieder sammeln und die Stadt mit neuem Angriff bedrohen wollen. Weh mir, wenn sie siegen sollten, dann bleibt mir kein Kämmerlein in meinem Haushalt, vielmehr muß ich auswandern und alles ihrer Raubgier überlassen ... «
Papst Clemens XI. interessiert sich für die Geschehnisse um

den Münchner Isarturm nur insofern, als er in diesem »Weltkrieg« auf der Seite der Franzosen steht. Die Intervention wegen Kittler bleibt unbeantwortet in den Akten des Vatikans. Offizell sind die diplomatischen Beziehungen zwischen dem Heiligen Römischen Reich deutscher Nation und dem Heiligen Stuhl gestört. Ostentativ wurde der Botschafter Wiens vor acht Wochen abberufen. Erbost beobachtet der Kaiser die »Korrespondenzen, welche der Hl. Stuhl mit dem Feinde meines Reiches und Hauses führt«, und schmipft: »Die Kardinäle sind französische Pensionäre!«

Splitter des Jahresendes 1705.
Die Stadtverordneten Münchnes müssen den Treueid auf den Kaiser schwören. In derselben Sitzung wird Ratsmitglied Johannes Jäger seiner Ämter in Stadtrat und in Ausschüssen enthoben. Es wird beschlossen, daß keiner aus dem Oberland mehr die Landeshauptstadt ohne genaue Leibesvisitation betreten darf. Die Kanzlei ordnet an, die Flößer aus Tölz und Wolfratshausen genau zu kontrollieren.
Am 28. Dezember versammeln sich etwa 20 Bürger und Bauern vor dem Tölzer Schloß. Sie glauben dort ihren Pflegkommissar Dänkel zu treffen. Sie wollen ihn »massakrieren«. Die Revolution frißt ihre Kinder.
In diesen Tagen um die Jahreswende ergeht schon der zweite Aufruf, alle Waffen, Pferde und Montur abzugeben: »innerhalb 3 Tage in solchem Stand, wie sie gegen uns gebraucht worden, unausgewechselt auszuliefern . . . «
Die Tölzer lieferten ihre ältesten Ackergäule und schlechtesten Waffen ab. Kommentar der Behörde: die Waffen seien so alt, daß man damit nicht jemanden erschießen, allenfalls erschlagen könne. –

Am Silvesterabend schließt Dr. Leonhard von Kronegg, Dekan von St. Peter, das Totenbuch seiner Pfarrei für das Jahr 1705 mit den Zeilen ab:
»Bei jener Bauernschlacht, welche die Kaiserlichen am Geburtstag Unseres Herrn begingen, betrug nach Angabe des Totengräbers die Anzahl der von der Pfarrei allein in neun Gräbern auf dem Äußeren Friedhof Beerdigten 682, derer von Unseren Lieben Frauenpfarr 90, der zu Sendling Begrabenen 204, in Summe 976.«

Nach achttägiger Ruhepause gibt General Kriechbaum am 2. Januar 1706 seinen Truppen neuen Marschbefehl: Am 6. Januar sind sie schon in Eggenfelden.
In Braunau tagt wieder das Parlament. Die vier Stände beraten über die Wiederherstellung der Festungsanlagen in Burghausen, vergeben Bauaufträge und machen sich »bei der dermaligen Geldklemme« weiter Gedanken über die »Festsetzung eines proportionierlichen Quantums«.
Das Parlament verabschiedet den Text einer schon vor Weihnachten beschlossenen Denkschrift an den Reichstag in Regensburg. Als »Gemein des Ober- und Unterlands wendet sich dieses Volksparlament an ein Reichsgremium und bittet um Verständnis für die »in allen Rechten zugelassene Defension«.
Doch bis diese Denkschrift an den Reichstag in Regensburg abgeschickt werden kann, gibt es im Braunauer Parlament noch hitzige Debatten über das Wie, Wo und Wann der Denkschriftübergabe.

Das abgesetzte Ratsmitglied Johannes Jäger schreibt in den ersten Januartagen aus seinem Versteck wieder an seine Frau Anna Maria.

»Mein herzliebes Weib und sämtliche lieben Kinder,
ich möchte wohl gerne wissen, wie es mit unserem Hauswesen steht, ob die Wachen auf dem Haus abgeschafft worden oder nicht. Mein Gott, was soll man dich um die Kinder entgelten lassen, die doch an der Sach nicht die geringste Schuld und Wissenschaft haben . . .
Wenn sich meine Sach gar nicht mehr wird richten lassen, in die Stadt zu kommen, bis gleichwohl etwa Sr. Durchl. der Churfürst kommt, will ich schon Anstalt machen, daß Du gleich das Hauswesen mit Deinen Kindern ehrlich mögst treiben und fortsetzen. Wenn es gar nicht anders wird sein können, werde ich nach Brüssel gehen, allwo durch gute Patrons ja von Seiner Churfürstlichen Durchlaucht ein Stückl Brot bekommen werde, wie hart es mir aber trifft, wenn ich Dich und die Kinder also verlassen muß.
Wenn ich nur bald ein Gewand anzulegen hätte. Dieses sitzt mir alles zu eng. Mein alter brauner Rock und das lederne Kamisol wär noch schon gut. Ich bräucht aber auch Hosen und Schuh und Strümpf. Zwei Hemden sind mir am Leib geblieben, sonst gar nichts.«
Aus demselben Unterschlupf schreibt Anton Passauer an den bereits verhafteten Ignaz Hayd:
»Was die Bauern im Unterland für Fortschritte machen, möchten wir wohl gern Wissenschaft haben. Es wird hoffentlich Gott derselben Waffen besser beglücken als die unsrige . . . «
Dann fügt Passauer hinzu:
»P.S. den sämtlichen Jägerschen Hausgenossen eine schöne recomendation, alles Liebe, Gute, Freundliche. Vor allem aber der Jungfrau Maria Barbara beliebe man unbeschwert von mir ein wohlgemeintes Compliment zu machen, und dieselbe erinnern, daß sie meiner als ihres gewiß getreu devotesten Diener,

der zwar jetzt in einen unglückseligen Stand gesetzt ist, eingedenk verbleiben soll; dabei aber versichert leben, ich werde derselben niemals vergessen, wenn ich mit göttlichem Beistand zu einem glückseligeren gelangen sollte. Soll mich auch in ihrem Gebet samt all dero Geschwistern befohlen haben.«

18. Kapitel

Das letzte Kapitel oder das Prinzip Hoffnung

Der Kreis schließt sich.

Fuchs, Müller und Plinganser hatten es in den ersten Dezembertagen so verabredet: Der Aufstand in der Oberpfalz sollte erst nach der Einnahme Münchens beginnen. Die im Land verbliebenen Reichstruppen sollten hier gebunden werden, damit sie der Landeshauptstadt nicht zu Hilfe eilen können. Während Fuchs in Tölz war, fanden verschiedene Kontakte zwischen Müller und Plinganser statt. Die propagandistischen Mittel gleichen in der Oberpfalz denjenigen der Anfangsphase im Oberland. So wie Fuchs in Tölz mit gefälschten Patenten des Kurfürsten taktiert, spricht Pfarrer Müller jetzt von Befehlen des Kurfürsten, das Land für ihn zu behaupten. Müller verkündet sogar:

»Der Kurfürst steht schon im Reich!« In einigen Tagen sei er da, mittlerweile müsse man auf die Rentämter Straubing und Amberg los. Und auch hier in der Oberpfalz dieselbe Parole: »Wir wollen lieber bairisch sterben als in des Kaisers Unfug verderben.« Aber derlei Patente und Parolen waren durch die Ereignisse schon überholt.

Die Strategie, die in den ersten Dezembertagen hier entworfen worden war und die sich wie ein Netz über ganz Bayern gesponnen hatte, erwies sich als Fehlschlag.
Fuchs hatte Fehler gemacht. Sein entscheidender war: Er hatte nicht mit einem Kommandowechsel von de Wendt auf General Kriechbaum gerechnet. Er hatte einen de Wendt als Gegner einkalkuliert.
Der Eilmarsch nach München hatte das Kommunikationsnetz zwischen Ober- und Unterland empfindlich gestört. Der zweite entscheidende Fehler war: Fuchs hatte die Terminabsprache zu sehr Schöttl und Jäger überlassen. Er wollte den Oberländern nicht dreinreden. Dadurch geriet die Ausführung des Plans zu sehr in den Einfluß von Leuten, die sich mehr um die eigene Rolle in diesem Aufstand als um den Aufstand selbst kümmerten.
Jetzt kehrt Matthias Ägidius Fuchs zurück. Das einzige, was er mitbringt: das Generalmanifest aus München.
Direktoriumsmitglied Prielmayr erinnert sich: »Als ich in den Rat gehen wollte, wartete der Sailer mit einigen Bauern auf mich, gab mir das Manifest mit dem Bedeuten, die Gemeinde verlange, daß es dem Schreiben nach Regensburg beigelegt wird.
Ich ging dann in den Rat, wo eben schon ein paar Blätter von dem scripte nach Regensburg abgelesen waren. Ich stellte das Manifest vor: ich hätte eine Zeitung aus München, die Fuchs mitgebracht hat und von der die Gemeinde verlangt, daß sie der Schrift nach Regensburg beigelegt wird.«
Unterwegs nach Braunau hatte Fuchs einen der Organisatoren des Marsches nach München getroffen: Peter Gauthier.
Beide spüren in der Kongreßstadt Braunau, wie sehr sich die Atmosphäre geändert hat. Plinganser berichtet: »Fuchs kam

Abb. 17 Spottbild auf das »rebellische Bayernparlament« in Braunau. An einem solchen Tisch tagte das »Direktorium«, während die Delegierten der Stände im Saal saßen. Kupferstich 1706

mit einem Franzosen Gauthier über Burghausen nach Braunau, als d'Ocfort, Prielmayr, Leyden und Jehle schon zu Obersten resolviert waren. Von Gauthier sagte man, er sei vom Kurfürsten und vom König von Frankreich geschickt worden, um den Aufstand zu unterhalten. Aber weder die Gemeinde noch der Kongreß trauten ihm recht.«

Die beiden waren isoliert. Fuchs war krank in Braunau angekommen. Wenn Plinganser seinen Einfluß nicht aufs Spiel setzen wollte, mußte er sich von Fuchs distanzieren.

Plinganser über Fuchs: »Er kam in Braunau wenig aus wegen seiner Krankheit. Der Medicus sagte, er könne unmöglich mit dem Leben davonkommen.«

Aber so todkrank scheint Fuchs doch nicht zu sein; denn er

kümmert sich um den Aufbau der Regimenter und übernimmt die Soldauszahlung an die Volksmiliz. Und in der Parlamentsdebatte vom 4. Januar 1706, als von dem Verlust von Vilshofen die Rede war und daß bei der Kapitulation dieses Ortes 300 Aufständische massakriert worden waren, mußte Fuchs Rede und Antwort stehen. Augenzeuge Werndle berichtet: »Bei dieser Gelegenheit wurde das ganze Faktum wegen der Tölzer Bauern erzählt.« Prielmayr hält ihm seine mißlungene Operation vor.

Die Aktivitäten des Bayerischen Parlaments in diesen Tagen können sich sehen lassen. Eine 4000 Mann starke Miliz wird augebaut. Jeder Hof des Rentamts muß einen Mann stellen und eine Kriegssteuer von monatlich vier Gulden. Dazu monatlich eine Naturalabgabe von 20 Bund Stroh, 4 Zentner Heu. Die Forderungen der Volksvertreter an die Bauern sind jetzt erheblich höher als die Administration dem Land Bayern zumuten wolle. Der Aufstand hätte sie von diesen Lasten befreien sollen. Ihre Fraktion murrt im Parlament über diese wachsende Belastung, worauf Prielmayr sie anfährt:

»Wenn ihr nichts geben könnt oder wollt, dann müßt ihr eben das Kriegführen bleiben lassen!«

Tatsächlich waren auch die Erfolge beträchtlich. Am 25. Dezember war Landau besetzt worden, am 31. Dezember hatte Pfarrer Müller Cham eingenommen, und am 4. Januar 1706 wird Nabburg besetzt. Jetzt beschließt an diesem 4. Januar der Kongreß »einhellig«, das am 29. Dezember verlorengegangene Vilshofen wieder zurückzuerobern.

Aber die Regimentsführer wollten den Parlamentsbeschluß nicht ausführen. D'Ocfort erklärt, er habe nur gelernt, Soldaten zu kommandieren, aber nicht Bauern. Und die Fraktion der Bauern macht ihrem Kriegsminister Zwischenrufe: »Wir werden es doch mit unserer neuen Miliz mit den Kaiserlichen d'Arnans aufnehmen!«

Der Kriegminister kontert: »Ich lasse mich lieber selber von euch massakrieren, als mit euch gegen einen regulären Feind zu marschieren.«

Die Debatte ist hitzig geworden. Vertreter der Bauernfraktion drohen dem Direktorium: »Wir werden euch erbärmlich massakrieren!« Seine Mitglieder schauen auf d'Ocforts blaue Flekken, die von einem Überfall auf sein Schloß Schedling am 22. Dezember herrühren.

»Eine Räubersrott heilloser Bauernbursch« hatte seinen Wohnsitz damals überfallen und ihn, seine Frau und Kinder »mörderisch traktiert«. Auch Prielmayr weigert sich, sein Regiment dafür zur Verfügung zu stellen. Antwort: »Kaiserlicher Hund!« Er legt seine Obersten-Charge nieder. Proteste im Plenum.

Um derlei Exzessen und Plünderungen vorzubeugen, wurde sogar ein eigenes Militärgericht geschaffen. Plinganser hatte die Gefahr einer Radikalisierung früh erkannt. Am 13. Dezember schon hatte er harte Maßnahmen gefordert: »Jeder, der von dieser Räubersrott angegriffen, geängstigt und um Geld oder anderes angegangen wird, soll befugt sein, ohne Anfrage und Genehmigung diese Bösewichte und Excremente aller heillosen Bauernburschen gleich niederzuschießen, totzuschlagen oder auf andere Weise den verdienten Rest zu erteilen.«

Schließlich wird der Oberkommandierende über den Marsch der Unterländer nach München, Hoffmann, mit der Befreiung Vilshofens beauftragt. Er konnte seinen fast vor der Auflösung befindlichen Haufen auf immerhin knapp 3000 Mann vergrößern. Von Ering marschiert er über Griesbach Richtung Vilshofen und macht in Aidenbach Quartier.

Was die Abgeordneten in Braunau aber in diesen Tagen nicht wissen: Die Armee Kriechbaum steht inzwischen in Eggenfelden. Der Feind wird nicht d'Arnan allein heißen. Die Armee Kriechbaum wird der Hauptgegner sein.

Am 7. Januar wird das »Generalaufgebot« des bayerischen Parlaments innerhalb des Rentamts Burghausen verschickt und in Dörfern und Märkten verlesen:

»Der Landschutzkongreß in Braunau sowie die Gemein allhier erachten es für eine höchst unumgängliche Notdurft und zum Besten des allgemeinen Wesens, daß ohne Zeitverlust ein Generalaufgebot ergehe.«

Auch die Schützen unter ihrem Kommandanten Meindl sind inzwischen auf dem Marsch. Sie wollen den jetzt auf 7000 Mann angewachsenen Haufen unter Hoffmann unterstützen.

General Kriechbaum spioniert die Bewegungen der Aufständischen aus. Von Eggenfelden marschiert er gegen Pfarrkirchen, biegt dort nach Norden ab und erfährt in Haidenburg nach einem Nachtmarsch, daß die Bauern nur eine Stunde von ihm entfernt bei Aidenbach stehen.

Prielmayr sieht die Gefahr eines neuen militärischen Konflikts, in den die Fraktion der Falken den Kongreß treibt. Wieder einmal bemüht sich Prielmayr um den öffentlichen Frieden. Er möchte den Salzburger Erzbischof Johann Ernst von Thun einschalten.

Prielmayr wirft Plinganser vor, diese Friedensbemühungen zu hintertreiben, und Plinganser wirft Prielmayr vor, die Generalmobilmachung zu hintertreiben.

Prielmayr will vor der militärischen Auseinandersetzung einen Waffenstillstand. Plinganser will erst die militärische Auseinandersetzung. Jeder zögert auf seine Weise vom Kongreß gefaßte Beschlüsse hinaus: einerseits die Friedensabsichten, die

mit der Übergabe der Denkschriften verbunden sind, und andererseits die Kriegsabsichten, die mit der Generalmobilmachung verbunden sind.
Plinganser fragt den Kongreß: »Warum ein Waffenstillstand, da man an allen Seiten des Kongresses daran arbeitet, d'Arnan aus Vilshofen zu bringen und dieses Revier von den Kaiserlichen zuräumen. Die Bauern wollen keinen Frieden.« Plinganser denkt an die Konsequenzen und Verzögerungen, die durch das Anzinger Waffenstillstandsabkommen entstanden sind.
Und Prielmayr fährt ihn an. »Wenn Sie weiter die Denkschrift nicht abschicken, da werde ich die Gerichte um Burghausen von Braunau abwenden!«
Wird die »kurfürstliche Regierung« zu Burghausen jetzt nicht mehr auf den Kongreß hören? Es wäre das Ende.
Direktoriumsmitglied von Leyden kann gerade noch den Faustschlag eines Bauern verhindern, der gegen Prielmayr ausholte. Plinganser schreit ins Plenum: »Sie verraten die Sache des Vaterlandes. Sie spielen mit den Kaiserlichen zusammen!«
Die umstrittene Denkschrift sollte lauten: »Wir bis auf das Blut bedrängte Gemein des Ober- und Unterlands Bayern haben endlich unsere so lange unter der größten Trübsal eines auferlegten, unerträglichen Jochs niedergedrückte Geduld überwunden, und die sonst zum Frieden und gehorsam von Natur gearteten Gemüter, in diesem Maß in keinem Jahrhundert innerhalb Bayern geschehenen Aufstands, auf einmal angetrieben, für einen Mann zu stehen, mit Hilfe des Allmächtigen Gotts das von der kaiserlichen Miliz erlittene mehr als sklavische, und teils mehr als der Tod es sein kann, Belastungen mit äußerster Kraft von unserem Hals abzuwälzen.«
»Könnts nit arg genug schreiben«, drängen die Abgeordneten des vierten Standes den Kongreßsekretär Georg Sebastian Plin-

ganser und erreichen dadurch einen fast lyrischen Text politischer Literatur.
Unterschrift: »Gesamtföderierte Gemein der Landen Ober- und Unterbayern«.
Prielmayr stellt fest, daß dieser Brief noch immer nicht abgegangen ist, nachdem man doch schon zwei Tage lang im Plenum darüber diskutiert hatte. Zum zweiten Mal fordert er dann »mit Sakramentieren, daß die Expedition nicht erfolge«, das Absenden der Post.
Als Sekretär des Kongresses mußte Plinganser die Schreiben verfassen. Plinganser rechtfertigt sich: »Kaum bin ich aus dem Kongreß gegangen, bin ich auf mein Quartier und begann das Schreiben abzuschreiben. Ich versäumte keinen Moment, es zu Stand zu richten. Daß aber zum zweiten Mal darum geschickt wurde, ist nichts Neues, denn ich hätte wohl öfter eine Sache in einem Hui vollziehen und expedieren sollen, was etliche Stunden erforderte.«
Das Generalmanifest aus München sollte zusätzlich zu dieser Denkschrift beigefügt werden.
Die Gemein gibt Plinganser recht, wenn er Prielmayr entgegenhält:
»Ich achte auf das Beste der Gemein und auf solche Drohungen, einen Stillstand zu erzwingen, lassen wir uns nicht ein.«
Mitten in diesen Streit platzt die Nachricht einer neuen Niederlage der Aufständischen. Diesmal in Aidenbach vor Vilshofen. Augenzeuge dieses zweiten großen Massakers in der bayerischen Geschichte wird Wolf Heinrich Freiherr von Gemmel. Der Mann, der sich schon einmal, als es sich um die Einfädelung von Waffenstillstandsverhandlungen handelte, eingefunden hatte. In Dorfen war er zur Armee Kriechbaum dazugestoßen. Er war dabei, als diese Armee in der Nacht zum 8. Januar

1706 gegen Aidenbach losmarschierte. Dieser 8. Januar ist wieder, wie der 25. Dezember, ein Freitag.
Ein Freitag vierzehn Tage später.
Freiherr von Gemmel berichtet über das letzte Kapitel:
»Es haben sich aber die Rebellen, ehe man die Höhe gar besteigen können, gleichsam in dem Augenblick, ohne Verlierung des geringsten Feuers, in den hinter sich gehabten Wald gezogen; ihr Kommandant und andere Offiziere sind, gleich wie sie schelmischer Weise ihr rebellisches Kommando angetreten, wieder solchergestalten auf ihren Pferden mit der wenig gehabten Kavallerie durchgegangen und haben ihre Hauptarmee im Stich gelassen, welche der verbitterte Soldat sowohl zu Pferd als zu Fuß sogleich umringt und in den Wäldern und Feldern aufgesucht, alles, was sich nur blicken lassen, gegen einen wenigen Widerstand solchergestalten niedergemacht und massakriert, daß der wenigere Teil davongekommen. Teile von ihnen haben sich in einige unweit von dieser Niederlage gelegene Bauernhäuser retiriert und sonderbar aus einem auf die Kaiserlichen mit kleinem Gewehr stark Feuer gegeben, daher diese Häuser sämtliche in Brand gesteckt und was nicht darinnen verbrennen, sondern entlaufen wollen, ohne Unterschied niedergemacht worden ist.«
Also noch ein Massaker.
»Dieses Massakrieren hat in einem continuo ungefähr von halb zwölf mittags bis gegen 4 Uhr abends gedauert. Also war diese Niederlage der am Christtag bei München vorausgegangenen weit überlegen. Es ist gewiß, daß der wenigere Teil von diesem rebellischen Volk davongekommen ist.«
Die Felder und Wiesen um den Markt Aidenbach sind »fast eine Stunde weit häufig mit Toten überstreut«.
Die Aufständischen werden auch hier gejagt. Häuser werden

niedergebrannt. In den Bauernhäusern werden Öfen, Fenster, Tische, Bänke, Türen ruiniert. Vieh wird gestohlen. Kleider und Mobilien auf dem nächsten Markt verkauft.
Direktoriumsmitglied Johann Baptist von Leyden: »Die Niederlage hat auch den anderen Gerichten den Mut greulich gedämpft, und das Lamentieren der Weiber und Kinder soll nicht zu beschreiben sein.«
In Braunau ist man schockiert. Noch tagt der Kongreß. Prielmayr stellt den Antrag »den Ruhestand zu suchen und den Landesfrieden zu erwerben, und hierzu die Vermittlung des Erzbischofs von Salzburg zu erbitten«.
Aber auch jetzt noch widersetzt sich Plinganser: »Es kann dem Kongreß ganz gleichgültig sein . . . Gerade jetzt darf sich die Bauernschaft nicht schwach zeigen, sondern muß auf ihren alten Forderungen bestehen bleiben!«
Selbst in den jetzigen Forderungen gibt man sich offensiv: Alle kaiserlichen Truppen sollen Bayern verlassen. Die Kurfürstin soll zu ihren Kindern zurückkehren dürfen. Die Festungen sollen mit hiesigen Truppen besetzt werden. Forderungen an den Erzbischof mit der Bitte um Weiterleitung an den Reichstag in Regensburg. Und an den Kaiser in Wien.
In Braunau wird in Wirtschaften und in Burghausen in den Gängen der Regierungsbehörden Politik gemacht. Das Für und Wider wird abgewogen. Stimmung wird erzeugt. Druck wird ausgeübt.
Von Burghausen gibt Advokat Matthias Ludwig Mayr am 9. Januar folgenden Stimmungsbericht: »Die bei einem Bräu allhier sitzende und mit den besten Delikatessen von Speis und Trank sich recreierende Bauerngemeinde pariert nur nach Gelegenheit. Mit einem Wort: es geht alles über Eck. Die Konfusion und daneben auch Konsternation beginnt so sehr über-

hand zu nehmen, daß niemand zu raten noch zu helfen weiß.« Der vierte Stand resigniert. Die Bauern nennen jetzt das Parlament, das ihnen zum ersten Mal die Repräsentation garantiert hatte: »Brunngreß«. Neben der Bedeutung Unkraut meint es als Kürzel: Braunauer Kongreß.

Am 12. Januar 1706 reist schließlich eine Delegation nach Salzburg ab. Noch kurz davor entsteht eine erregte Debatte darüber, wer eigentlich die Reisespesen bezahlt.

Der Rest ist eine Frage der zeitlichen Disposition des Generals von Kriechbaum:

Am 14. Januar wird Schärding von den Aufständischen geräumt.

Am 16. Januar Cham.

Am 17. Januar fällt Braunau.

Am 18. Januar Burghausen.

Die Bürokratie tauscht Siegel und Wappen aus. Abends um 19 Uhr treten die Aufständischen auf dem Paradeplatz an. Gage und Kommißbrot werden ordnungsgemäß verteilt. Der Ausmarsch der Revolution durch die Stadttore beginnt.

Auf Plinganser, Hoffmann und Meindl ist ein Kopfgeld von 1000 Reichstalern ausgesetzt.

Der Delegation in Salzburg bleibt angesichts der totalen Kapitulation nur noch die Bitte nach Generalamnestie. Das Wort Waffenstillstand hat man fallen lassen.

Sendling, Aidenbach: Innerhalb von vierzehn Tagen über 4000 Tote.

Die Briefe des Johannes Jäger an seine Frau waren in die Hände der Administration gefallen. Ein Geistlicher hatte sie übergeben. Und da in diesen Briefen der Ort seines Verstecks angegeben war, schickt die Verfolgungsbehörde ein Kommando nach Rauhenlechsberg. Johannes Jäger wird festgenommen. Passauer kann entkommen. Kaum im Münchner Falkenturm eingeliefert, wird Jäger verhört. Es ist der 8. Januar, der Tag des Massakers in Aidenbach.

Johannes Jäger leugnet. Er sagt: »Ich bin ganz unschuldig.« Die Tortur wird ihm angedroht.

Der Geheime Kanzleidirektor Franz Joseph von Unertl leitet das Verhör. Er läßt den Jägerwirt mit Kittler konfrontieren. Kittler sagt anders aus. Dann wird Hayd vorgeführt. Dann Mayer, Leutnant Aberle, Clanze und Senser.

Im Gefängnis sehen sich die Organisatoren des Aufstandes wieder. Jäger streitet alles ab: »All dieses verhält sich nicht so.« Am 9. Januar wird Jäger gefoltert. Dann beginnt er auszusagen. Am 26. Januar wird Jäger mit Schandl und Fiechtner, seinen Tölzer Spielkameraden aus der Jugendzeit, konfrontiert. Am 19. Februar wird Jäger, zusammen mit Hayd, nach Ingolstadt transportiert und dort Törring gegenübergestellt.

Mitte Januar setzt Johannes Jäger in seiner Zelle im Falkenturm »im Namen unser 19 bedrängt gefangen Sitzenden« ein Gesuch an die Administration auf:

»Erstlich gebe ich zu Wissen und zur Nachricht, daß wir hierin Angemerkte in 19 Manns- und 16 Weibspersonen nebst etlichen 50 unerzogenen Kindern bestehen. Wie ich mir aber unter andern ganz leicht und wohl einfallen lassen kann, daß die Bestrafung dieses Unrechts nicht also leer oder gering hingehen wird, so bitten wir, S.K.M. möge, da ihr mit unserer armen Lebensdargebung nicht gedient ist, aus absonderlichen kais. Spezialhulden und Gnaden eine Strafgeldsumme belieben, die

Abb. 18 Hinrichtung der Rädelsführer auf dem Münchner Schrannenplatz (jetzt Marienplatz) am 29. Januar 1706

Der
Bayrischen Rebellen
Rädelsführer
Erste
EXECUTION
Lohn und Warnung
Gesangs=Weiß
vorgestellt;

Im Ton:
Ach / daß ich Wasser und Thrätten
gnug hätte.

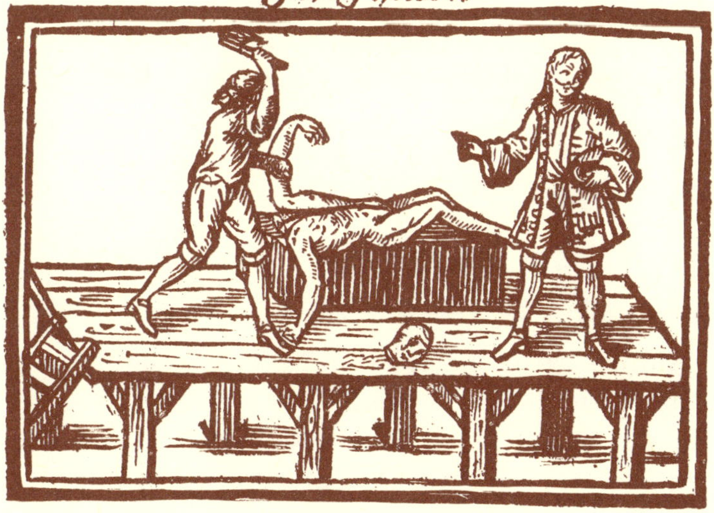

Im Jahr 1706.

wir uns selbst herzlich gerne nach Möglichkeit taxieren dürfen.« Dann zählt Jäger in seinem Gesuch die Zahl der Betroffenen auf:

»Randbemerkung.

Wirt von Anzing 4 Kinder; Brix, Postmeister 2; Kittler, Gastgeb, 6; Hallmayr, Bierbräu, 5; Jäger Gastgeb, 6; Hayd Registrator, 0; Senser, Eisenhändler, 0; kommen die vier Tölzer: – Jägeradam 3; Mayrbräu 2; Schandlbräu 7; Jäger, Gastgeb, 3; – Wirt von Königsdorf 7; Kaiserwirt 1; Maderbräu 5; – Meister Caspar 1; Aumeistermax 0; – die drei Offiziere, die auch mit Weib und Kindern beladen sind, weiß aber nit wieviel.

NB. Die, wo ein Strichl angemerkt ist, werden nichts geben können; wir wollen es aber übertragen, damit uns der allgütige Gott u. S.K.M. eher erhören mögen.«

Am 16. Januar berichtet Graf Löwenstein an den Kaiser:

»Nachdem von diesem Gesindel bei Sendling und Aidenbach, auch bei Wiedergewinnung von Kelheim, Vilshofen und anderen Orten und in verschiedenen Scharmützeln gegen 10 000 Mann massakriert worden, haben sie kein corpo mehr zu Felde ...

Von dem Kurprinzen kommt herbei ein alleruntertänigster Neujahrswunsch ... «

Zehntausend Opfer in drei Wochen.

Die ersten Urteile werden am 29. Januar in München vollstreckt. Auf dem Schrannenplatz wird eine Schaubühne aufgestellt. Senser, Kittler, Clanze und Aberle werden hingerichtet. Auch Johannes Jäger wird zum Tode verurteilt. Seine ersten Worte auf das Urteil sind: »Ich möchte wissen, um was für einen Punkt willen ich den Tod verdient habe. Ich protestiere vor Gott und der Welt, daß ich unschuldig sterben muß!«

Am 17. März 1706 wird Jäger in München hingerichtet.
Am selben Tag auch Matthias Kraus in Kelheim. Der Galgen steht bis 1715 an der Stelle, an der sein Haus stand: Erasmusgasse 34. Es war einige Tage zuvor geschleift worden.
Die Köpfe Kittlers und Jägers werden am Isartor aufgesteckt. Ihr Körper wird gevierteilt. Die Teile hängen an den Haupttoren der Stadt. Am Schwabinger Tor. Am Sendlinger Tor. Am Neuhauser Tor. Im Tal. Insgesamt sieben Todesurteile werden gefällt und vollstreckt. Zuletzt Hoffmann. Er wird erst 1707 gefaßt und in Braunau enthauptet.

Eine Säuberungswelle geht über das ganze Land. Kopfgeld wird ausgesetzt.

Abb. 19 Pfarrer Florian Sigmund Maximilian Müller, der Anführer der Aufstandsbewegung in der Oberpfalz, wird gefangengenommen. Anonymer Kupferstich

Obwohl im Rentamt Burghausen die aufständische Bewegung ein radikaleres Ausmaß angenommen hatte als im Oberland, fallen dort die Strafen milder aus.
Plinganser wird im Mai gefaßt, inhaftiert, 1710 entlassen. Er wird 1716 rehabilitiert und bekleidet dann das Amt eines Hofgerichtsadvokaten in München. Er stirbt 1738.
Meindl begibt sich unter den Schutz des Salzburger Erzbischofs. Er wird 1715 rehabilitiert und bekommt eine Försterstellung. Er stirbt 1767. Pfarrer Müller kommt in Arrest. 4 Wochen Arrest für d'Ocfort. Die Regierungsmitglieder in Burghausen werden amtsenthoben und arretiert. So auch von Baumgarten, von Leyden und von Prielmayr.
Prielmayr wird in Ingolstadt inhaftiert. Als Kastner von Burghausen wird er erst 1715 rehabilitiert.
Fuchs und Gauthier tauchen im Mai in Venedig auf und schlagen sich mit Geld der Kurfürstin nach Brüssel durch. Fuchs wird dort wieder Kriegskommissar. Er stirbt 1709.
Ebenso in Brüssel sehen sich wieder: Houys, Engelhardt, die Pfleger Dänkel und Alram.
Hauptmann Mayer bleibt im Gefängnis. Er wird erst 1716 rehabilitiert. Er stirbt 1746 in Landshut.
Pfleger Berndorf stirbt in der Haft. Pfleger Schmidt wird nach 2 1/2 Jahren Haft in Ingolstadt unter Hausarrest gestellt und mit Geldstrafen belegt. Pfleger Alram wird nach 1715 Kriegskommissar des Rentamts Straubing. Dänkel, Greschbeck und Schmidt werden 1715 wieder in ihre Ämter eingesetzt.
Pfleger Oettlinger wird 1715 abgesetzt.
Törring wird nach einjähriger Haft begnadigt und 1715 rehabilitiert. Ignaz Hayd erhält Haftstrafe. Er stirbt 1727 in Armut. Sein Bruder Anton Kajetan wird später Polizei- und Falkenturmschreiber.

Heckenstaller versteckt sich in Klöstern, er wird nach 1715 als Geheimratssekretär rehabilitiert. Er stirbt 1748.
Hierner, der noch die Nachricht vom Massaker nach München bringt, kann sich in Klöstern versteckt halten bis 1715. Er stirbt 1740.
Fiechtner und Franz Jäger werden mit Arrest und Geldstrafen belegt. Beide sind nach 1715 Tölzer Bürgermeister.
Adam Schöttl wird 1715 rehabilitiert und auf das Forstamt Hechenkirchen verpflichtet. Er stirbt 1727.
Passauer taucht später als Schreiber zu Viechtach auf.
Die Spur von Hallmayer verliert sich.
Die Agenten Schmidt und Kirchmayer werden verhaftet und sind im Falkenturm. Sie sollten die Aufständischen aufmuntern, bis Pfingsten auszuhalten, dann komme »Succurs«. In einem der letzten Briefe Schmidts an Dulac in Brüssel, kurz vor der Verhaftung, stand: »Niemand auf der Welt ist verachteter als die Bayern. Wo einer hinkommt, will man einen nicht dulden.«

Nachspiel

Das ist die Geschichte des bayerischen Volksaufstands 1705 auf 1706. Eine Geschichte, die passierte.
Was hat der Volksaufstand erreicht? Ein kaiserlicher Erlaß mit Datum vom 16. Februar 1706 bestimmt das Ende der Zwangsaushebung. Kein bayerischer Rekrut darf also durch Zwang zum Militärdienst berufen werden, sondern nur durch freie Werbung. Außerdem müssen sie nicht mehr außer Landes Kriegsdienst leisten.
Und – das Bier wird um einen Pfennig teurer. Kasernenbauten sollen damit finanziert werden.
Überall im Land beginnt jetzt die große Stunde derer, die behaupten, was sie alles hätten verhindern können. Die Stunde der Kollaborateure mit der Besatzungsmacht.

Ein Mann schreibt an seine Frau. Er ist Max Emanuel.
Sie ist Therese Kunigunde. Er sitzt in Brüssel. Sie in Venedig.
»Wären Sie in München geblieben«, macht er ihr in dem spontanen Brief, den er auf die Nachrichten aus Bayern hin schreibt, zum Vorwurf, »dann hätten die Kaiserlichen nicht mit solchem Alarm zu tun! Der Aufstand ist, wie Sie wissen, gänzlich bezwungen. Ich kann den Patriotismus nicht mißbilli-

gen, aber das Herz blutet mir, wenn ich das Ende sehe, blutige Greuel und den Ruin des Landes, die grausamen Szenen und die Verurteilung zum Kerker und zum Tode nehmen gar kein Ende.

Oh Gott, wieviel unschuldiges Blut ist vergossen worden! Wenn ich mich verbergen kann, lasse ich den Tränen freien Lauf . . .

Denn mit einem Wort, ich wußte nichts, als was eben in die Öffentlichkeit gedrungen war. Taxis wird Ihnen gesagt haben, mit welch verräterischer Arglist man einen Agenten an mich schickte, um herauszubringen, ob ich meine Hand dabei im Spiele habe, ob ich die Mißvergnügten in Ungarn aufgereizt oder sogar zu unterstützen gedachte. Von dem allen ist aber jetzt nicht mehr die Rede. Die neuesten Nachrichten bestätigen, in Bayern sei der Friede hergestellt und Ordnung und Ruhe befestigt, daß der größte Teil der Truppen gegenwärtig nach Ungarn abmarschiert. Gott weiß, weshalb er dies alles zuläßt. Vielleicht ist es so das Beste für unsere armen und treuen Untertanen und bewegt den Kaiser, Ihnen die Heimkehr zu gestatten.«

Das schreibt Max Emanuel am 5. Februar. Zehn Tage später bestätigt er:

»Ich kann Ihnen aufrichtig erklären, daß ich nie von der Erhebung wußte, noch irgendwie in Verbindung damit stand, ich kenne nicht einmal die Häupter des Aufstands und weiß nicht, wer das ganze in Szene setzte. Von Seite der Aufständischen ist auch nichts an mich gekommen, ich weiß alles nur aus holländischen Zeitungen und ein paarmal zufällig aus Briefen, die an jemanden vom Hofe geschrieben wurden. Ich habe diesen Handel immer als unsicher betrachtet, jedenfalls durfte er, wenn man auf Erfolg rechnen wollte, nicht um diese Zeit beginnen, sondern erst, wenn die feindlichen Truppen ins Feld gerückt wären. Freilich wenn, wie man wissen will, Böhmen im Einverständnis war und es auch dort zum Aufstand kam, wäre das eine andere Sache. Aber ich weiß von nichts und betrachte den Handel als aussichtslos.«

Das Ehepaar Wittelsbach bleibt getrennt. Die Kurfürstin wohnt weiterhin in Venedig und schimpft auf die Mätressen ihres Mannes. Sie verlangt »die Abschaffung der alten Hexe«. Sie meint eine bestimmte Mätresse namens Louchier. Der Gatte weigert sich. Seine Antwort:

»Wenn ich alle früheren Mätressen abschaffen wollte, müßte ich nach Indien gehen.« (Augenzeugin Liselotte von der Pfalz: »Wenn er sich wenigstens mit Frauen von Stand begnügt hätte ...«)

Schon im Mai wird der Ausgang des Kriegs vorentschieden.

Max Emanuel verliert durch seine Niederlage bei Ramillies am 23. Mai 1706 Flandern und Brabant. Ihm bleibt noch ein Schloß in Mons. Es ist die Zeit, für die Max Emanuel den Aufständischen »Succurs« versprochen hatte.

Am 30. April 1706 wird Max Emanuel für »vogelfrei« erklärt. Das Kurfürstentum Bayern wird aufgehoben. Reichsherold Josef Faber verkündet neben der Mariensäule in München die Reichsacht. Ein Trommelschläger und vier berittene Trompeter sind anwesend, »damit dies mit geziemendem Glanz geschehe. Zu größerer Sicherheit sind am Tag dieser Proklamation in München die Wachen zu verstärken und die Besatzung hat, soviel als nötig, unter Waffen zu stehen«.

Die Reichskanzlei Wien befürchtet Unruhen.

Unte starken Sicherheitsvorkehrungen werden am 3. Mai 1706 die vier ältesten Prinzen Karl Albrecht, Philipp Moritz, Ferdinand Maria und Clemens August aus der Residenz geführt.

Man sagt ihnen, es ginge zur »Recreation« nach Dachau. Sie werden aber nach Klagenfurt abgeführt.
Maria Anna Carolina, die einzige Tochter, bleibt in der Residenz, wie auch Johann Theodor und Max Emanuel, der erst eineinhalb Jahre alt ist.
Prinz Eugen schlägt die Franzosen am 7. September 1706 bei Turin und vertreibt sie aus Italien. Er wird 1709 Statthalter der Niederlande. Ohne Niederlande, ohne Bayern, ohne Land, ohne Frau, ohne Kinder und ohne Geld fristet Max Emanuel als »Graf von Haag« ein unbeachtetes Leben am Hof des Sonnenkönigs. Am 30. Mai schreibt er an Ludwig XIV., ob er denn all seine Versprechungen vergessen hätte.

Im Mai 1706 wird Georg Ellgrasser aus dem St. Josephs-Spital in München entlassen.
Als er seinen Hof wiedersieht, die erfrorenen Obstbäume prüft und über die noch im Mai steinharte Erde humpelt, sagt er: »Das war ein strenger Winter.«
Über die Ereignisse in und vor München wird er nichts erzählen. Er hat sie aus seinem Leben gestrichen. Seine Frau und seine Schwiegertochter werden sich noch mehr als bisher um den Hof kümmern müssen; denn Georg Ellgrasser ist jetzt Vollinvalide.
Bis sein Enkel den Hof übernehmen kann, werden noch Jahre vergehen. Georg Ellgrasser merkt, wie scharf die Gegend überwacht wird. Nur einmal wird er mit anderen, die dabei waren, über den Aufstand sprechen. Es geht um eine Kapelle, die aus Dank, daß sie überlebten, gebaut werden soll. Man hat Votivbilder malen lassen.

Am 18. Juni erhält die Witwe Anna Maria Jäger in der Löwen-

grube in München ein versiegeltes Schreiben des Hofrats. Ihre Hände zittern, als sie den Brief öffnet:
»Auf Ihre Bitte, zu leichterer Fortbringung Ihrer 6 unerzogenen Kindern weißes Bier auszapfeln zu dürfen, wird Ihnen bedeutet, daß an die Hofkammer hierüber die Notdurft ausgefertigt worden ist.«

Madame d'Orléans (Liselotte von der Pfalz) sagt über ihren Zeitgenossen Max Emanuel: »Seine Vergnügungen gehen ihm über alles andere. Er fürchtet alle Geschäfte und Anstrengungen, sie müßten denn darauf hinauslaufen, sich eine Mätresse zu verschaffen oder einen Hirsch zu fangen. Er ist gleichgültig hinsichtlich der Staatsfinanzen, sorgfältig nur bezüglich des Goldes, das in seine Tasche fließt. Genug, er hat Mut und Geist und könnte ein großer Mann sein, wenn er wollte, aber man zweifelt an seinem Willen.«
Max Emanuel hat über die Aufständischen gesagt: »Warum sind sie hinausgegangen, diese Narren?«
Die Bevölkerung war enttäuscht über ihren Kurfürsten. Ein Augenzeuge berichtet: »Die Bauern haben sich des Kurfürsten entschlagen. Sie sagen: Was Kurfürst? Er hat uns verlassen, und wir wollen ihn verlassen!«
Schon zu der Zeit, als Max Emanuel noch offiziell in München Kurfürst war, schrieb der Geheime Rat im März 1701 nach Brüssel und bat ihn um seine Rückkehr. Nur dadurch könne er »die schon ziemlich gewichene Liebe hereinbringen, an deren Stelle einmal der Fluch von den schwierigen Gemütern ein Unheil nach sich ziehen dürfte«.
Nach einem Vierteljahrhundert Regierung Max Emanuel ist das Land Bayern im Chaos. Der Volksmund sagt: »Bayern kann nicht zugrunde gehen, außer durch seinen Herrn.«

Das ist das bayerische Staatsepos. Das Epos eines Staates in Mitteleuropa. Adolf Roth schreibt in einer Betrachtung des Aufstands in Bayern:

»Man täte gut daran, in Bayern und anderswo, sich ernsthaft Gedanken darüber zu machen, was es bedeutet, daß in Bayern Selbstbewußtsein auf einem Widerstand und einer Niederlage gebaut wird und daß Bayern trotz der Niederlage sich behauptet hat.«

Anstelle von Information über eine geschichtliche Verwicklung entstand eine Legende. Wieso kam es zu dieser Legende? Was sind die Motive?

Nicht nur Georg Ellgrasser strich dieses Ereignis aus seiner Erinnerung. Landauf, landab wurden aus den Tagebüchern die Tage des Jahres 1705 herausgerissen. Man wollte sich nicht gefährden, man wollte verschweigen, dabeigewesen zu sein.

Und dennoch schaffte man es inoffiziell, aus einer Niederlage eine Heldensage, eine Heldenlegende zu machen: mit der Figur des »Schmieds von Kochel«.

Diese Person ist über Jahrhunderte hinweg in ihrer Lebenskraft so stark, daß sie gleich in siebenfacher Ausführung vorkommt: Die Leute in Kochel haben ihren Schmiedbalthes, die Leute in Waakirchen haben einen ... Auch Georg Ellgrasser hätte es sein können. Die Schmiedbalthes waren überall. Nur wahrscheinlich nicht in Kochel, da der Gerichtsbezirk Murnau sich nicht am Aufstand beteiligte.

Mit an Sicherheit grenzender Wahrscheinlichkeit gab es ihn aber tatsächlich: Er hieß, laut Sterberegister der Pfarrei Neukirchen, Balthasar Riesenberger, Eisenschmied im Ortsteil Bach, 1661 in Holzolling geboren. Er heiratete am 18. Juli 1695 Frau Anna Mayer, deren Vater am 22. September 1697 dem Schwiegersohn die Schmiede übergab.

Acht Kinder gingen aus der Ehe hervor. Nach Riesenbergers Tod in Sendling heiratete Witwe Anna am 1. Juni 1706 erneut. Nach den Sterbebüchern der Gerichtsbezirke, die zum Aufstand aufgerufen waren, ist Riesenberger der einzige Schmied mit dem Vornamen Balthasar, der in Sendling gefallen war.

Ein Schmied und nicht ein Bauer wird jedenfalls zur Heldenfigur erkoren. Ein Schmied zählte damals zur mittelständischen Oberschicht. Es zeigt sich auch hierin, daß es sich um einen Bürger- und Bauern-, also um einen Volksaufstand gehandelt hat, in dem sich Leute aus den unterschiedlichsten Bevölkerungsschichten schicksalhaft begegneten: Wirte, Beamte, Studenten, Offiziere, Schüler, Kaufleute, Knechte, Adelige, Handwerker, Stadträte, Mönche, Bürgermeister, Arbeitslose, Regierungsräte.

Eine Figur aus dem Volk ersetzt die fehlende Herrscherfigur, zur eigenen Orientierung. Die Größe des Max Emanuel wird auf eine Figur übertragen, in der sich ein Volk erkennen kann. Der Schmiedbalthes ersetzt den Blauen Kurfürsten, bringt eine verlorengegangene Autoritätsfigur zurück; verschönt und in das Barocke übersetzt von denselben Leuten, die als Handwerker die barocken Kirchen und Schlösser bauen.

Das Neue dieser Zeit, daß zum ersten Mal Volk aufsteht, daß Politik zum ersten Mal in der Sprache des Volkes formuliert wird und den wirklichen Bedürfnissen des Volkes entspricht, braucht eine eigene Identitätsfigur. Der Wittelsbacher in Brüssel oder Versailles war sie nicht mehr.

Das Schicksal hat gegen das Volk entschieden. Seine Niederlage war perfekt. Der Schock war groß. Krieg war plötzlich mehr als nur ein militärisches Ereignis und Politik plötzlich mehr als Staatsräson. Die Brutalität, mit der der Aufstand niedergeschlagen wurde, deutet auf die Angst hin, die man in Wien vor seinen politischen Folgen hatte.

Die Legendenbildung ersetzt das Schweigen über Generationen hinweg. So konnten sich auch die falschen Bilder halten: Die Liebe zum Kurfürsten hätte die Leute zum Aufstand getrieben. Oder: die Bezeichnung »Bauernaufstand«, die sich als Fälschung erweist. Oder: der Begriff Sendlinger »Schlacht«, der von dem Massaker ablenken sollte; und die folkloristische Heroisierung der Figur des Schmieds. Sie beschränkt das Verständnis dieser Person zu sehr auf einen geographischen Kleinraum und nimmt dem Ereignis die geschichtliche Bedeutung. Die Figuren eines Wilhelm Tell oder Andreas Hofer sind daher besser eingebettet in ihre historische Bedeutung: alpenländische Region in ihrem Kampf um Freiheit.

Der Historiker Max Spindler weist auf die geschichtlichen Alternativen hin; denn die einmalige Konstellation in Bayern hätte den Befreiungsplan durchaus gelingen lassen können.

»Ein jedes Volk will gemessen sein nicht bloß an seinen Leistungen, sondern auch an seinen Idealen, die es im Lauf seiner Geschichte sich selbst gesetzt hat; nicht bloß an dem, was es erreicht, sondern auch an dem, was es gewollt hat, wofür es zu sterben bereit war.«

Erst nach zehn Jahren verlassen die Besatzungssoldaten Bayern. Im März 1714 unterzeichnen die kriegführenden Parteien in Rastatt einen Friedensvertrag. Max Emanuel versucht während der Verhandlungen, Bayern gegen ein Königreich Niederlande einzutauschen. Preußen und Frankreich widersetzen sich diesem Plan, da die österreichische Hausmacht durch den Zugewinn Bayerns zu stark von der Peripherie nach Mitteleuropa verlagert würde.

Laut Artikel 18 des Friedensvertrags behält man sich vor: »Seine christliche Majestät legt kein Hindernis in den Weg, wenn das Haus Bayern nach seiner gänzlichen Wiederherstellung für gut finden sollte, ein oder anderes seiner Länder in andere zu vertauschen oder zu verwechseln.«
Außerdem zeigte ja gerade der Aufstand, wie groß der Risikofaktor Bayern sein kann. Wien übernimmt die Niederlande, und Bayern kommt an den Kurfürsten zurück. Ein Kompromiß von Interessen.
Max Emanuel und die Familie Wittelsbach verdanken es ihrem aufrührerischen Volk, daß sie nach München zurückkehren. Der Kurfürst kommt am 10. April 1715 in der Residenz an. Nachts um 23 Uhr. Auf seinen ausdrücklichen Wunsch: »in aller Stille«.

Splitter aus kurfürstlicher Zeit:
Max Emanuel läßt in Nymphenburg die eremitenhafte Magdalenenkapelle bauen.
In Tölz wird die St. Leonhardikapelle hoch über der Isar zum Andenken an die Toten des Oberlandes eingeweiht.
Trotz zahlreicher Eingaben um Hilfe lebt Frau Anna Maria Jäger mit ihren sechs Kindern in Armut. Sie ist erblindet. Sie stirbt 1719.
Max Emanuel stirbt nach 45 Regierungsjahren im Alter von 63 Jahren am 26. Februar 1726.
Hoferbe der Wittelsbacher wird Kurprinz Karl Albrecht. Er wird auch Kaiser werden.
Etwa um dieselbe Zeit übernimmt Kaspar Ellgrasser den Hof seines Großvaters.

Epilog

Wie revolutionär war die bayerische Revolution von 1705?

Spannend begann das Jahrhundert der Revolutionen – das 18. Jahrhundert – mit einer ›Revolution‹ in Bayern, wenn man dem Untertext einer Votivtafel aus dem Jahre 1706 glauben darf. Überlebende, die »bey der Revolution vor München« dabei waren, hatten diese Votivtafel für die Kalvarienbergkapelle über Lenggries gestiftet.

Fand also die erste Revolution im 18. Jahrhundert nicht 1776 in den USA, und die erste in Europa nicht 1789 in Frankreich, sondern um die Jahreswende 1705/06 in Bayern statt? Muß etwa die Revolutionsgeschichte umgeschrieben werden, wenn man jetzt den Versuch macht, jenen Oktober, November, Dezember des Jahres 1705 und die Tage bis zum 18. Januar 1706 geistesgeschichtlich und politisch einzuordnen? An jenem 18. Januar 1706 war der Aufstand ganz zusammengebrochen: die Aufständischen hatten die letzte bayerische Stadt, die sie seit dem 17. November besetzt hielten, räumen müssen: Burghausen, die Hauptstadt des Rentamts Burghausen.

Menschen aus Bayern als die ersten Revolutionäre?

Da streiten sich noch Gemeinden, ob der »Schmied von Kochel« wirklich aus Kochel oder etwa doch aus Waakirchen oder gar aus Bach/Holzolling stammt, und im Januar 1980 reden sich die Vilshofener Stadträte die Köpfe heiß, ob der Aufstand nicht ein Werk von Terroristen gewesen sei (Tagesordnungspunkt war die Frage, ob man für die Opfer des Aufstands ein Kreuz aufstellen soll). Allein der Erzählkunst patriotischer Schullehrer ist es zu verdanken, daß die »Geschichte der Sendlinger Mordweihnacht« nicht ganz aus unserer Geschichte verschwunden ist.

Die Frage, warum eigentlich diese Aufstandsbewegung so viele Menschen von der böhmischen bis zur Tiroler Grenze auf die Beine gebracht hatte, ist selten gestellt worden: von der damals eine Million zählenden Bevölkerung Bayerns beteiligten sich etwa 100000 an dem Aufstand. 40000 nahmen an dem Sternmarsch zur Befreiung der Landeshauptstadt teil und 10000 sind die Opfer dieses Aufstands gewesen, der ganz Bayern erschütterte.

Die Aufständischen griffen ihrer Zeit weit voraus: Man wollte »eine freie Republik einführen«; eine provisorische Regierung stand schon zur Machtübernahme bereit, ja sogar ein Parlament existierte bereits, das – zum ersten Mal in der europäischen Geschichte – den vierten Stand repräsentierte: 84 Jahre bevor man in Paris noch den dritten Stand zu definieren versuchte.

Wo hatten diese Bayern ihr Rüstzeug für ihre politische Sensibilität her? Am bestürzten Wiener Hof analysierte man die »aufwieglerischen Schriften« der »Urheber, Directores, Schriftsteller und Rädelsführer«. Nach den ersten Verhören wurde den Behörden klar, was sich hinter dem »Bauernaufstand«, hinter dem »losen Bauerngesindel« verbirgt: »Die eingeschickten Schriften sind so abgefaßt, daß daraus leicht zu entnehmen ist, daß sie von keinem gemeinen, sondern im Schreiben, in Staats-, Kriegs-, Regierungs- und ökonomischen Sachen ebenso erfahrenen als boshaften Leuten aufgesetzt sind.«

Schlagzeilen 1705

Seit acht Jahren gibt es in Nürnberg den »Christkeindleinsmarck«, seit 25 Jahren in Paris die Comédie française; Isaac Newton hat mit der Differentialrechnung, Leibniz mit der Infinitesimalrechnung die

Mathematik und Robert Boyle mit dem Atom-Begriff die Chemie bereichert. Der 20jährige Johann Sebastian Bach überzieht um die Jahreswende 1705/06 eigenmächtig seinen Urlaub von vier Wochen auf vier Monate; deshalb kündigt ihm die Kirchenverwaltung in Arnstadt die Organistenstelle. In Berlin baut Andreas Schlüter das Zeughaus, und in London sind Kaffeehäuser in Mode gekommen (es gibt dort schon 3000). Man diskutiert die Leitartikel des Chefredakteurs Daniel Defoe, der bald in seinem großen Buch-Erfolg schreiben wird: »Ich kam zu London in England am 10. Januar 1705 wieder an, nachdem ich zehn Jahre und neun Monate auf Reisen war.« Gemeint ist die Geschichte des Robinson Crusoe, der Sohn eines Deutschen namens Kreutzer aus Bremen. Er ist die bekannter gewordene Heldenfigur aus demselben Krieg, in dem auch die bayerischen Aufständischen sterben werden: Der Spanische Erbfolgekrieg (1701–1714), der in den Urwäldern Kanadas, auf den Weltmeeren, in Mitteleuropa und auch in Bayern geführt wird – Robinson Crusoe als Kriegskamerad des Schmied von Kochel. Schicksale im Krisenjahr 1705. In diesem ›Ersten Weltkrieg‹, wie ihn manche Historiker bezeichneten, ging es um die Frage, ob Paris oder Wien das spanische Weltreich erben sollte.

Das ökonomische Desaster oder: Wie entstehen Revolutionen?

In diesem Spanischen Erbfolgekrieg hatte Kurfürst Max Emanuel auf die französische Seite gesetzt und 1704 in der Schlacht bei Höchstädt gegen englische und deutsche Reichstruppen nicht nur eine entscheidende Schlacht, sondern auch Bayern verloren: Die Truppen des Heiligen Römischen Reiches deutscher Nation besetzten Bayern, zuletzt auch das Rentamt München, das zunächst noch der Kurfürstin Therese Kunigunde zugestanden worden war.

Bayern lag in der logistisch wichtigen Versorgungslinie alliierter Truppenverschiebungen. Prinz Eugen, mit Hauptquartier in Norditalien, hatte angeordnet: »Bayern sollte in diesem Krieg die ganze Kriegsmaschine soutenieren.« Das bedeutete im Besatzungsalltag:

Wegnahme von Nahrungsmitteln und landwirtschaftlichem Gut, Zwangsrekrutierung von 12000 Jugendlichen und Terrorisierung der Zivilbevölkerung. Steuererhöhung, Abgaben, Teuerung, Verknappung der Agrarprodukte – eine Gesamtbelastung, an der die französischen Revolutionshistoriker Jean Jaurès und Ernest Labrousse Revolutionäres messen. Für sie ist Revolution das Ergebnis der ökonomischen Entfaltung der Bourgeoisie und zugleich Produkt der Armut, d. h. der durch eine Krise hervorgerufenen Verarmung der Volksmassen (in: La crise de l'économie française à la fin de l'Ancien Régime). Die Verelendung traf die Schwächsten zuerst: Kleinhäusler und Kleinhandwerker.
Die wirtschaftliche Ausweglosigkeit initiierte Widerstandsaktionen landauf und landab den Sommer 1705 über. Die Lage veränderte sich plötzlich, als am selben Tag, am 15. Oktober 1705, gleichzeitig zwei alarmierende Meldungen bei der Landesadministration in der Herzog-Max-Burg, dem Sitz der Besatzungsmacht in Bayern, eintrafen: im Isarwinkel und in der Oberpfalz werden Landsitze und Pflegämter angegriffen, Beamte mißhandelt und Rekruten befreit.

Die Elendserfahrung

Die Voraussetzungen für die spontane Massenerhebung sind gegeben. Erst nach einer »Leidens- und Elendserfahrung ... synchronisiert die Krise die Gegenkräfte« (so Labrousse). Die ökonomische Krise kippt explosiv in die Phase einer politischen Krise über: Schlag auf Schlag befreiten die Aufständischen, die sich zu paramilitärischen Guerilla-Verbänden organisierten, wichtige Bastionen des besetzten Landes: Städte wie Burghausen, Braunau, Schärding, Vilshofen, Kelheim, Cham, Oberviechtach ... Sie übernahmen dort die politische Verantwortung und nannten sich im Bewußtsein dieses Bündnisses »Gemein der Bürger und Bauern«.
Hauptschauplatz der Landesbefreiung sollte dann die Stürmung der Landeshauptstadt München in der Nacht vom 24. auf den 25. Dezember 1705 werden: Zwei Marschkolonnen vom Unter- und Oberland

sollten sich nachts vor den Toren Münchens vereinigen, um auf ein, mit den aufständischen Führern in der Stadt verabredetes, Zeichen, die Landesadministration und damit das Heilige Römische Reich deutscher Nation empfindlich zu treffen; denn mit der Befreiung Bayerns wäre die logistische Linie zu Prinz Eugen kriegsentscheidend gecupt worden. Der Weltkrieg sollte nicht in den Urwäldern Kanadas, nicht auf den Weltmeeren, sondern durch eine Revolution in Bayern entschieden werden.

Patriotische Faktoren

Eine Niederlage der Militärs macht aber noch keine Revolution aus. Nach der Definition von Prof. Ferdinand Seibt, Universität Bochum, gehören zur revolutionären Situation neben einem Feindbild, einem Autoritätsverlust und einem Schauplatz auch eine Elite, eine ›Disposition‹ und gewisse Klassengegensätze. Folgt man ihm, dann sind die sogenannten Großen Revolutionen gar nicht so wichtig, da sie eher eine Entwicklung, die sie versprechen, verzögerten; wichtiger sei, was die kleinen Revolutionen auf dem Weg zur Modernisierung der staatlichen Organisationsformen erreicht hätten. Selbst die fortschrittlichsten Revolutionstheoretiker sehen nicht mehr allein in den Mißernten des Jahres 1788/89 den Ausgangspunkt der Französischen Revolution; sie stellen neben die wirtschaftlichen Faktoren auch die emotionalen, die moralischen, die kulturellen und die patriotischen. Dazu gehört aber das Definieren und Formulieren der Leitideen durch eine intellektuelle Elite als Teil einer bürgerlichen Öffentlichkeit.

Der Begriff Freiheit wird definiert und – ausprobiert.

Das Beispiel England zeigt am deutlichsten, was sich in jenen Jahren geistesgeschichtlich ereignete: Die politische Gedankenwelt der modernen Demokratie, der Begriff Freiheit, ist dort eben formuliert worden. John Locke (1632–1704) formulierte die unabdingbaren Rechte des Einzelmenschen in einem Gesellschaftsvertrag: »Freedom of men under government is to have a standing rule to live by, common to every one of that society, and made by the legislative power erected in it.«

Nach der »Glorreichen Revolution« (1688/9), der »Bill of Rights« (sie legt eine Anzahl von Bürgerrechten fest), dem »Act of Settlement« (er macht die Richter von Legislative und Exekutive unabhängig) und dem »Licensing Act« (durch ihn fällt die Vorzensur in England) ist die Autorität des Parlaments weitgehend entwickelt, ein Modell eines konstitutionellen Systems vorgestellt. Aber erst der Gesellschaftsvertrag Jean Jacques Rousseaus (contrat social) wird zum »Katechismus der Revolution«. Nicht in den bayerischen Bauern, sondern bei den Schweizer Bergbauern, vor allem in deren Sozialstruktur, sieht er Ansätze einer garantierten Freiheit und vertu (Politischer Kultur). Locke war der Meinung, eine Revolution löst zwar die Regierung auf, sie verändere aber nicht die Gesellschaft. Ganz im Sinne jener Definition von »Revolution« in einem deutschen Wörterbuch aus dem Jahre 1727: »Revolution, die Umwälzung, Veränderung oder Ablauf der Zeit, Revolutio regni, die Veränderung oder Umkehrung eines Königreiches oder Landes, wann nämlich solches eine sonderliche Änderung im Regiment oder Polizey-Wesen erleidet.«

Aufklärung made in Germany

Auch in Deutschland wurde damals der Weg zur bürgerlichen Öffentlichkeit beschritten. »Demokratie« war zu einem politisch-rechtlichen Begriff geworden. Die Aufklärungsphilosophie erreichte mit Samuel Pufendorf (»Aus der Vereinigung von Willen und von Kräften entsteht die Gesamtheit, das Gemeinwesen, das man einen Staat nennt«), Christian Thomasius, Christian Wolff und Gottfried Wilhelm Leibniz ihren Höhepunkt. Wie auch in der englischen Philosophie entwickelt sich hier der Begriff des »gesunden Menschenverstandes« (Thomasius) heraus.

In den Universitäten Europas spiegelte sich das neue Staatsbewußtsein. Das ius publicum wurde in den Lehrplan aufgenommen. Brenn-

punkt der Auseinandersetzung um die neuen rationalen Lehren der Aufklärung wurde in Bayern die Landesuniversität Ingolstadt. 1704 gab es dort einen Eclat, als sich Prof. Anton Kleinbrodt, S. J., in seiner Disputatio ›Mundus elementaris‹ auf Descartes, Newton und Robert Boyle berief. Sein Plädoyer für einen Experimentalphysik-Lehrstuhl war zu fortschrittlich, er mußte auf diesen Lehrstuhl verzichten.
Auch erkannte man an der Ingolstädter Universität das ius publicum als wirksame politische Waffe: Man schuf hier keinen Lehrstuhl dafür, trotz der Bemühungen Theodor Smackers, S. J., dem Betrachter der Kurfürstin, und Joseph Falck, S. J., dem Erzieher und Beichtvater der Prinzen.
Ingolstadt war vor allem die Ausbildungsstätte künftiger bayerischer Beamter wie zum Beispiel für Franz Caspar von Schmidt, der hier immatrikuliert war und im Jahre 1705 das Amt eines Pflegers in Aibling innehatte. Er war der Sohn des Kanzlers Caspar von Schmidt, der mit seinem Kommentar zum Hauptteil des Codex Maximilianeus, 1695 erschienen, die Juristentradition in Bayern mitbegründete. Pfleger Franz Caspar von Schmidt beteiligte sich an der Aufstandsbewegung und begründet sein Engagement, die Besatzungsmacht habe nicht »secundum Grotium« gehandelt und zitiert Thomas von Aquins »De regimine principum«: »Qui ad liberationem patriae tyrannum occidit, laudatur et praemium accipit.« Er meint damit die Ausnahmesituation, in der nach christlichem Naturrecht Widerstand gegen die Staatsgewalt erlaubt ist. Über das Massaker schreibt Schmidt den herausragenden Satz: »Ein General ist, weil er den Degen an der Seite trägt, eben nicht der Meister über Leben und Blut der Menschen.« Schmidt wird nach dem Aufstand amtsenthoben und 2½ Jahre in Ingolstadt inhaftiert. Später gibt er das politisch-juristische Werk »Mundus Christiano Bavaro Politicus« heraus. Denselben Weg ging Franz Bernhard von Prielmayr, Sohn des Staatsministers Korbinian von Prielmayr: Studium in Ingolstadt, dann Kastner in Burghausen. Während der Aufstandszeit übernahm er die Regierungsgeschäfte der provisorischen Regierung (»Direktorium«), von der der Historiker

Prof. Max Spindler schrieb, sie sei die »Keimzelle einer unabhängigen bayerischen Regierung« gewesen. Auch Prielmayr wurde inhaftiert – in Ingolstadt.

Wie Schmidt im Oberland, sollte Prielmayr für das Unterland das gesellschaftliche Aushängeschild einer Bewegung darstellen, die weit radikaler war. Auch sie hatten ihre Ausbildung in Ingolstadt genossen: Georg Sebastian Plinganser, der es nach einem Jura-Studium an der Landesuniversität zum Mitterschreiber des Gerichts Reichenberg gebracht hatte und in den Anfängen des Aufstands die Taschnerbauern aus dem Rottal anführte. Seine Befreiungsarmee baute er bis zu 20000 Mann Stärke aus. Plinganser, damals 25, war der stärkste Mann im Braunauer Vier-Stände-Parlament und baute seine Position gegenüber dem gemäßigteren Prielmayr immer stärker aus. (Die ›Jakobiner‹ und die ›Girondisten‹ waren schon am Werk.) Plinganser über das Parlament: »Die Propositionen und die Antworten gingen wie in einer Judenschule durcheinander.«

Die intellektuelle Drehscheibe Ingolstadt bestimmte auch das Leben des Studenten der Rechte, Anton Passauer. Der Sohn des verstorbenen Gerichtsschreibers von Rauhenlechsberg wohnte während der Semesterferien in München in der Löwengrube am Dom. Er ist Untermieter bei Johannes Jäger, der eine Weinwirtschaft betreibt und einer der drei Münchner Stadträte ist, die sich am Aufstand beteiligen. Passauer vor allem gelingt es, die Oberänder von einem Rückzug abzuhalten. (»Ich bin von den Unterlandsdefensoren geschickt, die sich mit euch vor München vereinigen wollen.«) Die Todeskandidaten nannten ihn: »Greifan!«

Ein weiterer wichtiger Mann: Johann Georg Meindl, 23, Student der Philosophie in Salzburg, Freund Plingansers und zuständig für die taktischen Überlegungen der Befreiungsarmee.

Politische Organisationsformen wie »Gemein der Bürger und Bauern«, »Parlament«, die Integration des vierten Standes und eine provisorische Regierung sind Zeichen dafür, daß hier tatsächlich eine intellektuelle Elite am Werk war. Die internationalen Kontakte der

Klöster und Universitäten, das enge Netz der Zeitschriften und der internationale Studentenaustausch sorgten für eine schnelle Kommunikation der Ideen. Eine engverflochtene republica litteraria, die sich im Sog einer neuen Idee sah, der Idee der Bürgerrechte, der Pressefreiheit und des Parlamentarismus.

Das räsonierende Publikum in München

Die Themen der Monatszeitschriften (wie der Augsburger »Monatliche Staatsspiegel«) und der Flugblätter beschäftigte die Lesegesellschaften in den Städten: die bürgerliche Öffentlichkeit, bestehend aus Advokaten, Pastoren, Bürgermeistern, Stadträten, Wirtsleuten, Postmeistern, Repräsentanten der Bürgerwehren. Bier- und Weinwirtschaften in Stadt und Land werden zu den einzig möglichen Kommunikationsfeldern in der Aufstandsphase, da das Land stark überwacht wird durch die Spione der Besatzungsmacht.

Damalige Bestseller waren vor allem Johannes Riemers Bücher (»Der Politische Maul-Affe«, »Politische Colica« und »Der Politische Stock-Fisch«). Seine Bücher versuchten, feudale Wertvorstellungen in die bürgerliche Welt umzuwandeln. Oder Abraham a Santa Claras Buch: »Gack, Gack, Gack, einer wunderseltsamen Hennen in dem Herzogthum Bayern«. Gerngelesen auch Kaspar von Stielers Buch »Zeitungs Lust und Nutz«: »Will aber wer klug seyn und werden, wo er anders in der Stats-Handels- und Bürgerlichen Gesellschaft leben will, so muß er die Zeitungen wissen, er muß sie stets lesen, erwägen, merken, und einen Verstand haben, wie er mit denselben umgehen soll.«

In München publizierte zwischen 1702 und 1705 die »Nutz- und Lusterweckende Gesellschaft der vertrauten Nachbarn am Isarstrom«. Dieser Gesellschaft, eine Art intellektuellem Geheimbund, gehörten zwanzig Beamte, Geistliche und Adelige an, die Informationen aus dem politischen Europa populär-wissenschaftlich verbreiteten. Im Jahre 1703 gaben sie zusätzlich noch die »Getreue Gefährtin« heraus (zur »Vorstellung gantz Europae«). Diese »Isarpatrioten«

polemisierten gegen die Übermacht der Habsburger im Reich, verteidigten das Bündnis Max Emanuels mit Frankreich und sahen in der Aufwertung Preußens zum Königtum »noch viel künfftigen Gefährlichkeiten und Inconvenientien der Zundl gelegt worden«. 1701 hätte schließlich nicht Preußen, sondern Bayern die Königswürde verdient...

Geheimtreffen in Tölz

Die »gelehrte Gesellschaft« traf sich auf ihren Sitzungen zur »Besprechung hervorragender literarischer Erscheinungen, zur politischen Erörterung über die täglich bedrohlicher werdende Zeitlage und zur Verlesung von erbaulichen Geschichten«. Und vor allem – ähnlich wie die Gruppe 47 – tagte sie ›ambulant‹: mal in Tölz, mal in Schäftlarn und weiter isarabwärts...

Eines der wenigen bekannten Mitglieder dieser Publizistik-Gruppe ist Urban Heckenstaller, angestellt am kurfürstlichen Hof in München und 1705 aktiv am Aufstand beteiligt. Als in der heißen Phase des Befreiungskampfes auch Oberbayern eingeschaltet werden sollte, sorgte auf einem Geheimtreffen am 18. Dezember 1705 im Franziskaner-Kloster in Tölz der Hinweis auf eine handschriftliche Botschaft des Kurfürsten dafür, daß die noch Schwankenden unter den Ex-Offizieren, Bürgermeistern, Pflegern und Klosterrichtern überzeugt wurden, mit »unseren conföderierten Unterländern gemeinsame Sache zu machen«; denn den Kontaktleuten aus dem Unterland war klargeworden, daß im Oberland zwar der Widerstandswille nicht fehle, jedoch aber die Massenbasis, die nur über die vorhandenen Organisationsformen der Gebirgschützen zu erhalten war. Diese wußten nicht, daß Unterschrift und Siegel des Kurfürsten von Heckenstaller gefälscht waren. Nach dem Aufstand konnte Heckenstaller als Frater Urbel bei den Franziskanern in Freising untertauchen.

Die »Vertrauten Nachbarn am Isarstrom« hatten kräftig an dem Spruch »Lieber bayerisch sterben, als in des Kaisers Unfug verderben« mitformuliert. Im Unterland war durch die befreiten Städte und die Mobilisierung von Volksmassen die Situation radikaler. Hier hieß es: »Was Kurfürst – er hat uns verlassen. Wir wollen ihn auch verlassen.«

Ein Augenzeuge notierte damals: »Die Erhebung geschah nicht zur Landesdefension, sondern es war dabei auf die völlige Kassierung des bisherigen Landesfürstlichen Regiments und auf Einführung einer freien Republik abgesehen. Die Bauern wollten hinfür selbst Herren und freie Stände sein.«

Angesichts der Opfer der Massaker von Sendling und Aidenbach und der Ausweglosigkeit befürchtete ein anderer Augenzeuge: Die Bauern könnten »in extremam rabiem verfallen und den Adel, die Klöster und andere Geistliche auf dem platten Land plündern und totschlagen«. In dieser radikalen Phase zeigen sich auch Klassengegensätze, die sich aus den Standesverhältnissen der Zeit entwickeln: Die Besitzenden wissen sich zu helfen, die Besitzlosen trifft die mißglückte ›Revolution‹ noch härter.

Freiheit durch Revolution?

Wie sich die Zeiten gleichen – 1705 und 1789. Beide levée en masse haben mit der Verelendung auf dem Lande begonnen, dann Überfälle auf Schlösser, dann der Sturm auf den Roten Turm, bzw. die Bastille (der Beginn der Revolution glich eher einer Pariser Revolte), plötzlich wird Volk zum handelnden politischen Subjekt, und da die Land-, bzw. die Generalstände seit Jahrzehnten nicht mehr einberufen worden waren, formiert man sich zur Constituante. Hier bricht in Bayern die Entwicklung ab, während in Paris noch – Jahre dauernde – revolutionäre Phasen nötig sind, bis man sich auf die Priorität: Freiheit oder Gleichheit, geeinigt hat und feststellen mußte, daß die Revolution nicht die Freiheit brachte.

Wenn manche Historiker schon in den Bauernkriegen 180 Jahre zuvor eine »frühbürgerliche Revolution« sehen, von »stadtischer Kleinbourgeoisie, proletarisierten Handwerkermassen, von landarmen Bauern und Frühkapitalismus« sprechen, dann scheint doch dafür die

Zeit 1705 reifer zu sein, angesichts des Umkippens des Feudalismus in den absoluten Einheitsstaat und der wachsenden Zahl von Manufakturen (so sind zu Beginn des 18. Jahrhunderts in München etwa 2000 Arbeiter in der Kurfürstlichen Seiden-Fabrik in der Au beschäftigt). Hängt man nicht unbedingt an dem Begriff »bürgerliche Revolution«, ja, sieht man wie der französische Revolutions-Wissenschaftler Albert Soboul darin eine Einschränkung (»Lehnt man in diesem Sinne jede Theorie eines Modells ab, so darf man die Französische Revolution nicht länger als klassische bürgerliche Revolution bezeichnen«), so rücken alle anderen revolutionären Bewegungen in ein anderes Licht.

Vielleicht fehlte in München nur der Fragesteller; denn als die Große Revolution in Paris begann, fragte Ludwig XVI.: »Ist es denn eine Revolte?«

»Nein, Sire, das ist die Revolution!« entgegnete man dem König. Lediglich die Überlebenden von Lenggries haben auf dem Votivbild festgehalten, was sie vor München erlebt hatten: Die Revolution. Und eine wissenschaftliche Antwort könnte zweifelsohne lauten: Dieser Aufstand zeigte deutliche revolutionäre Züge.

Anhang

Kleines Kalendarium

11. Juli 1662	Geburt des bayerischen Kurprinzen Max Emanuel.
11. Juli 1680	Max Emanuel wird volljährig und übernimmt die Regierungsgeschäfte.
1683	Türkenkriege. Max Emanuel beendet die Belagerung Wiens durch die Türken.
1692	Max Emanuel tritt in Brüssel das Amt eines Generalstatthalters der spanischen Niederlande an, der Kurfürst hält sich ab jetzt selten in München auf.
28. Okt. 1692	Geburt des Kurprinzen Joseph Ferdinand.
14. Nov. 1698	Der spanische König Karl II. erklärt den bayerischen Kurprinzen Joseph Ferdinand zum Universalerben der spanischen Monarchie.
6. Febr. 1699	Tod des Kurprinzen Joseph Ferdinand.
3. Okt. 1700	Der spanische König Karl II. setzt jetzt Philipp von Anjou zum Universalerben ein. Die spanische Monarchie soll an die Bourbonen fallen.
1701	Beginn des Spanischen Erbfolgekriegs (bis 1714). Bayern kämpft auf der Seite Frankreichs gegen das Reich.
13. Aug. 1704	Schlacht bei Höchstädt. Die Reichstruppen siegen, Max Emanuel verläßt Bayern.
7. Nov. 1704	Vertrag von Ilbesheim: die Reichstruppen besetzen die Rentämter Landshut, Straubing und Burghausen. Die Kurfürstin behält das Rentamt München.
16. Febr. 1705	Die Kurfürstin verläßt München und reist nach Venedig.
15. Mai 1705	Die Reichstruppen besetzen jetzt auch das Rentamt München. Ganz Bayern ist Besatzungszone.

Mitte Okt. 1705	Aufstände in der Oberpfalz und in der Gegend von Tölz. Überfall auf das Schloß Hohenburg/Lenggries.
Nov. 1705	Die »Bayerische Landesdefension« befreit Burghausen und Braunau. Die Aufständischen deklarieren sich dort als die »Gemein der Bürger und Bauern«.
10.–12. Dez. 1705	Waffenstillstandsverhandlungen zwischen der Besatzungsmacht und der Aufstandsbewegung.
21. Dez. 1705	Höhepunkt der politischen Phase des Volksaufstands. In Braunau konstituiert sich ein ›Parlament‹ (der Landesdefensionskongreß), ein Direktorium (provisorische Regierung) wird gebildet. Die »Kurbayerische Landes-Defension Oberland und Unterland« beginnt den Marsch nach München, um mit der Landeshauptstadt ganz Bayern zu befreien.
25. Dez. 1705	Massaker vor München (»Sendlinger Mordweihnacht«)
8. Jan. 1706	Massaker bei Aidenbach.
16.–18. Jan. 1706	Die Aufständischen müssen Cham, Braunau und Burghausen räumen. Die »Gesamtföderierte Gemein des Landes Ober- und Unterbayern« ist am Ende. Der Volksaufstand bricht zusammen.
Mai 1706	Die vier ältesten Söhne Max Emanuels werden nach Klagenfurt abgeführt.
7. März 1715	Friede von Rastatt beendet den Spanischen Erbfolgekrieg.
10. Apr. 1715	Max Emanuel kehrt nach München zurück.
26. Febr. 1726	Max Emanuel stirbt in München.

Tölzer Patent

Yber das iungst Von Unsern Landts Beschüzern Underlandts Bayrn ausgangene Patent hat man seithero weithers in versicherte Erfahrung gebracht, wie das zwar die zu München subsistierente Kheyserliche Administration verwichener Täg die 3. ältisten Prinzen von da abweckh: und wie man vermuthet, nacher Tyrol führen: mithin Unser Liebes Vaterlandt dessen noch habenten ybrigen Trostes völlig berauben wollen, so aber wider durch Gottes Hilf und Beistand auf eine Zeit verschoben worden; wan nun dan dies große ybl: und Unhaill, zum Fahl es khonfftig hin, wie nit zu zweiflen, noch zum Effect khommen, einem ieden gethreuen Landts Patrioten billich ins Herz dringen solte, indeme zu besorgen stundte, das diese Unschuld da solche aus ihrer Residenz abweckh: und in frembte Landten, wo Sie niemand khönen, sondern unter lauter Feindt stehen, transferiret wurdte, blos durch eine zustossente kleine Alteration als noch junge: und zarte Herrn eine schwehre Khrankheit ausstehen: womit gar wie leichtlich geschehen khonte, das Leben verliehren derfften, wadurch den Lieben Vatterlandt ein solch großer Schaden zuwachsen thete, der in Ewigkeit nit mehr zu refundiren were; Ihre Churfürstl. Durchlaucht, unser allerseiths Gnädigster Herr, auch wenn man also still sizete, und ersagte; 3. ältiste Prinzen bey so wenig im Landt sich befindtenter Kheyserliche Miliz entfiehren ließen, disen Saumbsal höchstens empfindten und es uns seiner Zeit bey Recuperierung dero Landten in grössten Ungnaden vermörkhen wurdten. Negst deme yber dises so gleichfahls in wichtige Consideration zu ziechen, die diser orthen eingeloffne sichere Khundtschaft gibt, das von dem Kheyser an vorgedacht dero Administration solch ernstliche Bevelch ausgefertiget worden, Zum Fahl wider alles Verhoffen anscheinen solte, das dieselbe das Landt lengershin nit mehr behaubten khundten, solches durch feur: und schwerdt, wie sye khönen: und mögen, dergestalten zu ruiniren, das auch des Kindts im Muetterleib nit verschont werdten solle. Als ist man disem so grossen Unhail in tempore abzuhelffen, wirkhlichen resolviert, denen Landts Beschizern under Landts Bayrn in ihrer bisherig erwiesenen Threu: und Dapferkheit auch ober

Landts nachzuvolgen und die Landtschuzente Waffen gegen denen noch wenig im Landt stehenten Kheyserlichen Trouppen ebenfahls zu ergreiffen, dieselbe aus dem Landt zu veriagen und hierdurch Unser Liebes Vaterlandt in einen sicheren Rhuestandt zu sezen, also zwar, daß alle: und iede gethreue Landts Patrioten unsers herobigen Chur Bayerischen Districts, welchen dieses unser offne Patent zu lesen vorkhombt, sich alsogleich in Angesicht dies, nach Möglichkeit bewaffneter zusamben ziechen: und ohne einzige Tergiversation sich nacher Hohenschäfftlarn in Unser alda habendes Campement Erchtag den 22. dies lauffenten Monats bey anbrechenten tag nebst aller Artigleri und Munition, wo eine zu haben: und aufzutreiben, gwis und unfehlbar begeben, auch sich auff 4. tag mit Fourage und Brod versechen und mithin verfiegen sollen, da eine beritne Manschafft mit aller nothirftigsten Bewöhrung verhandten, damit solche ingleichen an den determinirten Orth sich stölle, die jenige zu Fueß aber, so mit genugsamber: oder kheiner Bewöhrung versechen, haben ihnen gerade Sturmb Sensen zuverschaffen. Im widrigen Fahl man gegen denen Renitenten aller Schörfte nach mit Feur und Schwerdt zu ihren größten Undergang sowohl Haus: und Hoffs, als auch Leib: und Lebens Verfahren werdte, wie man dan vor solch einhellig gefasster Resolution kheineswegs mehr abzuwaichen gedenkhet, sondern sich gleichwollen ein ieder vor Schaden zu hietten wais.

actum den 19. Xbris. anno 1705
(S.) Chur Bayrische Landts Defension ober Landts.

1705, Dez. 18.

Manifest der kurbair. Landesdefension Oberlands

Der kais. bisher aufgestellt gewesenen Administration wohnt von selbst bei u. lässt sich vor der ganzen ehrbaren Welt nicht leugnen, was ehemals, als die drei unteren Rentämter bis zum Friedensschluss an die Gewalt und Disposition des Kaisers abgetreten wurden, wegen des Rentamts München u. dessen Dependentien, zuvorderst aber der Kurfürstin als rechtmässigen Regentin u. der Prinzen halber für ein Vergleich geschlossen u. von den interessirten Teilen ratificirt worden ist. Weiter ist bekannt, dass dessen allem ungeachtet man das cum pleno jure reservirte Rentamt München unverhofft mit militärischer Macht überzogen u. seit halben Monat Mai im unbefugten Besitz hat. Wenn auch die sämmtlichen Stände, Städte u. Märkte das gewalttätig aufgedrungene homagium geleistet haben, so lässt sich doch mit Bestand Rechtens nicht behaupten, dass man dadurch gebunden sei, u. zwar um so weniger, als leider die Erfahrung gibt, dass man kaiserlicherseits nicht in den Schranken der so heilig versprochenen Accordspunkte, so schlecht sie auch pro patria et domo bavarica gewesen, geblieben ist, zu geschweigen, dass das wegen dieses Bruches so hoch jactirte kais. Manifest, mit dem man aus Mangel aller Raison nicht ohne Schamröte vor dem Publicum erscheinen konnte, auf sich selbst ersitzen musste. Man hat sich in der Tat als öffentlicher Feind aufgeführt, indem der Kurfürstin auf ihre öfteren, beweglichen Instantien sogar der Zutritt u. die freie Disposition über ihre eigenen Prinzen u. Jugend nicht gestattet wird, obwohl Kaiser Leopold ihre Abreise nach Italien verwilligt u. angeordnet hatte, dass ihr auf der Hin- u. Rückreise aller Respect u. Beförderung erwiesen werden sollte; man hat sich im übrigen zu unserem u. des ganzen Landes sonderbaren Befremden, Aergernis u. Desolation so sehr in das Interesse u. Utile vertieft, dass die kurfürstl. Mobilien, Pretiosen u. der Schatz, auch wenn er etliche Klafter tief in der Erde verborgen oder gleichsam im Schoss der jungen Herrschaft versorgt gewesen wäre, vor der wirklichen Spolirung nicht sicher gestanden ist, wobei man nicht weiss, was für ein ungewissenhaftes Absehen man noch auszuführen beabsichtigt. Dazu kommt, dass man zur Bedienung der kurfürstl. jungen Herrschaft ganz neue, verdächtige Dispositionen gemacht u. ihr zu genugsam verspürter Affliction u. Alteration die gewohnten u. vertrauten Leute auf die Seite geräumt hat, so dass man nicht unzeitig die heimliche Wegführung einiger Prinzen besorgt. Um nun auf uns unschuldige Untertanen selbst zu kommen, so wollen wir uns auf das berufen, was die Landschaftsdeputation in München vor wenigen Wochen in einem Repräsentationsschreiben zur Verhütung der Universalrevolte bei der Administration vorgebracht hat, worauf aber keine Entschliessung erfolgt ist. Es hatte zwar den Schein, als hätte die Landschaftsverordnung für uns zum Teil das Wort getan. Nachdem sie aber wider alle bessere Zuversicht der alten kurbair. Treue vergessen u. sich für ein Instrument hat brauchen lassen, öffentlich Unwahrheiten – wenn sie es verlangt, wird man es ihr zur Genüge vor Augen stellen – unter dem scheinheiligen Praetext der Wohlfahrt des Vaterlandes zur billigen Dispiicenz des rechtmässig angebornen Landesfürsten oder der substituirten Landesregentin zu vertätigen u. den Untertanen glaublich zu machen, so fällt die gute Confidenz von selbst, mit der man sich sonst gerne auf sie gesteuert hätte u. zwar mit um so mehr Grund, als man auf ihre Macht u. Garantie, die man zur Sicherheit eines etwaigen Accords nötig hätte, wegen ihrer Unkräften u. Inconvenienz nach dem vortrefflichen Exempel unserer mitconföderirten Unterländer absolut nicht vertrauen oder sich einschläfern lassen darf. Es gereicht uns unterdessen zu einer vorläufigen Reparation, dass die untere Station sonder Zweifel aus Vorbitte der jungfräulichen Himmelskönigin u. von Alters her erwählten Landesschutzfrau von Gott bereits so glückliche u. nachdrückliche Progressen erhalten, auch zu deren Fortsetzung so viele considerable Festungen u. haltbare Plätze unter sich gebracht hat, dass wir die Zuversicht schöpfen, ihre Continuation werde bis zur Wiederherstellung unserer Freiheit u. eines beständigen Friedens in effectu mit weiterem himmlischen Segen erfreulich u. gedeihlich erfolgen. Wir haben demnach nicht gefunden, wie diesem kaiserlicherseits mehr u. mehr einreissenden Uebel mit Glimpf auszuweichen wäre oder wie wir uns davon exoneriren könnten, als dass diese unrechtmässiger Dinge eingedrungenen fremden Regierungsgäste, die sich ohne Unterlass mit Augmentirung ihrer militärischen Executionen bedrohlich vernehmen lassen, durch ein unverzügliches Prävenirespielen wieder dahin, woher sie gekommen sind, zurückgewiesen, im Fall eines unverhofften Widerstandes mit Gewalt abgetrieben u. zur Wiedererstattung der dolose et fraudulenter weggeführten Sachen, sowie der causirten Schäden u. Excesse wirklich angehalten werden.

Wie in all dem behält man denen, die hauptsächlich an dem Wohlstand des Vaterlandes ferneren Teil haben, besonders der Landesherrschaft die Justificirung dieser von ehrliebenden Patrioten ergriffenen Resolution bevor, die das, was unsere Simplicität hierinfalls ermangelt haben mag, in einem ordentlichen Manifest seiner Zeit zu adimpliren gedacht sein werden. Von unserer Seite wird hiemit feierlichst bedingt, dass man mit dieser uns äusserst abgedrungenen Armirung die geheiligte Person des Kaisers nicht im allergeringsten zu touchiren gemeint ist, auch alles, das, was zwischen dem Kurhaus Baiern u. dem Erzhaus Oesterreich privatim obschwebt, an seinen Ort stellt, noch viel weniger das heil. Römische Reich, das vermutlich an dem bisherigen kais. procedere in Baiern kein durchgehendes Belieben tragen wird, auch nur von ferne zu offendiren begehrt, sondern dass man ganz distinctim intra limites der eigenen Notwehr zu verharren gedenkt. Wir verhoffen desshalb den ungezweifelten Beifall von jedem unparteiischen Gemüt, sowie auch von der Administration dergestalt, dass sie, weil sie unsere abgedrungene, rechtmässige Uebermacht ihrer unbefugten gegenüber vor Augen hat, dahin collimire, damit die Sache ohne unnötiges Blutvergiessen ablaufe u. dahin geschlichtet u. dieses dermalen sine prolongatione termini an der Hand stehende Expediens zu heilsamen Vorteil genommen werde. Zu allem Ueberfluss sind wir resolvirt, der Garnison freien Abzug zu gestatten, jedoch mit Hinterlassung des Obergewehres u. desjenigen, was hierher gehörig, weggeraubt oder was für Schaden durch Exzesse verschuldet worden ist, u. ihr einen behörigen Convoy nach Augsburg zu gewähren; Offiziere u. Gemeine aber dürfen sich in diesem unsern Krieg zu keiner Zeit mehr gebrauchen lassen. Die Administration, sowie die commandirende Generalität u. die hohen Officiere sollen, bis all Voriges secundum ordinem u. der Schuldigkeit nach, wie es immer ex parte der gnädigsten Herrschaft justo modo zu praetendiren steht, ad amussim vollzogen ist, als Geiseln in München verbleiben, bis neben dieser vollkommenen Satisfaction der Hofkammerdirector v. Neusönner u. der Hofkammerat Lier auf freien Fuss gestellt u. hier angekommen sein werden. Mit einem Wort, wir verlangen ohne jede Tergiversation oder Repliciren die Abtretung u. Einräumung der Stadt u. des Rentamts München auf Mass u. Weis, wie es oben angemerkt ist, will man anders sich der Gefahr des äussersten Ruins u. blutigen Massacres nicht exponiren, wogegen wir vor Gott u. der ehrbaren Welt protestirt u. an dergleichen schrecklichem Unheil keinen Teil haben wollen.

(verfasst von dem Registraturadjunkten Ignaz Haid und dem Kanzleisecretär Urban Heckenstaller)

Die wichtigsten Veröffentlichungen

Baumann, Gustav:
Der Bauernaufstand vom Jahre 1705 im bayerischen Unterland. In: Verhandlungen des Historischen Vereins Niederbayern, 1936 und 1937, Nr. 69 und 70
Brunhuber, Josef:
Zur Geschichte der ehemaligen Hofmark Holzolling in der heutigen Gemeinde Holzolling, 1910
Faßlinger, Max:
Balthasar Riesenberger, genannt »Schmied von Kochel«. In: Das Bayerland, 15. Jg. 1904, Nr. 26
Föringer (Hg):
Ein Actenstück zur Geschichte der Sendlinger Schlacht. In: Obb. Archiv 17 1857
Hartmann, August:
Historische Gedichte aus der Zeit der bayerischen Landeserhebung 1705 und der Rückkehr Max Emanuels nach Bayern. In: Altbayerische Monatsschrift I (1899)
Henderson, Nicholas:
Prinz Eugen, der edle Ritter. München 1978
Hüttl, Ludwig:
Max Emanuel. Der Blaue Kurfürst 1679–1726. Eine politische Biographie. München 1976
Kisslinger, Johann:
Die Beteiligung der Pfarreien Egern und Tegernsee an der Sendlinger Schlacht im Jahre 1705 und das Votivbild in der Pfarrkirche zu Egern. In: Altbayerische Monatsschrift I (1899)
Maier, Gerhard:
Die Gebirgsschützen des Miesbacher Oberlandes. Ein Stück wehrhafter Tradition und Kulturgeschichte Altbayerns. Miesbach 1978

Münch, Theresia:
Der Hofrat unter Kurfürst Max Emanuel von Bayern. Neue Schriftenreihe des Stadtarchivs München, 1979
Probst, Christian:
Lieder bayrisch sterben. Der bayerische Volksaufstand der Jahre 1705 und 1706. München 1978
Rattelmüller, Paul Ernst:
Mit Gott für König und Vaterland. Die bayerischen Gebirgsschützen. München 1970
Riezler, Sigmund::
Geschichte Bayerns. Bd. 8, Gotha 1914, Neudruck Aalen 1964
Riezler, Sigmund und Wallmenich, Karl von::
Akten zur Geschichte des baierischen Bauernaufstandes 1705/06. 3 Teile. In: Abhandlungen der Kgl. Bayer. Akademie der Wissenschaften, Philosophisch-philologische und historische Klasse. Bd. 26 und 29. München 1912–14
Roth, Adolf:
Lieber bayrisch sterben. Der oberländische Bauernaufstand von 1705. Zeitgenössische Berichte. München 1955
Sendling 1705–1955. Der Bauernaufstand. Ein kleiner Band um die Sendlinger Schlacht und den Stadtteil Sendling zur 250. Jahreswiederkehr des weihnachtlichen Freiheitskampfes. München 1955
Schöffmann, J. B.:
Der bayerische Bauernaufstand 1705 und 1706 mit den Schlachten von Sendling und Aidenbach. In: Verhandlungen des Historischen Vereins Niederbayern, 1905, Nr. 41
Sepp, Johann Nepomuk:
Der bayerische Bauernkrieg mit den Schlachten von Sendling und Aidenbach. München 1884
Sepp, Johann Nepomuk:
Die Mordweihnacht des Schmied von Kochel. In: Bayerland IV (1893)
Spindler, Max:
Der Bayerische Bauernaufstand von 1705/06. In: Erbe und Verpflichtung. Aufsätze und Vorträge zur bayerischen Geschichte. München 1966
Handbuch der bayerischen Geschichte, Bd. II. München 1969
Wallmenich, Karl von:
Der Oberländer Aufstand 1705 und die Sendlinger Schlacht. München 1906

Register

Kursive Seitenzahlen verweisen auf Abbildungen.

MVNCHEN.
HAVPSTAT IM HERZOGTVMB BAIRN
Sampt dero gelegenheit unnd benamenden orten wie volgt
Erstlich No. 1. Vnser L. Frauen S. Marie Pfarr Kirchen.
No. 2. S. Peters pfarr Kirchen.
3. Frl. Drl. Herzog Maximiliani hoff Capel.
5. Heilig geist Kirchn und Spitall.
7. Franciscaner oder parfuser Kloster
16. S. Niclaus Kirchn.
FRL. DRL. HERZOGN MAXIMILIANI RESIDENS Vnnd hoffhaltung.
22. Frl. Drl. Herzogn Wilhelmi bau und behausung.
23. Frl. Drl. Herzogn Alberti hoffhaltung und behausung.
26. Stat Rathaus und Ratturn.
27. Der Landtschaft haus
MONACHIVM BAVARIÆ
SERENISSIMO PRINCIPI AC DOMINO MAXIMILIANO
M. DC. XIII.
Anger
Anger